심원 心遠 기세규 박사의 손에 잡히는 인문학

인간의 길, 고전에서 묻다

© 기세규, 2024
이 책의 저작권은 저자에게 있습니다.
저작권에 의해 보호를 받는 저작물이므로
출판사와 저자의 허락 없이 무단 전재와 복제를 금합니다.

인간의 길, 고전에서 묻다

심원 心遠 기세규

시와사람

작가의 말

한학은 나의 운명, 그리고…

 이 책을 세상에 내놓으면서 나를 되돌아보는 계기가 되었다. 한학(漢學)과 나의 운명은 참으로 우연이라는 생각이 든다. 되돌아보니 한학을 접하게 된 것은 내 연배에 비하여 우연찮게도 먼저 시작하고 오랜 세월을 매달린 일이 되었다. 어린 시절, 고향인 임곡에서 서당을 운영하신 분이 나의 큰 외숙이셨는데 우리 집에서 산모퉁이 하나만 돌면 나오는 곳에 고고한 선비로 살고 계셨다. 초등학교 입학 이전부터 동네 형들을 따라 서당을 들락거렸고 그 이후 수년간은 정규 학교과정과 서당공부를 함께하게 되었다. 물론 이때는 한학이라고 할 것도 없이 그냥 한자를 배우고 한문은 외워바치는 정도였다. 그 시초가 천자문이었는데 외숙이신 훈장님으로부터 공자 맹자 이야기, 부모님에 대한 효(孝)이야기, 명심보감의 글귀, 삼국지의 이야기까지 하루하루가 흥미가 동한 나날이었다. 철이 들면서는 아버님 또는 집안 어르신들로부터 우리 기가츳哥들은 고봉 기대승 할아버지에게 누가 되지 않도록 열심히 학문을 닦고 행실을 바르게 해야 한다고 귀가 닳도록 들으며 성징했다. 지금 생각하면 다른 아이들과 환경이 남달랐고 고봉 할아버지께서 나를 특별히 사랑하시지 않았나 하는 생각마저 든다. 이러한 성장 배경이 내가 어려서부터 현재까지 잠시의 외도기간을 제외하면 공부는 거의 독학이지만 동양고전 특히 유교와 그에 따른 학문을 익히며 습득하는 시간들이 내 생애의 우연이자 필연의 세월로 여겨진다.

이같이 학습하는 과정에서 머릿속에 남아 있는 의구심의 하나는 이른바 '사서'라는 '논어·맹자·중용·대학'을 중심으로 한 유교경전의 해석이 왜 주자 중심의 천편일률적인가 하는 점과 수천 년 전의 가르침과 이야기가 오늘에도 끊임없이 읽혀지는가 하는 점이었다. 그래서 이제는 20여년을 훌쩍 넘긴 강연활동에서 항상 염두에 두었던 것은 유교를 중심으로 한 동양고전의 강해방법이 과거와 현대를 관통할 수는 없겠는가 하는 것이었다. 아울러 수천 년 전 성현의 말씀이 오늘에도 인간의 삶의 가치를 규정짓고 있음을 현대적 상황과 비교하여 풀어내야 한다고 생각하기에 이르렀다. 그러다 보니 문구의 직접적 해석에 앞서 당시의 시대상황까지를 이해해야 함이 무엇보다도 우선하다는 것을 깨닫게 되었다. 그래야 지금의 상황과 비교하여 요긴하게 분석할 수 있고 성현의 말씀에다 시공을 초월한 영속성을 대입해야 제대로 이해할 수 있다고 여겨졌다. 이른바 학문이 요구하는 시제(時制)의 적절성이 그것인데 나의 강연이 시대적 배경을 조금은 장황하게 설명한 이유 또한 여기에 있다.

    세월이 흐르면서 '지천명'인 오십을 넘기면서부터 "세상살이가 어떻다"라고 조금은 말할 수 있게 되었고 '고전'이란 말과 '고전이라 불리는 책'을 접할 때면, 지금에도 아! 하는 감탄사가 절로 나온다. 어렸을 때부터 자주 접한 일이지만 미미한 깨달음이 마음속의 느낌으로 와 닿으니 새삼스레 "인생살이의 많은 지혜는 여기에 있었구나!"하는 생각이 온몸에 가득하게 되었다.
    본 저서는 고전의 함축적 의미로 말미암아 딱딱하게 느껴졌던 고전 속의 문구들을 다양한 실례를 들어 쉽게 말하려고 노력하였고 한 항목 당 장황하게 설명한 부분도 있지만 필자의 의도 또한 헤아려주시고 살아가시는데 보탬이 되었으면 한다.
    맹자 말씀하시기를 人有鷄犬放則知求之 有放心而不知求 學問之道 無他 求其放心而已矣(인유계견방즉지구지 유방심이부지구 학문지도 무타 구기방심이이의 : "사람이 닭과 개를 잃어버리면 찾을 줄을 알되 마음을 잃고서는 찾을 줄을 모르니 학문하는 길은 다른 데 있는 게 아니다. 사람으로서 그 잃어버린 마음을 찾아가는 길이다.")라 하셨으니 그 울림이 독자에게 전달되었으면 하는 바람이다.

2024, 폭염 중에 무등산을 바라보며
심원心遠 기세규 삼가 씀

Contents

작가의 말 · 5

PART + 01
인간의 길에서 행복 찾기

16   군자는 어떤 존재이며 분별없는 성냄은 패가망신한다

26   달팽이 뿔 위에서 싸우는 자들

38   배운 자란 어떤 사람인가!

45   사람! 부끄러워 할 줄 아는 존재

51   공직자의 길, 청렴(淸廉)과 검소(儉素)

63   때(時)를 잘 아는 자가 성공한다

75   사람은 왜 배워야 하는가

PART + 02
삶의 총량 더하기

고전! 사람 사는 법에 대하여　86
제사(祭祀)에 대한 오해와 진실　101
태산이 높다하되　122
시가 속에서 풍류를 찾다　137
정자와 풍류!　154
국악의 바른 이해가 선행되어야 하는 이유　163
이백과 정철, 술과 시에서 노닐다　178

PART + 03
인간의 욕망은 필연

190 　선비! 그들은 누구인가

198 　용서는 무엇인가

209 　올바르게 얻은 부의 당당함이 세상을 이끈다

226 　예를 갖춘다는 것과 아첨하는 것과의 차이는 무엇인지

231 　인류의 정신문화를 열었던 위대한 스승의 시대를 말한다

240 　인간에게 福이란 무엇일까

250 　교언영색(巧言令色)하는 자란?

PART + 04
바름의 질서

조선 선비와 일본 사무라이는 어떤 차이를 보이는가   260

선문답(禪問答)과 차원 높은 유머   270

공자! 그는 누구이며 존호(尊號)와 평(評)은 어떻게 해 왔는가   280

맹자(孟子)! 혁명의 정당성을 말하다   292

인문학은 밥이 될 수 있을까?   301

부부지도(夫婦之道), 어떻게 말하는가   310

인간의 길, 고전에서 묻다

인간의 길, 고전에서 묻다

PART + 01

인간의 길에서 행복 찾기

공자의 어록인 논어를 보면 공자가 제시한 군자의 첫 번째 조건은 바로 화를 조절할 줄 아는 사람으로 보았음이 틀림없다.
군자(君子), 그는 누구인가!

군자는 어떤 존재이며
분별없는 성냄은 패가망신한다

　우리 주변에는 의외로 자기의 감정을 조절하지 못하여 불같이 화를 냈다가도 금방 풀고 웃으며 사과하는 소위 분노 조절 장애자들이 의외로 많다. 감정 조절이 특히 잘 안되는 사람들의 특징적인 행동을 보면 이들은 뇌가 흥분할 때마다 고래고래 악을 쓰며 손과 발까지 동원하여 과격한 행동을 순간적으로 자행한다. 이들은 몸동작이 과격해질 때마다 상대를 위협하거나 다치게 하는 행동이 습관화 되어 돌이킬 수 없는 결과를 초래한다. 이들은 대개 지내온 삶의 과정이 순탄하지 않아 인생의 행로가 꼬이다 보니 외골수가 되어 자신과 관계가 있든 없든 모든 일을 부정적으로만 생각한다. 이들은 조금만 건드려도 극도로 예민한 반응을 보여 주변을 불안하게 만든다. 심지어는 엉뚱한 사람 앞에서도 분노를 표출한다.

이렇듯 감정조절이 안되는 사람들은 일상생활 자체에서 안정감을 느끼지 못하며 불안이라는 감정이 마음속에 깔려있는 것 같다.

평소에 화가 많은 사람, 또 까칠한 사람들을 자세히 들어다보면 의외로 겁쟁이들이 많다. 겁에 질려 등을 잔뜩 웅크린 동물처럼 특정한 상황이 불편하고 불안해서 본인의 영역을 지키고자 큰소리를 내는 것이다.

공자의 어록인 논어를 보면 공자가 제시한 군자의 첫 번째 조건은 바로 화를 조절할 줄 아는 사람으로 보았음이 틀림없다.

人不知而不慍 不亦君子乎(인부지이불온 불역군자호 : 남이 (나를) 알아주지 않아도 화내지 않는다면 이 또한 군자가 아니겠는가). 논어의 학이(學而)편 첫 단락에 나오는 문장이다.

군자(君子), 그는 누구인가!

군자는 유교에서 성품이 어질고 학식이 높은 지성인으로 리더의 자질을 갖춘 자를 일컫는 말이다. 중국 춘추시대 때에는 높은 벼슬을 한 사람을 부르는 말로도 쓰였으며 또한 아내가 남편을 일컫는 말로 쓰기도 한다.

물론 유교의 가장 이상적 인간상은 궁극적으로 성인(聖人)이다. 그러나 성인은 유교에서 완벽한 이상적 인격일 뿐 아니라 정치적으로는 왕이 된다. 이런 성인의 경지는 완벽하고 지고(至高)해서 현실에 있어서는 일반적인 인간상과는 동떨어져 있다. 공자

이전의 시대까지는 적어도 그랬다. 그러나 공자가 말하는 군자라는 인격은 이와 좀 다르다. 성인에 비해 볼 때 군자는 인간에 접근해 있고 현실 속에 살아 숨 쉬는 인간상이다. 즉 사람은 누구나 자기를 끊임없이 갈고 닦으면 군자라는 인격체에 도달할 수 있다고 말하고 있다. 공자 보다는 다소 후대이기는 하지만 인간의 본성이 선하다고 주장하는 맹자나 악하다고 주장하는 순자 모두 인간은 누구나 성인이 될 수 있다고는 하였지만 이들 역시 성인의 경지는 이상론에 불과할 뿐이며 현실적 차원에서는 보통 사람의 군자 됨을 강조하고 있다.

앞서 언급되었듯이 공자는 성인을 최고의 이상적 인간상으로 꼽고 있지만 실상 논어에서 성인의 용례는 몇 차례 나오지 않는다. 성인이란 단어가 언급된 경우는 4회 정도에 불과한 반면, 군자란 개념은 총 100번 이상 등장한다. 논어에서 군자의 인격은 지고무상(至高無上)한 성인에 비해 한 단계 낮은 것으로 언급되고 있다. 군자는 성인의 경지에 이르지 못한 상태이지만 성인을 지향하고 있으며 자신의 이익 밖에 챙길 줄 모르는 소인들을 지도하는 위치에 있는 존재이다. 이런 점에서 유교는 성인(聖人)을 비롯해 현인(賢人), 인인(仁人) 등 여러 가지 이상적 인격을 제시하였지만 가장 대표적이고 현실적은 것은 군자라는 인격이라고 할 수 있다.

또한 성인은 태어나면서부터 완성된 인격을 갖고 있는데 비해, 군자는 스스로 노력하고 만들어가는 인격이다. 군자는 처음에는 성인에 비해 낮은 데서 출발하지만 결국에 가서는 성인과 만나게 된다. 유교는 성인이란 절대적 인격을 통해 유교의 이상을 정립했고, 현실적인 면에서는 군자라는 인간상을 제시했다. 이후 군자의 인격은 유교 인간상의 전형이 되었다. 그리고 이 두 인격을 아울러서 성인군자(聖人君子)라고 했다.

공자가 사숙(私塾)을 열어 제자들에게 가르친 학문도 바로 군자학이다. 공자는 제자들을 가르치면서 끊임없이 군자가 될 것을 독려하였다. 논어의 내용도 군자론이라고 해도 좋을 만큼이다. 위에서 다소 언급되었지만 사실 군자라는 말은 공자 이전에는 정치하는 귀족 계급 일반을 지칭하는 지위 또는 신분을 나타냈었다. 즉 원래 군자는 젊은 귀인 귀공자, 양가(良家)의 자제 등의 의미였다가 귀인, 신사, 중후한 남자라는 의미가 되었다.

또한 군자는 사(士)의 당초 개념과 같이 본래 무인(武人)이며 수레를 몰고 활을 쏘는 사어(射御)의 무예를 기본으로 했다. 고대 주나라 시대의 군자교육이 육예(六藝)라 하여 예(禮), 악(樂), 사(射), 어(御), 서(書), 수(數)의 여섯 과목을 기초로 삼았던 것도 그것이 본래 무사 교육이었기 때문이다. 그러나 공자는 덕치주의를 지향하였기 때문에 제자들을 우수한 무인으로 만들기보다는 덕으로 교화할 수 있는 능력을 지닌 지도자로 양성하려 했다. 이렇듯 원래 군자는 무인의 개념이 강했으나 공자는 덕을 갖춘 문약하지 않고 용맹한 문인의 모습의 군자를 양성하려고 한 것이라고 볼 수 있다. 나아가 공자는 군자의 의미도 계급을 지칭하는 신분적 위계가 아닌 남을 교화할 수 있는 덕을 갖춘 지도자의 의미로 바꾸어 배움을 닦는 모든 이가 군자가 될 수 있다고 하였다.

공자의 가르침을 통해 살펴 본 군자는 이와같이 현실 세계에 머무르지 않고 이상을 추구하고 천명(天命)을 알고자 하는 자이다. 그리고 자신에게 추어진 천명을 자각하고 이를 발견하여 도덕의 수행을 통해 인격을 완성하여 천인합일의 경지를 추구하는 자이다. 결국 군자는 끊임없는 내적 수양을 통해 인격 완성을 이루고자 하였으며, 인격 완성을 이루기 위한 수기(修己)의 방법으로 송대에 완성된 신유학으로써의 성리학에서는 거경(居敬)과 궁리(窮理)를 제시하고 있다. 거경은 내면의 덕성을 함양하는 것이며, 궁리는 외부 세계의 사물의 이치를 궁구하는 것이다.

군자는 이런 학문적 방법을 통해 수양을 하며 길러진 덕을 통해 남을 다스리는 데 자신을 확장시켜 나간다. 곧 군자는 학문을 닦고 인격을 완성시켜 나가며 지도력을 갖추어 백성을 편안하게 하고자 노력하는 사람이다. 공자는 이러한 군자의 첫 번째 자질(논어의 첫 단락의 문장이므로 이렇게 봄)로 화를 조절할 줄 아는 사람으로 규정하고 있으니 자신을 통제할 줄 안다는 것이 얼마나 무거운 일인가!

현대에 와서도 삼성의 창업주 이병철 회장이 논어의 가치와 중요성을 이야기하고 있었고, 대기업의 CEO들 중에서는 논어를 즐겨 애독하는 이들이 많아 논어를 통해 경영의 근본과 이치를 배웠다는 이들이 많았다. 그러한 논어의 첫 시작에 군자에 대해서 왜 "인부지이불온이면 불역군자호"라는 문장으로 시작했을까?

군자라는 최고의 인격을 갖추는 첫 번째 조건으로 "남이 나를 알아주지 않아도 화내지 않으면 군자"라는 말로 운을 띄운 사정에 대해서는 공자의 생애를 이해하면 이러한 의문에 명쾌한 답을 얻을 수 있다. 공자의 삶 자체가 아무도 알아주지 않는, 알아주어도 온갖 시기와 모략으로 고통받았던 것인데 그럼에도 불구하고 화내지 않으며 학문에 정진하는 것이 군자다, 라고 노년의 공자는 제자들을 가르치고 있다.

이렇듯 남이 나를 알아주지 않는다 할지라도 성내지 않는다 함은 곧 나의 능력 인격 학문 등의 내면의 세계를 남이 몰라본다 할지라도 화를 내지 않는 태도인 것이다. 즉 학문과 인격 등은 나의 내면을 기르는 것이기에 자기 스스로 충분히 통제 가능하지만 남에게 인정받는다는 것은 나의 영역 밖의 것이기에 내가 통제할 수 없으므로 그렇다. 그러기에 내가 통제할 수 없는 것들로 인하여 슬퍼하거나 아쉬워 화를 내지 말아야 할 것이며 오히려 통제할 수 있는 내 마음에 집중할 일이다.

세상사가 뜻대로 되지 않을 때가 정말 많다. 그럼에도 불구하고 포부를 잃지 않고 인정을 받든 말든 꿋꿋이 나아가기란 쉽지 않다. 시련과 고통으로 절차탁마한 이들이야말로 진정한 승리를 얻을 수 있음을 현대를 사는 우리는 공자의 삶을 통하여 되새겨 봤으면 한다.

불가(佛家)에서도 嗔是心中火 能燒功德林(진시심중화 능소공덕림 : 성냄은 마음속의 불이니 능히 모든 공덕을 불살라 버린다)했으며 성경에서도 "성내는 사람과 사귀지 말며 격노하는 사람과 동행치 말라 네가 그들의 길을 배워 네 스스로 올가미를 써서는 안 된다.(잠언 22, 24~25)"하여 성냄을 크게 경계하고 있다.

그렇다면 화(火)의 조절 즉 감정조절이란 구체적으로 어떠함을 말하는가? 우선 감정(感情)이란 어떤 현상이나 일에 대하여 일어나는 마음에서 느끼는 기분으로 슬픔, 기쁨, 싫음, 좋음 따위의 심리 상태이다. 사람의 마음에 일어나는 이러한 여러 가지 감정을 정서(情緒)라고 한다.

감정을 조절한다는 것은 무조건 감정을 억제한다는 말이 아니다. 오히려 모든 감정을 있는 그대로 수용하고 받아들이는 것을 말한다. 인간으로서 느낄 수 있는 모든 감정, 그 감정 자체에 압도되거나 휩쓸리지 않고 감정을 있는 그대로 느낄 수 있는 상태를 유지하는 것이 바로 감정 조절 상태인 것이다.

이러한 감정 조절이 안되는 상태를 통상적인 병명으로는 조울증(躁鬱症)이라 하는데 이는 기분장애의 일종으로써, 정식 의학적 명칭은 양극성정동장애(兩極性情動障礙)이다. 보통 양극성장애라고 줄여서 부른다.

감정을 잘 조절하는 사람들은 자신이 어떤 감정을 얼마나 느끼며 또 이런 감정이 자신과 주변에 어떠한 영향을 끼칠지를 인식하고 있다. 또한 이러한 감정이 지금 당장의 눈앞의 문제에 국한되지 않는다는 사실도 알고 있다. 즉 감정이 격할 때(특히 화가 날 때) 이러한 감정이 과거에서부터 이어져 온 어떤 경험과 현재의 상황, 그리고 자신의 현재 기분의 상태까지 합해져 발생하고 있다는 사실까지 인지하고 있다는 것이다. 그렇기에 격한 감정이 일어나도 함부로 행동하지 않는다.

불가(佛家)의 가르침뿐만 아니라 심리학에서 감정으로부터 자신을 곧바로 통제할 수 있는 방법으로 중요하게 거론되는 단어가 바로 "알아차림"인 것이다. 알아차림이란 안다라는 단어의 의미와 차린다라는 단어의 의미이다. 안다라는 의미는 "어떤 사실이나 존재, 상태에 대한 의식이나 감각으로 깨닫거나 느낀다."라고 정의되어 있다. 차린다라는 의미는 "기운이나 정신 따위를 가다듬어 되찾는다. 정신을 차리다."이다. 그래서 "알아차린다"라는 의미는 "알고 정신을 차려 깨닫는다."라고 정의하고 있다. 이것을 조금 풀어서 보면 우리의 감각, 즉 오감인 시각, 청각, 미각, 촉각, 후각을 통해서 사실, 존재, 상황을 알고 정신 차려 깨닫는 것을 말한다.

자라 보고 놀란 놈 솥뚜껑 보고 놀란다. 자라가 아니고 솥뚜껑인 것을 알아차렸다. 사무실에 문을 열고 들어갔는데, 다들 나를 바라보면서 웃었다. 그래서 나는 다른 사람들이 나를 비웃는 것으로 생각하였다. 조금 후 누군가가 나에게 상황설명을 해주었다. 즉 내가 문을 열고 들어가는 시점에 한 사람이 재밌는 농담을 하여 모두가 웃게 되었다는 것이다. 내가 상황을 잘못 해석한 것임을 알아차린 것이다. 이처럼 알아차림은 깨어 있는 정신 상태에서 어떤 사실이나 존재, 상태, 상황 등을 깨닫는 것이라고 할 수 있다.

알아차림을 통하여 감정을 잘 조절할 일이다.
오죽했으면 공자같은 대 성인도 군자가 견지해야할 첫 번째 조건으로 성냄을 경계 했겠는가! 명심할 일이 정말 지혜로운 사람은 화를 잘 내지 않으며 또한 화를 조절할 줄도 안다. 자기감정을 조절하지 못하는 사람은 패가망신(敗家亡身)할 뿐이며 주변 사람들까지도 고통 속으로 몰아넣는다.

달팽이 뿔 위에서 싸우는 자들

　개인이나 국가, 일반 사회에서도 사소한 다툼과 큰 분쟁은 시도 때도 없이 일어나는 것이 세상사 현실이다. 외부에서 말하기를 가장 도덕적이고 연륜이 쌓인 인격자들이 모인 단체나 군자다운 군자가 되기 위해 평생을 받쳐 수신한다는 곳에서조차 내부의 실상을 보면 오랜 세월 동안 끊임없는 다툼과 내부 분열로 인하여 이전투구(泥田鬪狗)를 하고 있다. 가장 큰 원인은 무엇인가?
　단언하건데 명예욕이다. 명예욕에 온통 마음이 씌이게 되다 보니 공맹(孔孟)께서 그토록 외치셨던 서(恕)와 양보는 찾아볼 길이 없게 되어 버린 것이다.
　인간의 삼대 욕망은 식욕(또는 재물욕), 색욕, 명예욕이라고 한다. 이 중에 가장 버리기 어려운 것이 명예욕이란 말이 있다. 물론 개인의 가치관과 상황에 따라 달라질 수 있기는 하지만 말이다.

1. 명예욕(名譽欲)이란 무엇인가?

명예(名譽)는 도덕적 또는 인격적으로 두루 인정받아 스스로 자부심을 가질 수 있는 공적이나 성과 등을 나타내는 말이니 명예욕은 이러한 욕심을 말한다. 곧 남에게 인정받고 싶어하는 욕망인 것이다.

많은 사람들은 명예를 얻으려고 노력한다. 때에 따라 그 열망은 재물욕보다 강할 수도 있다. 실제로 학생들이 학교에서 열심히 공부하려 하거나, 혹은 직장인들이 열심히 일해 공적을 쌓으려는 목적은 이를 통해 얻는 돈보다는 오히려 명예인 경우가 많다. 흔히들 세상에서는 남자들이 충동을 이기지 못해 성폭력을 저지르는 일이 많으니, 성욕이 가장 강한 것 아니냐고 생각하기 쉽다. 하지만 두루 보편적인 욕망은 단연 명예욕(또는 권력욕)임이 틀림없다.

폭넓은 의미로 보면 인간의 욕망은 바람직하면서도 무서운 것이다. 물론 식욕, 성욕, 수면욕 같은 기초적이고 육체적인 욕구와 명예욕 같은 정신적 욕구를 대비시키기도 하지만 아무튼 모든 욕구를 통틀어서 생각해도 가장 강한 것은 명예욕이 아닌가 싶다. 특히 남자는 명예욕이 강하다. 인간의 욕망이란 반드시 절제되어야 하지만 명예욕을 다스리기가 가장 어렵다고 한다. 특히 나이 들어가면서 더욱 그렇다.

석가모니의 성도 과정을 그린 팔상도의 6번째가 수하항마상(樹下降魔相)인데 석가모니가 보리수 아래서 깨달음을 얻을 때 마왕이 나타나 방해하였다. 세 딸을 보내 유혹기도 하고 폭력으로 협박하기도 하였지만 실패하자 끝으로 전륜성왕(轉輪聖王)[1]을 시켜주겠다는 권력욕을 자극했지만 역시 실패했다는 내용을 그린 그림이다. 이는 색욕이나 두려움보다 명예욕을 떨쳐 내기가 더 어렵다는 것을 역설적으로 말하고 있음이다.

기독교 성서에서도 유사한 내용이 있다.
예수가 세례를 받은 후에 사십일간 광야에서 금식 기도를 하는데 사탄이 나타나 빵과 두려움과 명예욕으로 예수를 유혹하였다. 사탄이 예수에게 세상 모든 나라의 영광을 보여 주면서 "나에게 엎드려 절하면 이 모든 것을 주겠다"(마태복음 4장)고 유혹한 장면이 그것이다. 사탄은 명예욕이야말로 예수도 거부하지 못할 것으로 본 것이 틀림없다.

그러나 나를 살리고 남까지도 살리며 위할 수 있는 대인의 진실한 명예는 참으로 구하기 어려운 노릇이다. 공자의 사상을 발월(發越)시킨 맹자는 말하고 있다. 好名之人　能讓千乘之國　苟非其人　簞食豆羹見於色(호명지인 능양천승지국 구비기인 단사

---

[1] 인도신화에서 통치의 수레바퀴를 굴려, 세계를 통일·지배하는 이상적인 제왕

두갱현어색 : 명예를 좋아하는 사람은 능히 큰 제후급인 천승(千乘)의 나라라도 사양할 수 있다. 그러나 진실로 명예를 좋아하는 그런 사람이 아니면 한 그릇 밥과 한 대접 국 같은 하찮은 것에도 그것을 아까워하는 본색이 얼굴빛에 드러나고 만다.) 맹자(孟子) 진심하(盡心下)에 있는 말이다.

세상살이에는 모든 사람들의 생각이 각각 다르듯 욕심 또한 각각이다. 부귀를 바라는 것은 인간의 공통된 욕심이요 대체적인 허영에 속한 것이지만 부귀 이상으로 좋은 이름 즉 의미있는 명예만을 원하는 사람이 있다. 그런 사람을 가리켜 호명지인(好名之人)이라고 한다. 그 호명지인은 능히 천승 나라(큰 나라)도 사양할 수 있다는 것이 능양천승지국(能讓千乘之國)이다. 진정한 명예를 좋아하는 사람은 능히 천승의 나라도 사양할 수 있다는 말이다.

기실 명예를 즐기고 좋아한다고 떠드는 사람들 가운데 뜬구름 같은 관념적이고 형이상학적인 일에 대해서 호탕한 척하지만 정작 자기 자신과 관련된 구체적인 이해관계가 생기면 곧바로 찌질한 소인의 본색을 드러냄을 말하고 있다.

현실적인 면에서 보면 명예욕이 나쁜 쪽으로 드러날 경우 이는 권력욕이 되어 자기 명예를 직함이나 벼슬이 지켜준다고 믿고 불나방처럼 달려들기도 하는데, 권력에 취하면 아무도 말릴 수 없게 된다. 국회의원도 초선 때보다 재선, 3선이 되면 더 하고 싶고 더 자리를 지키고 싶다고 한다. 남들은 한 번도 하기 어려운데 한 번 해봤으면 됐지……이런 게 안 먹히는 게 모든 권력욕의 현장이다. 사실 그것이 무엇이든 한 번만 가지면 원이 없겠다 해도, 막상 갖고 나면 더 갖고 싶은 마음이 인지상정이다. 어떤 성취나 재물이나 칭찬에 대해서도 마찬가지다.

명예욕은 누구에게나 있겠지만, 남자는 좀 더 그런 것 같다. 보통 세상에서 권력과 재물과 모든 것을 더 많이 잡고있는 것이 남자인데, 사회 구조상 바로 남자들의 명예에 대한 욕망과 욕구의 차이가 그 원인이 아닐까.

물론 여자에게도 명예욕이 없다는 게 아니다. 사람은 다 비슷할 테지만, 상대적으로 남자가 좀 더 강하다는 것을 말하는 것이다.

그런데 명예욕을 좀 더 근본적으로 바라보면, 무슨 자리를 차지하거나 유명해지고 싶은 그런 것을 넘어서, 말 그대로 명예…. 자기 이름, 자기 존재에 먹칠을 하지 않기 위해 최후까지 애쓰는 경우 또한 지극히 당연한 사람의 심리라는 것을 알 수 있다.

이 명예를 부정적 측면에서 바라보면 허세(虛勢)인데, 비속어로 가오와 같은 것이리라. 일본어인 가오는 얼굴(顔)이란다. 지금은 고인이 됐지만 지난날 어떤 유명 배우가 가난한 동료들에게 자존심을 세워주기 위해 "우리가 돈이 없지, 가오가 없냐"라고 말했듯이 이때의 가오는 곧 포기할 수 없는 자존심, 즉 찌질하지 않은 명예와 같은 것이리라.

이러한 명예욕(권력욕) 때문에 사람은 살아가는 도중 다양한 삶의 관계 속에서 크고 작은 시련이나 파멸의 결과를 가져올 유혹의 순간을 맞이하게 되고 이 가운데 괴로움과 즐거움이 교차 반복적으로 일어난다. 또한 사소한 명예욕의 발로로 순간 자칫 잘못된 선택을 함으로 인하여 인생 전체가 허물어질 수도 있다. 즉 별거 아니라고 여겼던 것이나 실제로 별거 아닌 일로 인해 자신의 인생이 무너질 수도 있다는 의미이다. 따라서 때로는 져주는 것도 필요하다. 대단한 명예로 보였던 일들이 세월이 지나고 보면 너무나 허망하고 하찮은 일들이었음이 얼마나 비일비재한가. 크든 적든 무조건 모든 걸 소유하고 자신만 이기려다 보면 그러한 승부욕이 결국에는 자신의 삶을 전부 허물어트릴 수 있기 때문이다.

자신의 목숨이나 나라의 명운을 거는 일은 차치하더라도 사소한 명예를 지키려고 작고 하찮은 일에 너무 집착하지 말고 모든 일을 대국적으로 바라보며 웃어버릴 줄 아는 스스로에 대한 포용력이 절실한 세상이다. 이즈음 백낙천의 시 한수 「와우각상쟁」은 우리에게 시사하는 바가 크다.

2. 와우각상쟁(蝸牛角上爭)

당(唐)나라 시대 뛰어난 시인(詩人) 백거이(白居易(樂天))는 그 유명한 대주(對酒)라는 시(詩)에서 장자의 잡편 칙양편과 도척의 이야기를 인용하며 아래와 같이 읊었다.

　　蝸牛角上爭何事 (와우각상쟁하사)
　　石火光中寄此身 (석화광중기차신)
　　隨富隨貧且歡樂 (수부수빈차환락)
　　不開口笑是癡人 (불개구소시치인)

　　달팽이 뿔 위에서 무슨 일로 다투는가?
　　부싯돌 불빛 속에 이 몸 맡긴 짧은 인생인데
　　부유하든 가난하든 모두 기쁘고 즐거움이니
　　입 벌려 웃지 않으면 바보 병신이로다

蝸牛角上之爭(와우각상지쟁)은 와각지쟁(蝸角之爭)이라고도 하며 "달팽이 뿔에서 다툼 즉 세상일이란 달팽이 뿔 위에서 싸우는 것과 같이 사소한 다툼에 불과하다."는 것을 비유하는 말이다. 곧 달팽이의 머리 위에 난 촉각 위에서의 싸움이란 말로서 좁

디좁은 세상에서의 부질없는 싸움, 애써 다투어 보았자 얻을 수 있는 것이 없는 쓸데없는 싸움을 말한다.

　이 말은 장자(莊子) 잡편(雜篇)중 칙양편(則陽篇)에 나온다. 내용은 이러하다.
　춘추전국 시대 때 위나라의 혜왕(惠王)은 제나라의 위왕(威王)과 동맹을 맺었으나 위왕이 맹약을 배반하자 이에 분개하여 제나라에 자객을 보내 위왕을 암살하려고 했다. 그러자 대신들 가운데에는 암살은 비겁한 수단이니 정정당당하게 군사를 일으켜 싸우자는 의견이 있었고 이에 반대하여 백성을 수고롭게 하는 전쟁은 하지 말자는 의견이 나오기도 했다.
　임금이 답답해하자, 혜자(惠子)가 현자로 알려져 있던 대진인(戴晋人)을 임금에게 나아가게 했다. 대진인은 임금에게 나아가 달팽이에 대해 말하며 "달팽이의 왼쪽 뿔에는 촉씨(觸氏)의 나라가 있고 오른쪽 뿔에는 만씨(蠻氏)의 나라가 있는데 서로 자기의 영토를 넓히려고 싸우고 있습니다. 그 싸움에서 죽은 자가 수만이요 달아나는 적을 추격하기를 보름에 걸친 적도 있다고 합니다."
　혜왕이 기가 막혀 엉터리 이야기라고 말하자 대진인은 "우주는 끝이 없습니다. 그렇다면 끝없는 우주에서 우리 지상을 내려다보면 어떻겠습니까? 우리 위나라와 제나라의 분쟁 역시 달팽이 두

촉수의 분쟁과 다름이 없지 않겠습니까? 마음을 그 끝없는 세계에 두고 있는 사람에게는 이 지상의 나라들의 존재란 있으나 없으나 미미하게 느껴지기 마련이 아니겠습니까?"라고 말했다.

달팽이 머리 위의 촉수. 두 개의 촉수끼리 서로 싸운다면 누가 보더라도 하찮게 보일 것이다. 바로 이러한 좁은 범위 안에서 서로 싸우는 상황, 와우각상쟁은 매우 사소한 분쟁을 의미한다.

역사적 사실 속의 우화를 빌어 보잘것없는 일로 다투는 것은 아무런 이득이 없음을 말하고 있으며 인생이란 홀연 번쩍이는 부싯돌 불 같이 순간인 것을 인식하여함은 물론 부유함이나 가난함이나 나름대로 다 즐거움이 있으니 화내거나 다투지 말고 웃으며 살아가야 할 것이 아니겠는가, 라고 하였다. 백낙천의 이 시는 공간과 시간에 대해 인간이 인식하는 세상을 새롭게 바라본다라는 시상에서 시작된다. 우리가 살고 있는 땅덩어리는 크다고 보면 정말 크다. 하지만 거대한 우주와 비교해보면 달팽이의 뿔에 지나지 않는 것. 우리가 살아갈 인생 백년도 길다고 생각하면 엄청나게 길다고 말할 수도 있으나 역시 우주의 시간에 비하면 석화광(石火光)일 뿐이다.

마지막 4행 不開口笑是癡人(불개구소시치인)도 장자(莊子) 잡편(雜篇)에 도척(盜跖)과 공자와 관련하여 나오는 내용이다.

이 이야기의 앞부분을 보면, 공자와 친구 사이인 유하계(柳下季)는 노나라에서 현인으로 존경받는 인물인데 그에게는 희대의 도둑인 도척이라는 동생이 있었다. 동생 때문에 고민하는 유하계에게 공자는 도척을 설득해 보겠노라고 말한다. 하지만 동생의 사람됨을 잘 아는 유하계는 공연한 짓이라며 말렸으나, 공자는 결국 도척을 만난다.

도척을 만난 공자는 천하의 세 가지 덕 즉 용모와 능력과 용기에 대하여 말하자 도척은 "네가 말하는 것들은 모두 내가 버리는 것들이다. 그러니 당장 돌아가 다시는 나에게 훈계하려 들지 말아라. 너의 말은 도에서 크게 벗어나 있고, 속임수와 간사함이 느껴질 뿐이다. 이것은 참된 본성을 해칠 뿐이니 어찌 대화를 계속할 수 있겠는가?"

그리고는 "사람의 성정(性情)이란 눈은 좋은 빛깔을 보려하고 귀는 아름다운 소리를 듣고 싶어하며 입은 맛있는 것을 맛 보려 하며 기분은 만족하기를 바란다면서 人上壽百歲 中壽八十 下壽六十 除病瘦死喪憂患 其中開口而笑者 一月之中不過四五日而已矣.(인상수백세 중수팔십 하수육십 제병수사상우환 기중개구이소자 일월지중과사오일이이의 : 사람의 상수(上壽:오래 삶)는 일백세요, 중수(中壽)는 80세며, 하수(下壽)는 60세다. 병들고 노쇠하며 남이 죽어 슬퍼하고, 근심, 우환있는 날짜를 제하면 그중에 입을 벌려 웃는 일은 한 달 안에 4~5일 정도뿐이다.)"라고 일갈했다. 또 공자의 도는 사람의 본성을 잃어 미친 채 급급히 허둥대는 꼴이니 남을 속이는 거짓투성이다라고 크게 꾸짖었다.(子之道 狂狂汲汲 詐巧虛僞事也:자지도 광광급급 사교허위사야)

백낙천은 여기에서 개구소(開口笑)를 인용하면서 지금 목숨 걸 일도 멀리보면 사소한 일이니 대인의 마음으로 웃지 못하면 바로 어리석은 사람임을 말하고 있는 것이다.

장자는 도척의 입을 통해 위선자라고 공자를 꾸짖는 것으로 나오지만 이는 유가를 비판하기 위해 도척과 공자의 대화를 만들어 낸 장자나 혹은 후대의 도가들이 의도적인 이야기로 보여진다. 한편으로 이 내용에서는 도덕성의 회복을 통해 사회 질서를 바로 세우고자 했던 공자와 약탈과 살생을 일삼으며 자신의 만족만을 추구하는 도척은 도덕적 가치 면에서 선과 악으로 뚜렷이 대립되기도 한다.

3.성공한 사람은 사소한 것에 목숨을 걸지 않는다

몇 해 전에 발표되어 널리 읽힌『성공한 사람은 사소한 것에 목숨을 걸지 않는다』의 저자 리처드 칼슨은 다음과 같이 말하고 있다.

"모든 것은 사소한 것이다. 사소한 것에 목숨을 걸지 않겠다는 것만 기억한다면, 인생을 조화롭게 살 수 있으며, 평온하고 스스로를 사랑하는 삶을 시작할 수 있다."

널리 세상 사람들이 알지 못하는 자리임에도 명예욕 때문에 사소한 이해관계로 얼굴을 붉히면서 서로를 상하게 하고 주변까지 온통 시끄럽게 하는 경우를 너무 많이 본다. 의식적으로는 남이 못할 일을 곧잘 하는 사람까지도 남이 알지 않는 곳에서는 무심코 남이 하지 않는 침 뱉는 일을 서슴치 않고 하는 것이 요즘 세상이라. 이들 중에는 위선자(僞善者)도 많다. 그 사람의 참다운 인격을 알려면 그가 무심코 하는 하찮은 일을 통해서만 가능하다.

사소한 일에, 사소한 명예욕에 목숨 걸 일이 아니다.

배운 자란 어떤 사람인가!

요즘 항간에 식사 등 모임 자리가 마련되면 예외 없이 거론되는 이야기가 애들 앞에서 텔레비전 보기가 두렵다고 한다.

정치판에 난무하는 거짓 증언과 비방 여기에다가 성희롱이니 폭력이니 하는 이야기들…… 세상을 살아가는 상식 있는 보통 사람들이 일상에서는 생각도 할 수 없는 행태들에 대해서이다.

이쯤 되면 도대체 배움이란 무엇이며, 배운 자란 어떤 사람이어야 하는가,라는 의문이 생기지 않을 수 없다.

더 나아가서는 인간이란 어떤 동물이며 인간성이란 어떠하여야 하는 것인가, 그리고 인간의 욕망이란 어디까지인가에 대한 근본적인 질문을 아니 할 수 없다.

작금에 사회를 경천동지할 만큼 물의를 일으키고 있는 자들의 소위 학벌과 사회적 지위를 보면 보통 일반인들로서는 입이 벌어질 만큼 놀랍다.

그들이 부모로부터 물려받았든 자수성가를 했든 대개 명문대 졸업은 기본이고 평생 아니 자손 대대로까지 호의호식 할 수 있는 재력에다 정치적 권력 또한 대단하다 아니 할 수 없다. 그들은 과연 제대로 배운 자들일까?

그러면 과연 우리는 어떤 사람을 배운 자라 할 수 있는가!
인류의 가장 위대한 경전 중의 하나인 『논어』의 「학이편」에 배운자란 어떤 사람인가를 몇 마디로 극명하게 표현하고 있다.
子夏曰 賢賢易色 事父母能竭其力 事君能致其身 與朋友交言而有信 雖曰未學 吾必謂之學矣(자하왈 현현역색 사부모능갈기력 사군능치기신 여붕우교언이유신 수왈미학 오필위지학의 : 자하가 말하였다. 현인을 현인으로 여기기를 미색(美色)을 좋아하는 마음과 바꿔 하며, 부모를 섬길 때는 능히 그 힘을 다하며, 인군(人君)을 섬길 때는 능히 그 몸을 바치며, 친구와 더불어 사귈 때는 말을 믿음성 있게 한다면, 비록 배우지 않았다고 말하더라도 나는 반드시 그를 배웠다고 하겠다.)
위 글은 공자의 제자 중 문학에 출중한 자하의 말로 시작되었지만, 당초 공자의 가르침에 의함이라고 봐도 무방할 것이다.
현대적으로 표현하자면 비록 학교를 다니지 않아 글을 모른다 할지라도 인간다운 행동을 올바르게 한다면 그 사람을 바로 배운 사람이라고 한 것이다.

오늘날 우리는 "배운다"고 하면 학교라는 제도권에서 정규 교육과정을 거쳐 대학을 졸업하고 학위나 자격을 취득하는, 즉 남보다 더 많은 스펙을 쌓아가는 행위를 말하며 배운자란 이를 기반으로 부와 권력을 쟁취한 사람을 말한 것일 것이다.

그러나 진정한 배움이란 그 과정 속에서 삶의 지혜를 얻고 이러한 배움으로 인해 지식과 행동이 하나 되어 인간의 도리를 다하게 될 때이다. 단순히 배움이란 행위가 남과의 경쟁에서 우위를 차지하는 생존의 수단만이 되어서는 안 되는 것이다.

하버드 대학교 폴 베이커 교수는 배움의 모습에 대해서 "어떤 사람들은 성장이란 기억력을 높이는 것이 전부라고 생각한다. 또 어떤 사람은 기계장치의 작동원리를 배우는 것이라고 생각한다.......이러한 유형의 성장은 새로운 방식을 개발하는 것이 아니라 옛 방식을 완벽하게 숙련하는 것이 목적이다"라고 말했다. 즉 이러한 기계적인 배움은 삶에 있어서 인간다움을 성숙시키기 위한 변화와 성장을 추구하기 보다는 단지 경쟁에 있어서 남보다 앞서가기 위한 지식의 습득일 뿐인 것이다.

그러므로 이는 현재의 경쟁사회에 있어서 극소수의 사람만이 동물적 승리를 맛 볼 수 있을 뿐이다.

인간에게 있어서 배움(學/學問)이란 어떤 의미일까! "배우고 묻는 것."

　인간이 태어나 성장해 나가는 것은 그것이 형이상학적 차원이든 형이하학적 차원이든 관계없이 끊임없는 배움의 과정 속에서 벗어날 수 없다고 하겠다.

　배움이란 인간이 생존해 가는 데 직접적으로는 모르는 일을 알아가는 과정이며 이는 결국 인간이 인간답게 살아갈 수 있는 가장 기본적이고 원초적인 육체적 정신적 단련이다. 여기에서 우리는 배움에 대한 근본적인 물음을 먼저 제기하지 않을 수 없다. 즉 학(學)의 근본은 무엇이며 어떻게 무엇을 배울 것인가이다.

　다산 정약용 선생은 저서 아언각비(雅言覺非)[1] 서문에서 "학이란 무엇인가! 학이란 깨닫는 것(覺)이다. 깨닫는다는 것은 무엇인가? 깨닫는다는 것은 잘못을 깨닫는 것이다. 잘못을 깨닫는 것은 어떻게 하는가, 바른 말(아언雅言)에서 깨달아야 한다. 쥐를 옥 덩어리로 말했다가 조금 후에 이를 깨달아 이것은 쥐일 따름이다. 내가 잘못했다라고 하고, 사슴을 말이라고 했다가 조금 후에 이를 깨달아 이것은 사슴일 따름이다. 내가 잘못했다라고 하며 이미 잘못을 깨닫고 부끄러워하고 뉘우치고 고치는 것, 이를 학(學)이라 이른 것이다. 자신을 수양하는 것을 배우는 사람은 악한 일은 작아도 하지 말아야 한다 라고 하고 문장 다듬기를 배우

---

[1] 다산 정약용이 1819년(순조 19년)에 지은 어원 연구서로 아언각비는 '항상 쓰는 말 가운데 잘못을 깨우치다'라는 뜻이다.

는 사람도 악한 일은 작아도 하지 말아야 한다 하는데 이는 이미 학문이 먼데까지 진전된 사람이다."라 하였다.

또 사암선생연보(俟菴先生年譜)[2]에서 "학문이란 다 전해 듣는 것일 따름이다. 잘못되고 어긋난 것이 많기 때문에 이런 말이 있게 되었다. 그러나 하나를 들어 보이면 셋의 반응을 나타내고 하나를 들으면 열을 아는 것이 배우는 사람의 책무이다."라 하였다. 결론적으로 다산은 배움이란 다만 깨닫는 것이다,라고 하여 한마디로 배움 즉 학을 정의 하였다. 무엇을 깨닫는가? 잘못을 깨닫는다. 잘못은 아주 작은 것에서부터 시작된다고 한다.

인류 역사상 가장 배우기를 좋아한 사람은 아마도 공자일 것이다. 공자의 일생을 보면 묻고 배우는 과정 속에서 끊임없이 자기를 완성시켜 나가는 인생 여정이었다. 공자는 자신의 일생을 지배하는 좌우명으로 삼은 말, 바로 호학(好學) 즉 배우기를 좋아함이라고 해도 과언이 아닐 것이다.

오죽했으면 논어 공야장에 子曰 十室之邑 必有忠信 如丘者焉 不如丘之好學也.(자왈 십실지읍 필유충신 여구자언 불여구지호

---

[2] 정약용의 현손(玄孫) 정규영(丁奎英, 1872~1927)이 정약용 사후 85년이 지난 1921년에 연대순으로 정리하여 편찬한 정약용(茶山/俟菴/與猶堂/紫霞道人)의 일대기이다.

학야. : 공자 이르기를 열 채 정도의 작은 마을에도 반드시 충과 신으로는 나 구(丘)와 같은 사람이 있겠지만, 나같이 배우기를 좋아하는 자는 없을게다)

마을에 호수(戶數)가 열 채 정도의 작은 마을에서도 충성스럽고 믿음이 있는 사람은 어디서나 만나기 어렵지 않다. 그러나 배우기를 좋아하는 사람은 온 나라에서도 만나기 어렵다라고 스스로를 말하는 공자야말로 인류 역사에 가장 배우기를 좋아하는 사람의 표본이 아니겠는가!

배우기를 좋아하면 배우기를 즐길 수 있을 터이니 이보다 더 좋은 게 없다. 하루하루를 그저 즐기다 보면 그 방면의 달인이 될 수 있다는 말도 이를 근거로 하지 않을까. 단지 배움이 자신만 잘 먹고 잘 살기 위해서라면 남이야 어찌 되든 남을 이용하고 때론 배운 법을 사용하여 남을 탄압하며 또 뇌물 같은 돈을 받거나 단지 지식만을 쌓아 얻은 권력으로 남의 우위에 서 협박하거나 사기 치거나 하여 세상을 어지럽힌다면 이건 진정한 배움이라 할 수 없다. 정말 배움의 근본에 대하여 다시 생각해 볼 일이다.

인간이란 존재는 그것이 선 한 것이든 악한 것이든 본성적으로 욕망의 틀을 지니고 있다고 하겠다. 하고자 바라는 바가 선(善)의 의지에서 행해지고 선한 결과로 나타나면 사회를 아름답게 하겠지만 불선(不善)의 경우라면 오직 추악한 욕망만이 난무하는 어지러운 사회가 될 것이다.

여기에서 배움이란 행위가 불선의 의지와 관계된 욕망을 줄이거나 끊을 수 있게 한다면 이는 배움을 통해서 자제력을 기르는 것이고 이것이 바로 조화로운 사회를 만드는 일이다. 단편적이지만 이는 오직 배운 자가 취할 행위이다.

"사람에게 어떠한 것도 가르칠 수 없다. 다만 깨우치도록 도와줄 수 있을 뿐이다."라고 일갈한 갈릴레이 갈릴레오의 명언도 깊이 새겨보자.

사람! 부끄러워 할 줄 아는 존재

맹자(孟子)는 사람의 본성이란 본래 선(善)하다고 했다. 즉 인간은 선하기 때문에 태어나면서부터 이미 인(仁), 의(義), 예(禮), 지(智)를 충분히 실현시킬 수 있는 가능성을 갖고 있다는 것이다.[1] 그중 의(義)의 단초는 불의불선(不義不善)을 부끄러워하는 수오(羞惡)의 마음이라는 것이다.

동물은 부끄러워할 줄 모른다.
오직 사람만이 자신의 행위와 생각에 대하여 부끄러워 할 줄 알고 부끄러움에서 벗어나려고 애쓴다. 나와 네가 그리고 온 사회가 이러할 때 세상은 올바른 방향으로 흘러갈 수 있고, 소위 살 만한 세상이 되지 않겠는가!
사회적 동물로 살아가는 인간은 정의로움과 관련된 수치심(羞

---

1) 사단(四端) : 사람의 본성에서 우러나는 네 가지 마음씨

恥心)의 감각이 그 사람의 도덕성을 명백히 드러내는 척도라 했다. 수치심이 없다는 것은 한마디로 오만불손이고 오직 자기중심적인 경우일 때이다. 그래서 부끄러움의 크기는 양심의 크기와 정비례한다.

중국 춘추시대(春秋時代 BC770년~BC403년) 제(齊)나라의 환공(桓公:BC 685~643)을 도와 패업을 이루게 하였으며 관포지교(管鮑之交)라는 사자성어의 주인공 관중(管仲)의 저작으로 알려진 관자(管子)에 부끄러움에 대한 경구가 나온다.

國有四維 一維絕則傾 二維絕則危 三維絕則覆 四維絕則滅(국유사유 일유절즉경 이유절즉위 삼유절즉복 사유절즉멸)고 했다.

사유(四維)[2]란 예의염치(禮義廉恥) 네 가지를 이름함인데 이를 설명하면서 "나라에는 네 가지 강령이 있는데 이 가운데 하나가 끊어지면 나라가 기울고, 두 가지가 끊어지면 위태로우며, 세 가지가 끊어지면 뒤집어지고, 네 가지가 다 끊어지면 망하여 다시 일으킬 수 없다"고 했다.

여기서 염은 청렴과 검소함이요 치는 부끄러워함이다.

청렴 검소한 마음과 생활 그리고 체면을 차릴 줄 알며 부끄러움을 아는 마음이 곧 염치다.

우리는 염치를 모르거나 염치없는 행동을 하는 사람을 일컬어

---
2) 유(維)는 벼리(근본, 강령, 밧줄), 일이나 글의 뼈대

파렴치(破廉恥) 또는 몰염치(沒廉恥)한 놈이라 한다. 염치가 깨져 버리고 끝나버렸다는 뜻이니 이런 사람들에게는 비속어인 놈자가 붙은 게 하나도 이상할 것이 없을 것이다.

요즘 우리 사회를 보면 소위 사회 지도층이라 할 수 있는 자들로부터 일반 사람들까지 도대체 염치없는 사람들로 가득 차 있으며 염치없음 자체를 인식하지 못하고 굴러가는 것 같다.

최고의 통치자로 있으면서 나라의 기강과 살림을 절단내고도 아직 본인이 무얼 잘못했는지 전혀 알지 못하는 행동과 언행, 국회 청문회를 보면 고위 공직자 후보들의 탈세 위장전입은 기본이다. 가장 염치가 있어야할 것으로 판단되는 조직, 사람들이어야 함에도 그렇지 못한 대법원의 운영비 조성과 사용, 교사들의 시험지 유출, 성폭행 사건, 종교 단체들의 비리 등등….. 이루 말 할 수 없어도 나라가 어느 정도 굴러 가는 이유는 어디에 있는가! 그래도 힘든 삶을 영위해 가면서도 상식에 입각하여 건전한 삶을 살아가는 염치 있는 보통 사람들이 세상을 지탱하고 있기 때문이리라.

임기 5년의 독일 대통령 크리스티안 볼프는 2010년에 취임하여 2012년 중도 사퇴하였다. 당선 전 주지사 시절에 일어났던 일들에 대한 불법 의혹이 일자 국민의 신뢰를 잃었다고 스스로 사임했다.

  이유로는 2007년 주지사 시절 여행 시 친구가 호텔비 720유로(한화 약 90만원 정도)를 대납했으며 2008년 집을 사기위해 은행 돈을 빌렸는데 통상 금리보다 1%싸게 대출 받았고, 아내의 자동차를 사면서 0.5% 할인받았으며 자동차 판매원으로부터 아들 생일 선물로 5만원 상당의 장난감 자동차를 선물 받았다는 것이다. 이 중에서 검찰에 기소된 항목은 호텔비 720유로 건인데 크리스티안 대통령은 부도덕하다는 여론이 일자 부끄러움을 알고 즉각 중도 사임했다.

  조선 왕조가 오백년 이상을 유지할 수 있었던 핵심 이유 중 하나가 관리들의 청백사상과 의로움의 단초인 부끄러워할 줄 아는 마음이었음은 주지의 사실이다. 역시 지금 우리 사회라고 어찌 청렴과 의로움을 지닌 공직자가 없으리요 마는 이런 면에서 위의 독일 대통령 사임 건은 되새겨 교훈 삼을 만하다 할 것이다.

  人不可以無恥 無恥之恥 無恥矣(인불가이무치 무치지치 무치의 : 사람이 부끄러움이 없다는 것은 불가능한 일이다. 수치심이 없는 것 자체를 부끄럽게 여기면 (그런 사람은 살아가면서) 부끄러움을 갖지 않게 된다.) 맹자(孟子)의 진심장(盡心章)에 나오는 글귀로 알쏭달쏭한 말인 듯 하나 수십 번 읽어 보고 깊이 생각해 보면 역시 가슴을 파고드는 성인의 말씀이다.

"부끄러움이 없음을 부끄러워하면 부끄러울 일이 없다."는 말이다. 되짚어 보면 사람은 신과 같이 완전할 수 없다. 완전하다는 것 자체는 불가능하다는 말이다. 정신적인 면인 생각과 실제적 행동에서 그렇다. 그러므로 부끄러움이 없다는 것은 인간으로서 불가능하므로 부끄러움이 없음을 부끄러워한다면 (그나마) 부끄러움을 줄일 수 있다는 말이 아닐까!

죽는 날까지 하늘을 우러러
한 점 부끄럼이 없기를,
잎 새에 이는 바람에도
나는 괴로워했다.
별을 노래하는 마음으로
모든 죽어 가는 것을 사랑해야지
그리고 나한테 주어진 길을
걸어가야겠다.
오늘 밤에도 별이 바람에 스치운다.

윤동주의 「서시」[3] 이다

---

3) 윤동주(尹東柱, 1917~1945) 시인. 북간도에서 출생, 연희 전문학교를 거쳐 일본에 유학한 후 1943년에 독립운동의 혐의로 일본 경찰에 검거되어 규슈 후쿠오카 형무소에서 옥사하였다. 서시(序詩)는 광복 후 그의 유고를 모은 시집 ≪하늘과 바람과 별과 시≫의 서문에 해당하는 시로 우리나라 시인들이 가장

우리 역사에 있어서 최대의 치욕적 시기에 정신적, 육체적으로 치열하게 살아오다 20대 나이에 감옥에서 요절한 윤동주 시인의 「서시」는 이 시대를 살아가는 우리 모두에게 부끄러움이란 어떤 느낌이어야 하고 어떻게 살아가야 하는지를 웅변하고 있다.

모름지기 사람된 자는 맹자의 無恥之恥 無恥矣(무치지치 무치의)와 윤동주의 서시를 가슴 깊이 담을 일이다.

좋아하는 시 1위로 꼽힌다.

공직자의 길, 청렴(淸廉)과 검소(儉素)

　인류 역사에 한 왕조가 500년 이상 지속되는 일은 아주 드문 일임을 역사가 말해주고 있다.
　조선왕조는 당시 세계사 어디에도 찾아볼 수 없는 오백년 이상의 역사를 지속시켜 왔는데 이는 정치제도, 사회, 문물, 정신문화사적 등 다양한 차원에서 그 이유를 살펴볼 수 있다. 그중에서도 지배계층의 집단이라 할 수 있는 사(士선비)의 계층에서 선비가 지녀야할 중요 덕목 중 청렴 사상을 빼놓을 수 없다.

　물론 선비 또는 선비라 칭하는 모든 사람이 다 그럴 수는 없었으나 기본적으로 청렴함을 기본 덕목으로 갖추었고 또 갖추려고 노력했다고 볼 수 있다.
　그래서 한 가문에서 청렴한 관리 즉 청백리(淸白吏)가 나옴을 자손 대대로 대단한 자랑으로 여겼고 일부 자손들은 이를 바탕으로 일정한 사회적 지위까지도 누릴 수 있었던 것이다. 인간은 기본적으로 정신적, 육체적 욕망의 그늘로부터 자유로울 수가 없다. 특히 물질의 소유욕에 대한 집착은 그 끝이 없음을 역사가 웅변하고 있음이라.

청렴이란 어떤 의미이며 왜 중요한가!

사전적 풀이로는 청렴은 성품과 행실이 높고 맑으며, 탐욕이 없음을 이름함이다. 청렴함 없이 탐욕에 넘쳐서 올바르게 행동하지 않는 사람만 살고 있다면, 돈만 있으면 무엇이든 할 수 있는 세상이 될 것이며 개인의 탐욕이 넘치면 결국은 패가망신의 길로 들어서게 되고 이러한 현상이 사회 전체에 만연되면 그 사회는 망할 수밖에 없는 것이다.

청렴이란 무엇보다 자신과의 싸움이다. 온갖 유혹들을 뿌리치고 지키는 청렴한 삶이 자신과 가문을 오히려 영광스럽게 하는 길이고 이것을 지키는 사람들이 많을 때에 우리 사회가, 나라가 올바르게 지탱되어 왔음은 역사가 증명하고 있다.

돈으로 직장을 사고 사람도 사고 나쁜 죄를 짓고도 돈으로 판사도 경찰도 다 사 버릴 수 있다면…… 그런 부패한 사회가 되면 각 개인의 삶은 정상적으로 지속될 수 없을 것이고 사회 또한 지탱해 나갈 수 없을 것이므로 청렴이란 한 사회를 유지해 가는 중요 덕목이 아닐 수 없다.

　청렴치 못한 부패한 공직자는 보통 사람들의 부도덕함 보다 훨씬 더 빠르게 사회 질서를 몰락시킨다. 부패한 정권, 부패한 사회의 현상으로 순식간에 경제적 파탄을 가져온 중남미 몇 국가의 경우를 현대사회에서도 어렵지 않게 볼 수 있음이다.

　인간의 욕심은 끝이 없다고 한다. 사람의 삶 가운데 일어나는 모든 문제(특히 죄악)의 대부분은 욕심 때문이라 한다. 인간의 3대 욕망은 흔히 식욕, 색욕, 명예욕이라 이르듯 선의든 악의든 욕심을 바탕으로 하고 있음에 틀림없다.
　이러한 인간의 가장 본질적 욕망을 자제하면서 살아간다는 것은 그리 간단한 문제가 아니다. 특히 일정한 관직의 지위를 누리고 있는 사람이라면 더더욱 그렇다. 조선이 오백여년의 장구한 역사를 이끌어 올 수 있었던 것도 선비임을 표방하는 대부분의 위정자들이 청백사상을 기본적으로 내면에 지니고 있었기 때문이라는 것은 상당히 수긍되어 지는 점이 있다 하겠다.

　역시 청백(淸白)이란 위의 청렴과 같은 개념으로 재물에 대한 욕심이 없이 곧고 깨끗함, 또는 마음씨나 몸가짐이 깨끗하며 욕심이 없다,라고 표현하고 있다. 한마디로 욕심이 없음을 이름함이다.

이렇듯 청백한 삶을 살았던 관리를 청백리라고 하는데 살아있는 경우에는 염근리(廉謹吏)라 하며 고려시대에는 염리로 불렸다. 다시 말해 청백리란 청백하게 관직을 수행할 수 있는 능력과 품행이 단정하고 순결하며 자기 일신은 물론 가내까지도 청백하여 세상의 탐욕에 조종되지 않는 정신을 가진 관리, 즉 소극적 의미로 단순히 부패하지 않은 관리가 아닌 적극적 의미의 깨끗한 관리를 가리킨다.

청백사상에서 가장 중요시하는 청렴정신은 탐욕의 억제, 매명(買名)행위의 금지, 성품의 온화성 등을 내포하고 있다. 청백리 정신은 선비사상과 함께 우리 백의민족의 예의 국가관에 의한 전통적 민족정신이며, 이상적인 관료상이기도 했다.

이러한 전통적 민족정신은 단군 이래 홍익 인간적 윤리관에 바탕을 두고 형성되어 국난이 일어날 때마다 의병활동 등으로 표출되어 나라를 구하였다.

고려사에는 청백리로 유석, 왕해, 최석(崔碩), 윤해(尹諧), 최영(崔瑩) 등이 기록되어 있다. 조선시대에는 전고대방(典故大方)[1]에 219명, 청선고(淸選考)[2]에 186명이 기록되어 있다. 조선시대

---

1) 단군에서 시작하여 한국 역대 인물에 대한 전거를 밝힌 일종의 인명사전. 조선 후기의 학자 강효석(姜斅錫)이 엮어 1924년 서울 한양서원(漢陽書院)에서 발간하였다.
2) 조선 고종(高宗) 때 엮음. 조선 초기부터 한말까지 주요 관직에 임명된 사람과 문묘(文廟), 태묘(太廟)·서원(書院) 등에 봉향한 인물들의 이름을 기록한

의 3대 청백리로는 흔히 맹사성, 황희, 박수량을 거론 하는데 모든 이들이 유교적 지도이념과 주자학적 실천 수행의 도(道)에 철저했던 인물들이었다.

조선 명종 전후에 이미 청백리라는 용어가 사용되었으며, 또한 염근리라는 명칭은 1552년(명종 7) 기록에서 볼 수 있으므로 그 명칭은 조선 후기가 아니라 전기부터 사용했음을 알 수 있다. 명종 대에 와서 살아 있는 자는 염근리라는 명칭을 붙여 선발하고, 특별한 과오가 없는 한 사후에는 청백리로 녹선하기로 결정했던 것이다.

청백리 자료로 남아 있는 것은 전고대방, 청선고, 조선조 청백리지 등이다. 청백리들이 지켰던 공직윤리는 수기치인이며, 청렴, 근검을 비롯하여 인(仁),경(敬),효(孝) 등을 매우 중요시했다. 더욱이 이것들은 국가에 대한 사명감, 왕조체제에 대한 충성심, 백성을 위한 봉사정신 등 개인적인 생활 철학으로 정립되었고, 나아가 공직자의 윤리관으로 확립되었다.

이와 같이 나라의 정신적 기강의 근본 역할이라 할 수 있는 청백정신을 온 몸으로 실천한 분들이 많이 있지만 그중 장성의 지지당(知止堂) 송흠(宋欽 1459~1547) 아곡(莪谷)박수량(朴守良 1491~1554)선생이 단연 돋보인다 하겠다.

명부. 찬자(撰者) 미상.

송흠(1459~1547) 선생은 모든 일에 그칠 줄 알아야 한다는 뜻으로 부귀영화에 욕심이 없다는 의미의 지지당(知止堂) 또는 관수정(觀水亭)이라는 호를 지어 가졌다.

지지당은 1459년 3월13일 영광군 군동면 정각리. 지금의 장성군 삼계면 단산리에서 태어났다. 우찬성의 승직을 받은 아버지 송하원과 어머니 하동 정씨 사이에서 태어난 신평 송씨의 후예다.

삼마태수(三馬太守)란 별호로 송흠의 청백사상을 한마디로 그려 볼 수 있다.

이 별명은 지방 수령으로 부임 할 때면 언제나 겨우 말(馬) 세 마리만을 이용하였다고 하여 그 지방 백성들이 지어준 것이라 한다.

한 지방의 수령으로 군수나 현감에 임명되면 교통수단으로 말이 이용되던 시절에 자신이 타는 말 한 필, 어머니가 타는 말 한 필, 그리고 부인이 타는 말 한 필 이렇게 겨우 세 마리만 가족들이 나누어 타고 부임하는 그를 민중들이 삼마태수라 불렀다.

지지당 송흠이 공직자로서 청백한 삶을 하게 된 계기가 있었다고 하니 바로 표해록(漂海錄)의 저자 최부(崔溥 1454~1504), 1454~1504) 선생과의 아름다운 일화이다.

이 두 사람은 서로 고향이 가까운 나주와 장성으로 같은 조정에서 벼슬했기에 특별히 서로 가까이 지낸 사이였다.

나이는 5세 차이나지만 최부는 29세에, 송흠은 34세에 문과에 급제하였기에 벼슬의 시작은 10년 가까운 차이로 최부가 대선배의 위치에 있었다.

송흠이 벼슬 초기에 말을 타고 서울에서 고향으로 부모님을 뵈러 왔었다. 마침 이웃 고을 나주에 최부가 귀향해 있음을 안 송흠이 선배를 찾아 말을 타고 갔었다. 이때 후배 송흠을 반갑게 맞이한 최부는 송흠에게 물었다고 한다.

서울에서 고향까지는 어떤 말을 타고 왔느냐고 하자 송흠은 나라에서 휴가차 오는 관리에게 내주는 말을 타고 왔다고 말했다. 그렇다면 자기 집에서 내 집까지는 어떤 말을 타고 왔느냐고 묻자, 같은 말을 타고 왔노라고 답했다. 그러자 최부는 크게 화를 내면서, 공무로 타고 왔으니 서울에서 고향까지는 괜찮으나, 고향 집에서 내집까지는 사적인 일로 온 것인데 왜 나라에서 내준 말을 타고 왔느냐고 꾸짖으며 상경하면 나라에 고발하여 처벌받게 하겠노라고 했다는 것이다.

얼마 후 최부는 상경하여 실제로 조정에 고발하자 송흠은 처벌을 받았지만, 송흠은 최부를 전혀 원망하지 않고 행동을 더욱 조심하여 곧고 바른 사람이라는 소리가 온 나라에 자자하게 되었으며, 또한 이 일을 계기로 최부의 충고가 거울이 되어 공사(公私)를 명확하게 구별하는 철저한 청백리의 대표적 인물로 후세에 이름을 날리게 되었다는 것이다.

지지당의 나이 78세 때 101세의 모친을 여의고 3년간 한 번도 집에 가지 않고 시묘살이를 하다 1540년 이조판서에 임명됐으나 이를 사양하고 장성 삼계면 내계리 용암천 옆에 관수정(觀水亭)을 지어놓고 향우들과 시문을 주고받았다. 지지당은 1547년(명종2) 89세를 일기로 세상을 떠났다.

조선시대를 통틀어 대표적인 청백리로 꼽히는 지지당의 공직자로서의 자세는 현대를 살아가는 우리들에게 시사하는 바가 크다.

한편 사해(四海)에 청백리 이정표를 세운 박수량(朴守良 1491~1554) 역시 장성 출신으로 본관은 태인(泰仁). 자는 군수(君遂)이다.

1513년(중종 8) 진사에 합격하고, 이듬해 별시 문과에 을과로 급제해, 광주향교(廣州鄕校)의 훈도로 취임했다. 1522년에 지평(持平)이 되었다. 후에 보성군수, 호조참판, 나주목사, 한성부판윤, 동지중추부사, 공조참판, 호조참판 등을 역임하였다. 1539년 오위도총부부총관, 예조참판 등을 지내고 또 어머니 봉양을 위해서 담양부사로 나갔다가 1542년 어머니의 상을 당하였다. 1552년에 우참찬을 비롯, 호조판서, 한성부판윤 등을 역임하였다. 1554년에 지중추부사로 있다가 별세했다.

박수량 선생에 대한 일화는 많이 전해 내려오고 있다. 죽으면 자신의 무덤에 빗돌을 세우지 말라 하였으며, 공적을 치하한답시고 세우는 그 빗돌 하나도 백성의 밥일진대 애써 낭비하지 말아 달라고 신신당부했지만 그의 죽음을 접한 명종이 이틀간이나 식음을 전폐하더니 백비(白碑)를 내렸다.

일찍이 그의 아들이 서울에 집을 지으려 하자 그는 꾸짖기를 "나는 본래 시골 태생으로 우연히 성은을 입어 이렇게까지 되었지만 너희들이 어찌 서울에 집을 지을 수 있겠는가." 하였으며 그 집도 10여 칸이 넘지 않도록 경계하였다.

조선 역사를 통해 수많은 청백리가 있지만 단 하나밖에 없는 백비!

죽음에 이르러서 자제들에게 말하기를 "내가 초야의 출신으로 외람되게 판서의 반열에 올랐으니, 영광이 분수에 넘쳤다. 내가 죽거든 절대 시호를 청하거나 묘비를 세우지 말라." 하였다.

당대에 고위직을 두루 지냈지만 그가 죽은 뒤 가산(家産)이 조금도 없어 식구들이 상여를 따라 고향으로 내려갈 수가 없는 어려운 형편으로 상여를 운구하지 못하자 대사헌 윤춘년(尹春年)이 "죽은 박수량은 청백한 사람으로 서울에서 벼슬할 때도 남의 집에 세들어 살았습니다. 본집은 장성에 있는데, 그의 가속(家屬)들이 상여를 모시고 내려가려 하나 형편이 어렵습니다. 이 사람을 포장(褒獎)한다면 청백한 사람들이 권려될 것입니다." 하니, 명종이 "박수량은 염근한 사람이었는데 이제 그가 죽었으니 매우 슬프다 하며, 특별히 치부(致賻)하라." 명하였다. 또 담당관에게 명하여 예장(禮葬)으로 상을 치르게 하고, 관인들로 하여금 상여를 호송케 하였다. 감사에게 명하여 공의 가문을 후히 구휼하게 하였다.

1552년 2월 박수량은 주위의 모함을 받아 권력형 부정축재로 은밀히 내사를 받았던 경우가 있었는데 암행어사가 두 차례 출동해 박수량이 사는 장성 아치실까지 와서 땅문서 조사를 하게 됐다. 마침 그날은 비가 와 물이 찼고 하룻밤을 묵게 된 암행어사는 집이 새서 삿갓으로 방 가운데를 가리고 있는 박수량을 보았다. 암행어사가 사실 그대로 명종에게 고하자 명종을 크게 감복했다.

몸과 마음을 깨끗이 닦고 재물과 지위에 초연할 수 있다면....작금의 세상에 비추어 볼 때 청백사상은 너무도 귀중하고 값진 것이다. 자신과 세상 모두를 바르게 이끌어 갈 수 있는 정신문화이다.

모름지기 청렴함은 먼저 검소한 생활이 바탕이 될 때 가능하다 하겠다.
조선 후기 온 세상이 부정과 부패로 붕괴되어 갈 무렵 우리민족 최고의 석학 다산 정약용 선생은 저서 목민심서(牧民心書)에서
애민지본(愛民之本), 재어절용(在於節用), 절용지본(節用之本), 재어검(在於儉)
검이후능렴(儉而後能廉), 염이후능자(廉而後能慈), 검자(儉者) 목민지수무야(牧民之首務也) 염자(廉者) 목지본무(牧之本務)
"백성을 아끼는 근본은 절약하여 쓰는 데 있고, 아껴 쓰는 것의 근본은 검소함에 있다. 검소해야 청렴할 수 있고, 검소해야 자애로울 수 있으니, 검소함이야말로 목민하는 데 있어서 가장 먼저 힘써야 할 일이며 청렴은 목민관의 본무인 것이다."
다산은 백성을 아끼고 사랑하는 근본이 절용 즉 아껴 쓰는 데 있다고 말하며 절용의 근본은 검소함에 있다고 못 박는다.

다산이 말한 절용은 듣기에는 간단한 것 같지만 실제로는 실천하기 쉬운 문제가 아니다. 특히 자기 돈은 절용하기가 쉽지만 정부 돈은 함부로 쓰기 십상이다. 최근 공직자들이 호화청사 건축

등으로 예산을 낭비해 큰 비난을 받은 사례가 많았다. 게다가 그 과정에서 온갖 비리가 발생하기도 한다.

그렇기에 절용은 공직자가 지켜야 할 가장 중요한 덕목이다.

그리고 선물과 뇌물을 구분하는 것도 본인이 먼저 아는 것이다.

우리나라는 4년마다 지방관을 뽑는 선거가 이뤄진다. 과연 어떤 인물들이 사회를 선도해 나갈 청렴한 목민관이 될 것인가! 항시 두고 볼 일이다.

때(時)를 잘 아는 자가 성공한다

경영자는 회사의 주인 여부를 떠나서 회사를 실질적으로 이끌어 가는 사람임에 틀림없다. 물론 회장, 사장이 자기 회사 주식을 보유하고 있으면 주인이면서 경영인이기도 한 것이지만 통상적으로 경영자는 주식 소유자들로 부터 경영권을 위임받은 전문 경영인이다.

우선 훌륭한 경영자란 어떤 사람을 말하는가?

인격적으로 남을 배려할 줄 아는 사람, 소통능력이 좋은 사람, 조직의 업무 능력이 뛰어난 사람, 도전적인 사람, 모든 업무에 대해 조직원들과 함께 질의응답하고 일을 진행하는 사람, 모든 조직원에게 친절한 사람 또는 불굴의 의지로 일의 끝을 보는 것이 습관화된 사람, 시의적절(時宜適切)한 판단력이 뛰어난 사람 등등이다.

결국 경영자란 훌륭한 인격과 지도력을 바탕으로 인적 물적관리 및 경기의 흐름에 따른 상황판단 등 모든 일에 능통해야만 된다는 의미가 내포되어 있고 이 중에는 특히 때의 흐름을 정확하게 읽고 판단하여 의사 결정을 해야 한다는 내용이 강조되고 있음이다. 이것이 동양적 사고 개념 하에서 볼 때 경영자는 시중적(時中的)인 사람이 되어야 함이 가장 중요하다는 것과 동일 선상에 놓여 있다고 보는 것이다. 소위 만물의 영장이라고 일컬어지는 사람이 오히려 다른 동물들(식물까지도 포함)보다 때를 잘 알지 못하고 낭패를 보는 경우가 허다하니 참으로 아이러니한 일이 아닐 수 없다.

1. 동양고전(중용)으로 보는 시중(時中)의 의미

시중(時中)이란 어떤 의미로 이해하여야 하는가? 일반적으로 동양에서 공자 이래 유가사상이 철학적 면모를 띠기 시작했다고 일컬어지는 중용을 중심으로 살펴보도록 하겠다. 시중의 사전적 뜻은 "그때의 사정에 알맞음" 또는 "때에 맞게 절제(節制)하여 중용(中庸)을 지키다"로 되어 있다. 먼저 시중이란 말이 나오는 유교 경전 중 사서의 하나인 중용(中庸)[1]을 보도록 하자.

---

1) 중용(中庸) : 자사(子思-공자의 손자)의 저작으로 알려져 있으며 사서의 하나로 유교의 철학적 배경을 천명한 유교경전. 대학·논어·맹자와 더불어 사서(四書)라고 한다. 중국의 송나라 때 주희(朱熹)가 예기 49편 가운데 대학·중용을 떼어내어 논어·맹자와 함께 사서라 이름을 붙인 것이다.

중용 2장 시중장(時中章)을 보면

仲尼曰 君子中庸 小人反中庸(중니왈 군자중용 소인반중용 : 중니(공자)가 말하되, 군자는 중용을 행하고 소인은 중용에 반한다.)

君子之中庸也 君子而時中 小人之(反)中庸也 小人而無忌憚也 (군자지중용야 군자이시중 소인(반)중용야 소인이무기탄야 : 군자의 중용이란 군자답게 때(시간적, 공간적 상황)에 맞게 생각하고 판단하고 행동하는 것이고 소인의 (반)중용이란 소인이기에 (시도 때도 없이 상황에 맞지 않게) 아무 거리낌 없이 행동함이다.)

여기서 군자는 소인의 반대 개념으로 행실이 점잖고 어질며 덕과 학식이 높은 사람이니 줄여서 말하자면 예의 바르고 덕이 충만한 지식인으로 유교의 공자가 이상적 인간상으로 제시하였다. 유교의 이상적 인간상은 궁극적으로 성인(聖人)이다. 성인은 유교의 이상적 인격일 뿐 아니라 정치적으로는 왕이 된다. 이런 성인의 경지는 너무나 완벽하고 지고해서 현실의 일반적인 인간상과는 동떨어져 있다. 그러나 군자라는 인격은 이와 다르다. 성인에 비해 볼 때 군자는 인간에 접근해 있고 현실 속에 살아 숨 쉬는 인간상이다.

시(時)의 변화를 깨닫고 적절하게 행동하려면 단서(端緖-어떤 일이나 사건 따위를 풀어나갈 수 있는 실마리)를 갖고 미리 징조를 파악해야 한다.

사실 시(時)와 중(中)은 최고의 생존 지혜이다. 이는 능동적으로 환경에 적응하여 우주 자연의 이치에 순응하는 것이다. 그러므로 시(時)와 중(中)을 터득한 사람은 모든 일을 순리대로 처리해 나가기 때문에 불안하지 않으며 자신감을 갖고 진취적으로 나아갈 수 있다.

소위 앉을 자리 설 자리, 나아가고 물러서고, 기다릴 줄도 아는 여유와 인내심도 가질 수 있다. 인생의 여정에서 가장 힘든 것은 지금 내가 어디에 있으며 가는 길이 어디로 이어지고 또 언제까지 가야할지 모를 때이다.

때를 아는 지혜로운 사람들은 결코 초조해하거나 서두르지 않는다. 봄에는 봄답게, 여름에는 여름답게, 가을에는 가을답게, 또 겨울에는 겨울답게 생활할 때 바로 순리를 거스리지 않은 가장 자연스럽고 아름다운 삶이라 하겠다. 아무리 패션 시대라 할지라도 여름에 부츠를 신고 활보한다면 적어도 보통 사람들의 눈에는 꼴불견으로 보일 것이다.

역시 씨를 뿌릴 때와 거둘 때를 알아야 하고, 입을 다물 때와 열어야 할 때를 알아야 하고, 나설 때와 물러날 때를 알아야 한다. 살 때가 있으면 죽을 때가 있고 올 때가 있으면 떠날 때가 있음을 알아, 때의 리듬을 자연스럽게 받아들이며 결코 때의 변화에 일희일비 (一喜一悲)하지 않는다. 이것이 시중적 사람의 사고방식이자 처신이다.

앞서 군자(君子)의 중용(中庸)은 시중(時中)이어야 한다고 하였으니 여기서 만일 경영자가 중용적(中庸的)이며 시중적(時中的)인 사람이 되어야 한다면 자연스럽게 군자(君子)와 경영자(經營者)는 일치시켜도 무방하다고 볼 수 있다.

2. 고전에서 보는 시(時)와 시중(時中)사상의 예(例)

1) 중용(中庸), 군자(君子)의 시중(時中)사상
앞에서 언급 되었다시피 君子而時中(군자이시중)은 중용2장 두 번째 문장이 그것이다. "군자는 시중적인 사람이다" "군자는 때의 중(中:가운데)에 있다" "군자는 때에 알맞게 한다" "군자는 때에 맞게 행(行)한다" 등 비슷한 내용을 담고 있는 해석이지만 여전히 해석자에 따라 느낌을 달리하고 있는 것이 사실이다.

모든 인간은 삶을 영위해 가는데 수많은 일을 겪는다. 스스로 계획을 세워 작정하는 바대로 생긴 일도 있고 본인의 계획 및 노력과는 별개로 의지와 전혀 관계없이 필연처럼 어떤 일이 발생하기도 한다.

계획대로 이뤄진 일은 의지를 가진 인간이 의도한 바대로 나타난 현상이니 그렇다고 치더라도 후자는 나의 힘이 미치지 않는 곳에서 나의 의도와 상관없이 발생한 일이다. 후자의 경우 즉 내가 의도하지도 않았는데 어떤 일이 발생한다면 우리는 어떻게 처신해야 할까?

여기에 바로 시중적 판단과 행동이 필수적이라 할 수 있다. 시중에서 시(時)는 시간적 의미인 때를 나타내고 중(中)은 공간적 의미로 가운데라는 자리를 나타낸다. 그런데 이 두 글자가 만나면 그 뜻이 훨씬 더 넓어지고 깊어진다.

특히 중(中)은 직접적으로는 처해있는 위치를 이름함이나 다른 말로 표현하면 행동 또는 처신이라고 말할 수도 있다. 또한 중(中)은 이미 언급되었듯이 마냥 적절한 상태나 어느 쪽으로도 치우지지 않은 단순히 물리적 가운데만을 의미하지는 않으니 반드시 생장성(生長性)이라는 시간성(時間性) 속에서 적중함으로 파악해야 한다.

2) 주역(周易) 괘상(卦象)에서 보는 시중(時中)사상

주역의 육십사괘(六十四卦) 중 시(時)의 의미를 가장 잘 내포하고 있는 괘는 52번째 괘인 중산간괘(重山艮卦)[2]가 대표적이라 할

---

2) 중산간괘(重山艮卦) : 주역 52번 째 괘로 상괘(上卦)도 머물러 있음을 의미하는 산(山)이요 하괘(下卦)도 산(山)이다. 즉 머무를 때 머무르고 움직여야 할 때 움직이는 이치를 설명하는 괘이다.

수 있다.

  52번째 괘 중산간은 멈추어 있는 것(지止)을 의미하는 산(山)으로 상괘(上卦 ☶)도 산이요 하괘(下卦 ☶)도 산이므로 중산간이다. 이러한 멈춤은 자연적인 멈춤이 아닌 사람의 멈춤을 뜻하며 이는 곧 머물러야할 때 머물고 움직여야 할 때 움직이는 이치를 말하고 있는 것이다.

  이 괘의 성격을 설명하고 있는 단전(彖傳)에 이 이상을 잘 표현하고 있다.

  彖曰 艮 止也 時止則止 時行則行 動靜不失其時 其道光明 艮其止 止其所也~~ 中略.(단왈 간 지야 시지즉지 시행즉행 동정불실기시 기도광명 간기지 지기소야~~ : 단에 이르기를 간은 그침이니 때가 그칠 때면 그치고 때가 행할 때면 행하여 움직이며 그침에 때를 잃지 아니함이 그 도가 광명하니 간기지는 그 곳에 그침이라~~)

  또 상전(象傳)에서는 象曰 兼山 艮 君子以思不出其位(상왈 겸산 간 군자이사불출기위 : 상(象)에서 말하기를 산(山)이 겸해 있는 것이 간(艮)이니 군자(君子)는 이 괘의 이치를 살펴 자기의 위치에서 벗어나지 않을 것을 생각 한다.) 시의(時宜:때의 사정에 알맞음)에 따라 멈추어야 할 때는 멈추고 시의에 따라 행동해야 할 때는 행동하여 움직임과 멈춤이 그 시의을 잃지 않는 것 이것이 군자의 올바른 멈춤과 행함인 것이다. 때에 따른다 함은 움직임과 멈춤이 그 시선을 잃지 않는다. 또한 때에 따른다 함은 얼핏 기회주의자를 말한다고 이해할 수 있으나 주역의 시중은 그런 의미가 아니다.

3) 노자(老子)[3]에서 보는 시(時)

일찍이 동양 사상의 양대 산맥 중 하나를 형성시킨 노자는 처세의 방법으로 물처럼 살아야 한다는 주장을 펼쳤다. 물은 장애물이 없으면 높은 곳에서 낮은 곳을 찾아 그냥 흐를 뿐이다. 물은 만물을 이롭게 해 주면서 거역하지 않고 사람이 싫어하는 낮은 곳으로 흘러간다.

물처럼 거스름이 없는 삶의 생활태도 가져야 모름지기 뜻 하는 바를 성취할 수 있다. 노자의 도덕경에 보면 시(時)와 관련하여 매우 의미 있는 문구가 있으니 물(수水)과 관련된 문구 동선시(動善時)가 바로 그것이다.

동선시 "움직임에는 때가 있다는 말이다." 행동할 때는 항상 때가 있는 것이고 움직이는데 좋은 때라 함이니 이는 제 때에 맞춰 판단하고 움직여야 한다는 것이다. 현대적 관점에서 타이밍(때)의 중요성을 강조한 것이며 모든 성공에는 때의 흐름을 간파

---

3) 노자(老子):BC6세기 경 활동한 인물 또는 이 무렵에 만들어진 책명(冊名)으로 도덕경(道德經)이라 불리기도 함. 자연에 순응하면서 자연의 법칙을 거스르지 않고 살아야 한다는 동양적 지혜의 정수를 담고 있다.

하고 움직여야 가능하다는 말은 결코 빈말이 아님은 상식인 것이다.

4) 불가(佛家)의 화두(話頭)[4]로 보는 시(時), 줄탁동시(啐啄同時)

불가 화두에서도 때의 중요성을 말한 내용이 있다. 줄탁동시(啐啄同時) 즉, 줄(啐)과 탁(啄)이 동시(同時)에 이뤄진다는 말로 서로 합심하여 일이 잘 이루어지는 것을 비유하거나 사제지간(師弟之間)의 이상적인 가르침과 배움의 관계를 나타내기도 한다. 즉 일을 성취 시키는데 때의 절묘함에 대한 성어(成語)라고도 할 수 있다.

이 말은 원래 민간에서 쓰던 말인데 송(宋)나라 때 벽암록(碧巖錄)[5]에 화두(話頭)로 등장하면서 이후 불가(佛家)의 중요한 화두가 되었다.

병아리가 부화할 때 어미 닭이 알을 품은 지 스무하루가 되면

---

4) 화두(話頭)는 고칙(古則) 또는 공안(公案)이라고도 하며 불교에서 참선수행자(參禪修行者)가 깨달음을 얻기 위하여 참구(參究 : 참선하여 진리를 찾음)하는 문제이다. 화두의 화(話)는 말이라는 뜻이고 두(頭)는 머리, 즉 앞서 간다는 뜻이다.

5) 벽암록(碧巖錄) : 벽암집(碧巖集)이라고도 하며 본래 명칭은 불과원오선사벽암록(佛果圜悟禪師碧巖錄) 이 책은 중국 선종의 5가(家) 중 운문종의 제4조인 설두 중현(980~1052)이 정리하고 저술한 것에 임제종의 제11조인 원오선사가 부연하여 저술한 것을 원오의 제자들이 편집하고 간행한 것이다.

알 속의 새끼는 알 껍질을 톡톡 쪼이는데 이것을 줄(啐:빠는 소리 줄)이라 하며 이 소리에 귀를 세우고 이를 기다려온 어미 닭은 이에 호응하여 그 부위를 밖에서 탁탁 쪼아주는데 이것을 탁(啄:부리 등으로 쫄 탁)이라 한다.

줄(啐)과 탁(啄)은 동시(同時)가 아니면 병아리는 부화(孵化)하기 어렵다. 이렇게 줄과 탁이 동시에 이루어질 때 새로운 생명이 태어난다. 안과 밖에서 함께 해야 이루어진다는 말이다.

5) 삼국지연의(三國志演義)[6]에서 보는 시(時)

역사적인 사건 중에서도 삼국지연의 적벽대전(赤壁大戰)의 이야기는 병법에 따른 교묘한 계책도 계책이지만 때의 활용(소설의 스토리 중 동남풍이 불게 되는 부분)이 거대한 전쟁의 승패를 가를 수 있다는 사실을 을 웅변하고 있다. 적벽대전은 유비(劉備)의 촉(蜀)과 손권(孫權)의 오(吳)가 연합하여 십분의 일도 안 되는 군사로 화공(火攻)을 써서 조조의 위(魏)를 물리침으로써 위(魏) 촉(蜀) 오(吳) 삼분정립(三分鼎立) 형성의 기초를 다진 전쟁으로 역

---

6) 삼국지(삼국지연의) : 삼국지연의(三國志演義)는 정사(正史)인 삼국지(三國志)를 바탕으로 1494년경 나관중(羅貫中)에 의해 만들어진 책으로 후한 말기에 조조(曹操), 손권(孫權), 유비(劉備)가 건국한 위(魏), 오(吳), 촉(蜀)의 흥망에 관한 이야기이다. 각 장으로 나누어 사건을 서술한 구어체 소설로 진(晋)나라의 진수(陳壽)가 편찬한 정사(正史) 삼국지(三國志)를 평이하게 다시 쓴 것이다. 적벽대전은 삼국지연의에 상세히 묘사되고 있다.

사적으로도 중요한 의미를 갖는 사건이었다.

비록 역사적 사실을 바탕으로 한 소설 속의 이야기지만 때의 중요성을 알고 이를 이용함으로써 거대한 전쟁에서 승리를 도모할 수 있었고 나아가서는 나라의 명운(命運)도 결정되는 것이니 리더(경영자)의 시중(時中)은 이러한 것이다.

사실 현대적 관점에서 살펴본 경영자의 수많은 자질은 동양적 사고의 개념 속에서 바라보는 거의 전인적(全人的) 인간상인 군자의 덕목과 자질을 연상케 한다. 사람이 성취하려는 무슨 일이든 바로 적절한 시기와 환경에서 움직여야 한다. 생각과 행동함에 있어 모든 것이 타이밍(timing)이다.

오늘날 현대 경영학에서도 결정권자인 최고경영자에게 가장 필요한 자질은 신속하고 정확한 의사결정이라고 하는데 이 역시 시중의 의미에 포함됨은 더 말할 나위 없다. 적절한 때에 움직이고 적절한 시기에 멈추어야 한다. 공간과 시간에 있어서 이것이 모든 성공과 처세의 황금율(黃金律)[7]인 것이다. 모든 행위는 만물의 변화와 함께 조화를 이루어야 한다. 때를 알아 시간을 잘 활

---

7) 황금율(黃金律) : 황금과 같은 율법이라는 뜻으로, 매우 깊은 뜻을 담고 있어 인생에 유익한 교훈이 되는 말을 이르는 말. 황금률(黃金律)은 수많은 종교와 도덕 철학에서 볼 수 있는 원칙의 하나로 다른 사람이 해 주었으면 하는 행위를 하라는 윤리 원칙이다. 기독교에서는 예수가 산상수 가운데 보인 기독교의 기본 윤리관으로 나타난다.

용하는 것이 가장 큰 지혜이다. 그 누구도 흘러간 시간을 되돌릴 수는 없다. 물질 낭비나 돈 낭비만 죄가 아니라 때를 몰라 시간을 낭비하는 것도 죄이다. 그 때에 맞게 살 때 격조 있는 아름다운 삶이 된다. 때를 아는 지혜보다 더 중요한 것은 없다. 떠날 때 떠나지 못해 엉거주춤 머물러 있는 모습은 또 얼마나 보기에 민망한지 일상의 일에서 흔히 겪는다.

우주 자연의 모든 변화는 사시 운행과 같이 질서 있게 움직이며 이는 인간에게 때를 아는 지혜를 지니도록 암암리에 도움을 준다. 그러므로 경영자는 시(時)와 시중(時中)의 의미와 역할을 정확히 이해하여야 함은 물론 만사에 대한 변화와 관찰을 통하여 때가 왔음을 파악하고 때로는 변화에 맞게 행위를 수정하는 등 주어진 기회를 놓치지 말아야 한다. 때를 아는 지혜, 인생의 근본 지혜는 때를 아는 것이다.

사람은 왜 배워야 하는가

 만세사표(萬世師表)라고 일컬어지는 공자는 일생에서 가장 큰 즐거움이란 배움(學) 즉 공부하는 것이라고 갈파했다.
 공자의 사상이 가장 잘 나타나 있는 공자의 어록인 논어는 배움(학이편의 학學)으로 시작해서 앎(요왈편의 지知)으로 끝나고 있다. 사실 배움은 유교뿐만 아니라 모든 종교 철학사상 완성의 근간을 이루고 있다고 해도 과언이 아니다.

 통상적으로 학(學)은 학문(學問)의 개념으로 묻고 배우는 과정에서 주로 정신적 내면의 성장을 의미한다면 우리가 통상적으로 느끼는 공부(工夫)의 의미는 학문하는 과정을 포함하여 일 또는 기술을 익혀 몸과 아울러 정신적 사고의 단련 즉 뇌의 단련 과정을 도모하는 행위라고 봐도 괜찮을 것이다.
 그러므로 매 순간 학문의 과정을 실천하는 것이 공부이며 공부란 단지 지식을 습득하는 과정을 지칭하는 단편적인 것이 아니라 자신이 알고 있는 지식을 자기 것으로 만드는 과정이며 이를 통해 성장하는 것을 의미한다고 할 수 있다.

그래서 혹자는 학문은 학생의 이미지가 연상되고 공부는 일반인에게 해당되는 이미지가 떠올라져 일반인(직장인)에게 "학문을 해라"라기 보다는 자신의 분야에 해당되는 장인이 되기 위해 전문지식과 기술을 배우고 익혀라 라는 의미의 "공부해라"가 더 적합 할 것이라고 했으니 상당히 의미 있는 비교라 할 수 있다.

영어의 to study(공부하다)를 우리는 공부(工夫), 일본은 면강(勉强) 중국은 염서(念書)라고 표현하는 것도 역시 의미를 되새겨 볼 만하다. 공부라는 말은 선진(先秦)시대에는 없는 말이었으나 당(唐)때 선불교가 정착되면서부터 보이기 시작해 송대(宋代)에 정착된 말로 공부(功扶)같은 의미로 쓰였다. 중국 무술을 가리키는 말로 쓰이는 쿵푸(功扶)는 중국에서 숙달된 기술을 가리키는 말로 쓰인다. 결국 공부(功扶 또는 工夫)는 최선을 다해 내공을 쌓아 남을 도와 일을 이룰 수 있게 하는 미덕인 것이니 넓은 의미에서 같은 맥락이라 할 것이다.

공부는 원래 불교에서 말하는 주공부(做工夫)에서 유래한 말이라 한다.

주공부란 불도(佛道)를 열심히 닦는다는 뜻이다. 그중에서도 특히 공부라 함은 참선(叄禪)에 진력하는 것을 가리킨다. 불가에서 공부(工夫)에 관한 기록은 선어록(禪語錄)에 많이 나오는데 다음과 같은 마음가짐으로 해야 한다고 한다. 공부는 간절하게 해야 하며, 공부할 땐 딴생각을 하지 말아야 하며, 공부할 땐 오로지 앉으나 서나 의심하던 것에 집중해야 한다.

공부의 어원이 어디에서 유래했든 공부란 말은 이제 우리의 삶 속에서 가장 일반화된 단어일 것이다. 공부는 단련인 것이다. 신체의 단련은 말 할 것도 없고 정신의 단련까지도 이름함이니 말이다. 이렇듯 학문과 공부는 엄밀한 의미에서는 다소 차이가 있다고 볼 수 있으나 배우고 익힌다는 의미에서 같은 개념이나 다름없다 하겠다.

왜 우리는 평생 공부해야 하는가!

이러한 질문은 논어의 양화편에서 공자는 육언육폐(六言六蔽)라는 한마디로 명쾌히 답을 내리고 있다. 논어 양화편에 제자 자로(子路)에게 이르는 다음과 같은 구절이 있다.

好仁不好學, 其蔽也愚 好知不好學, 其蔽也蕩 好信不好學 其蔽也賊 好直不好學, 其蔽也絞 好勇不好學, 其蔽也亂 好剛不好學, 其蔽也狂(호인불호학기폐야우 호지불호학 기폐야탕 호신불호학 기폐야적 호용불호학 기폐야난 호강불호학 기폐야광 : 인을 좋아하기만 하면서 배우기를 좋아하지 않으면 그 폐단은 어리석어지고, 알기를 좋아하기만 하면서 배우기를 좋아하지 않으면 그 폐단은 방탕해지고, 믿음(신의)을 좋아하기만 하면서 배우기를 좋아하지 않으면 그 폐단은 남을 해치게 되고(사회의 공공적), 정직함을 좋아하기만 하면서 배우기를 좋아하지 않으면 그 폐단은 가혹하여지고, 용기를 좋아하기만 하면서 배우기를 좋아하지 않으면 그 폐단은 난폭하여지고, 굳세기를 좋아하기만 하면서 배우기를 좋아하지 않으면 그 폐단은 광폭 무모해지느니라.)

인(仁), 지(知), 신(信), 직(直), 용(勇), 강(剛)은 인간이 지녀야 할 가장 훌륭한 여섯 가지 덕목(육덕六德)이지만 배우기를 좋아하지 않으면 즉 체계적으로 배워서 그 덕을 확고히 하지 않으면 오히려 여섯 가지 폐단인 우(愚:어리석음), 탕(蕩:방탕함), 적(賊:해침), 교(絞:가혹함), 난(亂:난폭함), 광(狂:무모함))이 되고 만다는 것이다.

결국 공자의 가르침에서 이러한 최상의 덕목인 육덕과 최악의 폐단인 육폐의 갈림은 호학(好學:배우기를 좋아함) 여부에 달려 있다는 것이다.

여기서 호학을 단순히 배우기를 좋아한다는 의미의 학습하는 것 정도로 상식적인 해석을 한다면 세속적인 출세의 관문이 되어

버릴 것이고, 공자의 호학과는 너무나 멀어져 버리는 것이다. 인간이 지향해야 할 최고의 덕목이라 하여 단순히 좋아함에만 그치는 것이 아니라 배우고 실행하되 그 목표는 육언의 완성에 이르도록 하여야 한다는 것이다.

인(仁)을 좋아하면서 배우기를 좋아하지 않는다는 것이 무슨 의미인가? 유학은 인(仁)을 핵심 사상으로 하는 학문이라 할 만큼 최고의 덕목인데 이를 좋아하기만 하고 진정한 인(仁)을 얻지 못한다면 그 어짐은 오히려 송양지인(松壤之仁)[1]의 어리석음이 될 뿐이라는 것이다.

대개 관념적으로 자신이 인을 좋아한다고 생각하거나 인을 지향하는 삶을 살려고는 하는데 아집 때문에 주관적인 자기만의 판단에 머물러 우매한 결과를 갖게 되는 경우이며, 이는 여러 상황을 종합적으로 인식하는 능력이 없이 자기류로 인을 생각해 버리는 어리석음인 것이다.

지(知)는 고대에는 단순한 앎이나 지혜(智)와 같이 쓰였다. 알기를 좋아하면서 제대로 배우기를 좋아하지 않는다면 지식만을 앞세워 남을 무시하여 분수를 모르고 방탕해 진다는 것이다. 소

---

[1] 송나라 양공(중국 춘추시대 송(宋)나라의 제20대 군주)의 인정이라는 뜻이지만, 속뜻은 "멍청한 짓"이라는 뜻이다.

위 실사구시(實事求是) 즉 실험과 연구 등을 거쳐 아무도 부정할 수 없는 객관적 사실을 통하여 정확한 판단과 해답을 얻고자 하는 것과는 거리가 먼 것이요, 온고이지신(溫故而知新)도 안 되는 것이다. 결국 제대로 배우지 않으면 주관적인 자신의 이론이나 논리에만 빠져들어 공허해 지는 것이며 이는 객관성 있는 진리와는 거리가 멀어지게 된다.

신(信)을 귀하게 여기면서 배우기를 좋아하지 않는다는 말은 깡패나 도적의 신의(信義)가 되어 버린다. 제대로 배우지 못함으로써 판단력이 흐려진 단순한 믿음이란 자신의 영혼도 잃을 뿐만 아니라 사회에 커다란 병폐로 남게 된다. 황당무계한 미신에 현혹되고 사교(邪敎)에 빠져 헤어 나오지 못한 경우를 무수히 볼 수 있다.

또한 처음에는 인간이 마땅히 행하여 할 대의(大義)에서 출발했다가 나중에 대의는 사라지고 단순히 서로에 대한 믿음과 의리만 남는 경우를 역사에서 많이 보아온 터이다. 이때의 신의 같은 것이 그 폐가 아니겠는가. 사적인 이익을 위해서라면 신의를 앞세워 반대를 위한 반대를 서슴지 않는 경우를 허다히 볼 수 있다. 집단 이기주의, 진영논리에 편승하여 사회를 불안하게 하고, 망치게 하는 맹목적인 신의의 폐단이다. 오직 과학적이고 합리적인 믿음이 절실할 뿐이다.

곧음(直) 즉 정직하다 함이 배움을 통한 융통성이 없이 아집과 결합하면 자기 자신은 물론 다른 사람들까지도 정말 힘들게 한다. 이는 남을 배려할 줄 모르는 가혹함으로 흐르는 폐단이 된다는 것이다. 설사 진리를 향해 곧게 살려고 하는 사람도 다른 사람에 대한 배려와 사랑 그리고 포용력이 없으면 진정한 곧음이 아닐 것이다.

용(勇)을 좋아하는데 배움을 통해 진정한 용(용기)이 무엇인지 모른다면 그 폐해는 난폭해질 뿐이다. 용기는 두려움을 인정하면서도 앞으로 나아갈 수 있는 힘이다. 반면 난폭함은 앞뒤 분간도 못하고 목숨 걸고 주먹과 총칼을 휘두르는 것과 같음이다. 자신의 용력에 의한 우월감에만 사로잡힌다면 이는 진정한 용기가 아니라 무식한 자의 교만일 뿐이다.

강(剛)은 굳셈이다. 역시 강하기를 좋아하고 강함의 올바름을 배우지 못하면 모든 행위에 무모함만 따를 뿐이다. 통상 강(剛)과 강(強)은 혼용되기도 하지만 강(剛)은 내적인 강이요, 강(強)은 외적인 강인 것이다. 누구나가 바라는 성품 외유내강(外柔內剛:겉으로는 부드럽고 순하나 속은 곧고 꿋꿋함)이 이를 잘 반영하고 있는 성어이다. 또한 공자는 욕심이 없는 것이 강함이다(무욕즉강無慾則剛)라고 했고 또한 강은 단단하다(강岡)과 칼(도刂)가 합쳐진 글자로 강직(剛直)의 의미이니 주자는 단단하고 굳세어 굽히지 않는다고 풀이했다.

물론 호학하면 자연히 글은 습득되겠지만 인간의 근본 덕성 함양은 별개일 수 있다. 평생을 거쳐 호학하면서 자신을 갈고닦아 나아가야 비로소 위기지학(爲己之學)의 의미에 닿는 것이니 배움이란 자기 자신의 영달을 위한 세속적 출세가 아니라 인격도야가 그 목적임이 분명해진다.

오죽했으면 공자는 사람다운 사람이 된 후에 글(문文)을 배우라고 했겠는가! 子曰 弟子 入則孝 出則弟 謹而信 汎愛衆 而親仁 行有餘力 則而學文(자왈 제자 입즉효 출즉제 근이신 범애중 이친인 행유여력 즉이학문 : 공자께서 말씀하시기를 제자여 (집에) 들어가서는 효도하고 (밖에)나와서는 공손하며 근신하고 신의를 지키며 널리 여러 사람을 사랑하고 어진 사람을 가까이하라. 이를 행하고도 여력이 있으면 비로소 글을 배울 것이니라 하였다. 물론 제(弟)가 여기서는 제(悌:공경하다, 사람들에게 공손하다)의 뜻으로 쓰였다. 친인(親仁)에서 인(仁)은 인(仁)자체 또는 인자(仁者:어진 사람)의 뜻이다.

이 글은 공자의 실천 도덕적인 학문관(學問觀)을 여실히 보여준다. 공자는 글을 배우기 전에 사람됨이 먼저임을 강조하고 있다. 도덕적 인성이 모든 학문에 우선하다는 주장이다. 제자는 공부하는 학생을 뜻한다. 제자는 글을 배우기 전에 가장 먼저 가정에서 효를 실천하라고 했다. 孝弟也者其爲仁之本與(효제야자기위인지본여 : 효제는 인을 실천하는 근본)이기 때문이다.

사람이 공부하는 목적이 무엇인가?
먼저 사람다운 사람이 되어 널리 사회를 이롭게 하기 위함이니 이는 단순히 지식만 공부해서 되는 것이 아니다. 인도(仁道)에 바탕을 두지 않은 지식과 기능은 널리 사람을 이롭게 하지 못한다. 단순한 글공부는 잘못하면 개인의 탐욕을 달성하는 권모술수(權謀術數)가 될 수 있을 뿐이다. 그러므로 공자는 도덕적 인성교육을 먼저하고 단순히 지식을 배우는 공부는 그 다음에 하라고 한 것이다.

아성(亞聖) 맹자는 인(仁)은 사람의 마음이고 의(義)는 사람의 바른길이라 하면서 학문의 길은 다른 것이 아니라 놔 버린 마음을 찾기 위함이라 했으니 이를 두고 한 말이다.[2]

---

2) 孟子曰, 仁人心也 義人路也 …… 人有鷄犬放則知求之 有放心而不知求 學問之道無他 求其放心而已矣(맹자왈,인인심야의인로야 …… 인유계견방칙지구지 유방심이불지구 학문지도무타 구기방심이이의 : 맹자께서 말하기를 인(仁)은 사람의 마음이고 의(義)는 사람의 길이다.…..사람들이 집에서 기르던 닭이나 개를 놓치면 당연히 찾아 나선다. 하물며 자기 마음을 놓아버렸는데도 찾을 줄을 모른다. 학문의 길은 다른 것이 없다. 그 놓아버린 마음을 찾는 것일 뿐이다. - 맹자 고자상)

조선 최고의 학자 중 한사람인 다산(茶山)도 그의 자찬 묘비명에 幼而英特 長而好學(유이영특 장이호학 : 어려서는 영특했고 커서는 배우기를 좋아했다)라고 새겼으니 호학의 의미가 새삼 가슴 절절하게 다가온다.

인간의 길, 고전에서 묻다

PART + 02

삶의 총량 더하기

철들어 "세상살이가 어떻다."라고 조금은 말할 수 있는 나이가 되면서(나의 경우는 겸손이 아니라 50이 넘어가면서 부터) 고전이란 말과 고전이라 불리는 책을 접할 때면, 아! 하는 감탄사가 절로 나왔다.

고전! 사람 사는 법에 대하여

 철들어 "세상살이가 어떻다."라고 조금은 말할 수 있는 나이가 되면서(나의 경우는 겸손이 아니라 지천명(知天命:50세)이 넘어가면서 부터…) 고전이란 말과 고전이라 불리는 책을 접할 때면, 아! 하는 감탄사가 절로 나왔다.
 어렸을 때부터 끊임없이 접해 왔던 일이었지만 미미한 깨달음으로 시작하여 마음속 깊이 느낌으로와 닿으니 새삼스레 "인생살이 지혜는 모두가 여기에 있었구나!" 하는 생각이 온몸에 가득하다는 의미이다.

 고전이라 하면 누구나 금방 고전의 정의를 한마디로 말할 수 있을 것 같지만 단편적인 표현에 그치기 쉽다. 우선 사전적 정의로는 고전이란 예전에 쓰인 작품으로, 시대를 뛰어넘어 변함없이 읽히고, 듣고, 볼만한 가치를 지니는 것들을 통틀어 이르는 말로,

후대에 전범(典範)으로 평가받는 저작 또는 창작물을 말함이다.

현대인들은 고전을 말하면 자연스럽게 영어 클래식(classic)을 떠올린다. 클래식은 원래 라틴어 클라시쿠스(classicus)에서 유래했다고 하는데 클라시쿠스라는 단어는 함대(艦隊)를 의미하는 클라시스(classis)라는 명사에서 파생된 형용사이다. 고대 로마 시대에 클라시스는 군함의 집합체라는 의미였고, 클라시쿠스는 로마가 국가적 위기 상황에 직면했을 때 나라를 위해 함대를 기부할 수 있는 부호를 지칭하는 말로, 고대 사회의 첫 번째 계급 즉 최상층을 가리키는 말이었으나 후에 최고 수준의 작품을 뜻하는 의미로 쓰이게 된 것이다.

그러나 우리는 이러한 서양적 차원에서 고전이란 말의 유래를 분석해 보는 것보다 한자어인 고전이란 단어의 의미를 분석해 보는 것이 다소 낯설다 할지라도 더욱 의미 전달이 분명할 것 같다.

우선 상형문자인 고(古)자는 옛(옛날)고이며 십(十)에 입구(口)로 형성된 글자이다. 즉 십 세대에 걸칠 정도로 오랫동안 입으로 전해 온다는 의미로 옛날을 뜻한다고 하였다. 전(典)은 끈으로 묶은 죽간(책冊)을 다리가 달린 탁자(책상기丌)위에 올려놓은 모양을 그린 상형문자이다. 전(典)은 글자 모양대로 책을 책상 위에 올려 둔 꼴이다. 옛날에 책이란 죽간(竹簡), 즉 대나무쪽에다 붓

으로 쓴 것을 끈으로 묶어 돌돌 말아서 만든 것이기 때문이다.[1]

그래서 전(典)은 고대로부터 전경(典經)이라 하여 마땅히 따르고 지켜야 할 본보기로 성인이 지은 글이나 책을 뜻하며, 또는 전상(典常)이라 하여 항상 지켜야 할 불변의 법도, 도리를 의미한다.

그러니까 고전이란 오랜 세월 동안 인간의 삶에 대한 불변의 바른 도리를 담고 있어 항상 상위에 얹어 놓고 볼만한 가치가 있는 소중한 책이라 보면 되겠다.

단순히 오래된 전적(典籍)이란 뜻을 넘어서 복잡하고 심오한 의미를 지니고 있으며, 주로 예전에 저작된 모범적이면서도 영원성 있는 예술작품을 뜻함을 인지하여야 한다.

이렇게 고전이란 말에 대한 어원과 이에 내포된 의미를 볼 때 우열의 개념으로 논할 것은 아니지만 그래도 동양적 차원에서 보는 고전의 의미가 훨씬 더 절절하게 가슴에 와닿는 것 같다. 일반적인 시간 개념으로 볼 때 고전이라 불리려면 적어도 일세기 즉 100년 이상은 살아남아 지속적으로 읽혀지며, 현재는 물론이고 미래에도 사람들에게 영향을 끼칠 수 있는 작품이어야 한다.

인간의 삶에서 백년이란 세월의 흐름은 여러 각도에서 그 의미가 다양하고 깊다. 우선 현대 의학이 발달했다 할지라도 인간 생

---

1) 오늘날도 책(册)이라는 글자 속에 그런 모양이 잘 남아 있다.

존 기간의 거의 최대치이며 삼대(三代) 이상을 말한다. 어떤 종류의 문화이든 호오(好惡)를 불문하고 100년 이상을 존속시키면 이는 사회의 습속을 바꿔놓는다. 짧게는 한 세대 30여년만 지속되어도 바꾸기 어려운 풍속으로 자리 잡힘을 우리는 일제 강점기를 통해서 현재까지도 뼈아프게 통감하고 있다.

(무형문화재 선정의 대상도 3대 이상의 전통을 지켜 이어져야 하며 유형문화재 역시 100년 이상이 되어야 심사의 대상이 된다.)

일본의 대표적 지성인 다치바나 다까시[2]는 "진정한 의미의 고전이란 적어도 500년 이상 1000년 정도의 시간 속에서 검증을 받고 후세에 남겨져야 한다."고 했다. 수세기 이상의 시간의 흐름 속에서 인간의 삶에 감동과 지혜를 주어야 하니 참으로 혹독한 세월의 검증이 아닐 수 없다.

결국 고전(古典, classic)이 갖는 의미를 몇 가지로 정리해 보면
1) 고전은 최소 백여 년 이상의 오랜 세월을 두고 온갖 시험을 통과한 책이다. 즉 오랜 세월에 걸쳐 동서고금을 관통하여 사람들에게 보편적 가치를 인정받은 책이다. 그래서 과거에서 현재까

---

2) (1940 ~ 2021) 일본의 언론인, 작가, 평론가. 다나카 가쿠에이(64대 총리대신)를 실각시킨 전설적인 탐사보도 기자로 유명하다.

지 생명력을 가지고 있으며 미래에도 가치를 인정받을 책이다.

　2) 인류문화의 근원을 이루고 있으며 널리 읽히고 모범이 되는 책을 비롯한 예술작품이다.

　3) 고전에는 진선미(眞善美)로 담론(談論)되는 삶의 지혜가 담긴 책이다.

　4) 고전은 쾌락을 주는 책이 아니므로 지루함을 줄지도 모르니 끈기를 가지고 읽어야 하는 책이다.

　5) 고전은 모든 이야기의 근본이 되는 텍스트이다.

　우리는 고전이라 하면 제일 먼저 종교적 차원의 오래된 경전(중국의 오경, 기독교 성경, 불교경전, 노장자, 코란, 탈무드 등)을 떠올린다. 이는 재론의 여지없이 당연함으로 받아들이지만 꼭 이러한 경전만을 의미하지는 않는다.

　그리스의 호메로스, 로마의 베르길리우스 등의 뛰어난 문학 작품도 당연히 고전 중의 고전이며 현재는 세계문학이나 각국 문학의 입장에서 오랜 세월에 걸쳐 온갖 비평을 이겨내고 남아서 널리 애독되는 시대를 초월한 걸작을 일컫는다.

　그래서 고전이란 일시적인 베스트셀러와는 대립되는 개념이며 문예작품 이외의 음악 등에 대해서도 흔히 사용된다. 고전 음악이라고 하면 일반 대중들이 즐겨 듣는 대중음악과는 판이하게 다르고, 고전문학은 멀게는 고대 중국이나 그리스 로마 시대, 가깝게는 근대 이전의 뛰어난 작품을 가리킨다.

　세계의 고전에는 문예작품으로 앞에 언급한 것 이외에 아라비안나이트를 비롯하여 단테, 세르반테스, 셰익스피어, 몰리에르, 괴테, 발자크, 실러, 톨스토이, 도스토예프스키 등이 저술한 걸작품이 있으며 바흐, 모차르트, 베토벤 등의 작품들도 음악계에서는 고전으로 평가되고 있다.

　고전은 인류에게 보편적으로 적용될 수 있는 많은 지혜와 가치를 담고 있기 때문에 정화와 혼돈을 반복하는 역사라는 암흑의 바다에서 등불을 밝혀주는 등대와 같은 역할을 하는 것 아니겠는가! 또한 국가나 조직이나 인생이 위기에 당면했을 때 위기를 극복할 수 있는 정신적인 힘을 주는 책이나 작품이 바로 고전(클래식)이다. 그래서 고전은 시대와 동·서양의 지역을 초월하여 인간 삶의 나침반 같은 역할을 해주며, 단순히 지식 전달만을 초월해 풍부한 지혜를 얻을 수 있으므로서 사람이 사람답게 살아갈 수 있도록 해줄 수 있는 것이다.

　특히 어릴 때 고전을 읽으면 커가면서 가치관이 바로 서고 인품이 돋보여 세상을 보는 눈이 넓어지고 아울러 사고가 다양해지면서 사회 적응도 잘할 수 있음은 이미 역사 속에서 증명된 사실이다.

이 시대의 최고의 석학이라 할 수 있는 신영복 선생[3]의 할아버님의 탄식이라 글 내용에 "어렸을 때 누님들이 중학교에 입학하고 받은 영어 교과서를 보시고 처음 나오는 문장 I am a boy. You are a girl. / I am a dog. I bark 등을 보시고 그 뜻을 묻더니 크게 탄식 하셨다."는 것이다. 지금은 아니지만 우리의 선인들이 어렸을 때 처음 배우기 시작하는 천자문 첫 문장이 천지현황(天地玄黃) 즉 하늘은 검고 땅은 누르다는 천지 우주의 원리를 천명하는 교과서와 "나는 개다", "나는 짖는다"로 시작되는 교과서와는 그 정신세계에 있어서 엄청난 차이를 보이고 있었기 때문이란 것이다.

비록 어린 시절에 딱딱하고 어려운 고전을 읽는다는 것이 쉬운 노릇은 아니지만, 신영복 선생께서 겪은 일화는 간단하고 평이한 내용인 듯해도 참으로 되새겨 볼만하다.

실제로 미국의 유명 대학에서는 학부 과정 중에 100여권이 넘는 동. 서양 고전을 필독서로 지정하여 읽게 한다고 한다. 그러면 학생들의 정신연령과 의식 수준이 높아져 생의 목표를 보다 크고 높게 가지게 되는 결과를 낳게 된다는 연구 결과도 있다. 하버드

---

[3] 신영복(1941-2016):통일혁명당사건으로 20년이 넘는 수감생활을 한 진보학자이자 교수. 〈감옥으로부터의 사색〉의 저자. 성공회대학교에서 정치경제학과 한국사상사, 중국고전 강독.

대학이나 시카고 대학 등이 이와 같은 교과과정의 학습법을 통해 학교의 학풍이 커졌다고도 한다.

단테 신곡 강의[4]를 번역한 이영미 씨는 행복하고 여유가 있을 때 고전을 접하게 된다는 입장을 밝혔는데 "저는 고전은 생활 속에서 자주 접하면서 그러면서 삶의 관점과 삶의 느낌을 새롭게 가져가 보기도 하거니와 또한 자신을 반추하며 되돌아보는 효과가 크다고 할 수 있다. 고전은 우리 모두에게 살아가는 데 있어 필수품이 아닌가,라고 여기는 바이다."라고 했다.

또한 그는 "우리의 인생이 불안정할 때에는 손에 고전을 잡을 수 없을 것이다. 그러나 고난이 잠시 비켜갔을 때, 가끔 다가오는 행복한 시기에 고전을 읽어둠으로써 고난을 이겨낼 힘을 간직할 수는 있다. 고전은 고난의 삶을 살아갔던 저자들이 자신들의 고난을 정면으로 응시하고 관조한 기록이며, 동시에 그 고난을 넘어선 인간의 보편적 파토스[5]를 보여주는 저작들이다. 우리는 고전을 읽음으로써 이러한 보편적 파토스에 참여할 수 있을 것이다."

요즘 인문학 열풍이 우리나라에 크게 일어나고 있다.

---

4) 이마미치 도모노부(1922~2012 도쿄대학 교수)의 저서
5) Pathos : 주어진 상황에서 표출되는 감정

보통 사람들은 인문학 하면은 자연스럽게 고전 인문학을 떠올린다.

최근 인문고전 독서법을 담은 이지성의 『리딩으로 리드하라』에서 그는 인문고전(문학고전, 철학고전, 역사고전을 아우름)에 대해 매우 간결하고 쉽게 설명해 놓았다.

「요즘 많은 사람들이 인문학과 인문고전을 혼동하고 있다. 물론 인문학에 인문고전이 들어가는 건 맞지만 현대적인 의미에서 우리가 흔히 접하는 인문학이라는 것은 인문고전을 바탕으로 어떤 작가나 교수 자신의 생각을 전개해 나가는 것이 인문학이 아닌가 한다. 어려운 말로 사람을 사람답게 만들어 주는 학문이라 할 수 있는데 그 범위 내에 포함이 되면서도 어떤 독창적인 얘기를 하는 장르가 아닌가 한다. 그렇다면 인문고전이란 무엇인가?

인문고전은 일례를 들면 마이클샌델 교수가 『정의란 무엇인가』라는 책에서 인용한 수많은 사상가들의 책, 그게 바로 인문고전이라고 할 수 있다. 예를 들면 샌델 교수가 정의란 무엇인가를 전개해 나갈 때 아리스토텔레스로부터 시작해서 존스튜어트 밀, 벤담, 루소 등 굉장히 많은 사람들의 사상을 인용해서 자신의 논지를 전개해 나가는데, 인문고전이란 바로 얘기했던 위의 사상가들, 도덕시간 사회시간에 단지 이름만 들었던 인류 역사의 새로운 지평을 연 천재들이 자신의 모든 지혜와 지식을 한권에 응축해 놓은 그 무엇을 인문고전이라고 한다.

인문고전은 소위 인문학이라 일컬어지는 모든 분야를 다 거론할 수 있으나 보통 문.사.철 이렇게 세 분류로 나뉜다.

문학고전은 말 그대로 문학에 있어서 고전을 뜻하는데 우리나라에도 굉장히 많은 문학고전이 있다. 우리나라 최초의 소설로 인정되는 금오신화를 비롯하여 홍길동전, 전우치전, 판소리로 불리우는 춘향전 등이 있고 서양에서는 호머의 일리야스, 오딧세이, 존 밀턴의 신락원, 도스토예프스키와 톨스토이의 소설 등이 문학고전이다.

철학고전은 철학이라는 학문에 있어서 최고의 책을 말하는데, 대표적으로 우리 고전을 들자면 다산 정약용의 책들, 율곡 이이나 퇴계 이황의 책이 대표적이라 할 수 있다. 중국 고전으로는 논어, 맹자 등의 사서오경 등의 유교 경전을 비롯하여 노자, 장자, 한비자 등 우리가 말로는 들었던 사람들의 책들이다. 서양의 철학고전 플라톤, 아리스토 텔레스, 키케로, 데카르트 이런 사람들의 책들이다.

역사고전은 말 그대로 역사분야에 있어서 고전을 뜻한다. 우리나라에서 대표적으로 삼국유사, 삼국사기, 동국통감 등이 있으며 중국으로 따지면 가장 대표적인 게 사마천의 사기, 자치통감도 등이 있다. 서양은 헤로도토스 역사, 투기디데스 펠로폰네소스 전쟁사 이런 책들이 역사고전이라고 할 수 있다.」

당연히 사서삼경으로 대표되는 유교경전과 불경, 성경 등의 종교 경전은 문, 사, 철을 아우르는 최고의 인문고전이다. 이러한 인문고전은 당대에 인기리에 읽히는 베스트셀러와는 차이를 보이고 있다. 우리는 평소에 주로 베스트셀러 위주로 독서를 하는데 시대의 흐름을 대변하는 이런 책들 또한 꼭 읽어야 하는 것이긴 하지만 베스트셀러가 아무리 좋은 책이라고 하여도 이런 책들은 고작 몇십년 후에도 남아있을 확률이 드물다. 그러나 인문고전은 백년, 천년... 더 많기는 삼사천년.. 이렇게 오랜 세월 동안 우리에게 영향을 끼치는 그러한 책들인 것이다.

이제까지 고전에 대한 정의와 읽어야 필요성에 대해 다양한 각도로 살펴봤으나 역시 고전은 끊임없는 생명을 최고의 가치로 칠 일이다.

끊임없는 생명력에 대해서 공자는 한마디로 정의하고 있다.

溫故而知新 可以爲師(온고이지신 가이위사 : 옛것을 익혀 새것을 알면 가이 스승이 될 만하다)라는 논어 위정편에 나오는 공자의 말은 전범이 되는 옛것, 즉 고전을 익혀야 하는 이유를 한마디로 간추려 놓은 것 같다.

독서상우(讀書尙友 : 책을 읽으면 옛 사람들과도 벗이 될 수 있다)라는 맹자의 말도 비슷한 맥락이며 연암이 말한 법고창신(法古創新)의 의미나 신영복 성공회대 석좌교수의 <강의:나의 동양

고전 독법> 서문에서 "우리가 고전을 읽는 이유는 역사를 읽는 이유와 다르지 않다. 과거는 현재와 미래의 디딤돌이기 때문이다."라고 설명한 내용 역시 우리가 고전을 공부해야 하는 의미를 더욱더 확연히 담고 있음이다.

보통 사람들은 누구나 할 것 없이 지식의 보고라고 불리는 고전을 읽어 세상을 바르게 바라볼 수 있는 통찰력과 삶의 지혜를 얻고 싶어 한다. 그러나 막상 고전을 접하다 보면 특유의 간결한 함축성에 따른 난해함과 양의 방대함을 접하고서 대게 자신의 무지를 탓하고 놀라워한다. 특히 종교, 철학 고전일 경우 더욱 그렇다. 그러기 때문에 우리는 이러한 고전을 접할 때는 기본적인 지식 특히 당해 고전이 지어질 때의 역사성과 자연 인문환경에 대한 지식도 동시에 습득하지 않으면 안된다. 그러므로 고전은 반복적으로 치열하게 읽어야 한다. 그래야 이해가 되며 반복될 때마다 새롭게 보여지고 이는 깨달음으로 이어진다. 그리고 삶이 서서히 바뀐다. 고전을 통해서 인류의 위대한 스승들을 만날 수 있으며 그들로부터 직접 가르침을 받을 수 있다. 고전은 성현들과의 즐거운 시간 여행인 것이다.

동서 선인들의 고전 및 고전 독법에 대한 몇 마디 단상

＊공자는 我非生而知者 好古 敏以求之者(아비생이지자 호고

민이구지자 : 나는 나면서부터 아는 사람이 아니고 옛것을 좋아하여 민첩하게 구하는 사람이다.

＊김득신은 조선 중기 문신이자 독서광으로 - 백이전을 1억1만3천 번 읽었으며,(당시 1억은 현재의 10만에 해당) 만 번 이상 읽은 책만도 수십 권이라 한다. 김득신의 묘비명 "재주가 남만 못하다고 스스로 한계 짓지 말라, 나보다 어리석고 둔한 사람도 없겠지만 결국엔 이룸이 있었다. 모든 것은 힘쓰는데 달렸을 뿐이다."

＊클라이브 스테이플스 루이스(영국 소설가이자 케임브리지대 교수)는 고전과 신간의 일정한 균형 유지를 권면한다. "평범한 독자들이 신간과 고전 중 양자택일의 상황에 직면한다면 고전을 읽으라고 조언할 것이다. 신간 한 권을 읽고 난 뒤 고전 한 권을 읽기 전까지는 결코 또 다른 신간을 읽지 않도록 하는 것은 좋은 습관이다. 만일 이것이 너무 많다고 느껴진다면 적어도 신간 세 권당 고전 한 권을 읽어야만 한다."

＊에드워드 리튼(폼페이 최후의 날을 쓴 영국 소설가)은 "과학에서는 최신의 연구서를 읽어라. 문학에서는 가장 오래된 책을 읽어라"고 권한다. 정답은 물론 스스로 찾을 수밖에 없을 것이다.

＊이탈로 칼비노(현대문학의 3대 거장으로 꼽히는 이탈리아의 저명한 작가)는 <왜 고전을 읽는가 : 민음사>에서 고전에 대한 정의를 14가지로 내린다. 그 첫번째가 "고전이란 사람들이 보통 '나는 ~를 다시 읽고 있어'라고 말하지 '나는 지금 ~를 읽고 있어'라고는 결코 이야기하지 않는 책이다."란 구절이다. "다시"라는 말에서 고전이란 반복적으로 읽히고 있는 책임을 알 수 있다.

＊에밀 시오랑(루마니아 출신 철학자이자 모럴리스트 작가)는 왜 고전을 읽어야 하는지를 흥미롭게 제시한다. "소크라테스는 독약이 준비되고 있는 동안 피리로 음악 한 소절을 연습하고 있었다. '대체 지금 그게 무슨 소용이오?' 누군가 이렇게 묻자, 소크라테스는 다음과 같이 답했다. '그래도 죽기 전에 음악 한 소절은 배우지 않겠소.'"

＊마크 트웨인(19세기 미국의 소설가) 고전은 사람들이 입에는 자주 올리면서도 막상 읽지 않은 작품이라고 말한 적이 있다. 특유의 해학이 깃들여 있는 말이다. 이렇게 고전 작품은 흔히 그 제목만이 자랑스럽게 뭇사람의 입에 자주 오르내리며 작품에 대해 관심이 있든 없든 간에 누구나 반드시 읽어야 한다는 말은 많지만 정작 끝까지 읽은 사람은 별로 없는 책이 고전이라는 말이 더 와 닿는다. 모순적인 두 정의는 고전을 대하는 현대를 살아가

는 우리의 고전을 대하는 모습이다. 특히 종교 철학적 고전일 경우 더욱 그렇다.

＊아인슈타인 "나는 술 대신 철학 고전에 취하겠다."

＊존 스튜어트 밀 "나는 고전 독서와 토론으로 인해 한 명의 독창적이고 독립적인 사상가로 출발할 수 있었다고 생각한다."

몇 해 전 모 대학의 도서관 대출 도서 분석 결과 '서울대생 들은 신간을 주로 읽고 하버드대 생들은 고전을 많이 읽는다'는 기사가 화제로 떠오른 적이 있다. 상징성을 띤 이 기사가 "사람의 품격을 그가 읽는 책으로 판단할 수 있는 것은 마치 그가 교제하는 친구로 판단되는 것과 같다."라고 말한 19세기 영국 저술가 새뮤얼 스마일즈(인생을 최고로 사는 지혜)가 했던 말과 겹쳐 씁쓸한 여운을 남긴다.

제사(祭祀)에 대한 오해와 진실

祭如在 祭神如神在 子曰 吾不與祭 如不祭(제여재 제신여신재 자왈 오불여제, 여불제. : 선조의 제사를 지낼 때는 선조가 살아 계신 듯이 하고, 하늘과 산천의 신에게 제사를 지낼 때는 하늘과 산천의 신이 계신 듯 여기라. 공자왈 제사에 참여하지 않으면 제사를 안 지냄과 같다. - 논어 팔일)

인류의 정신문화는 동서를 불문하고 일면 제사 문화와 그 궤를 같이하여 발전해 왔음을 부인할 수 없다. 이는 태생적으로 나약할 수밖에 없는 인간이 생존의 험난함을 극복하기 위해 인간의 한계를 넘어서서 무한 능력을 지닌 어떤 절대자로부터 정신적(또는 실질적) 안정과 힘을 얻기 위한 행위인 것이다. 제사의 기원은 역사적 지리적 배경에 관계없이 애니미즘, 토테미즘, 샤머니즘[1]

---

1) 애니미즘:만물에 영혼이 깃들어 있으며 이 영혼이 모든 것을 지배한다는 믿

과 같은 원시신앙에 있다. 제사의 제(祭)나 사(祀)는 모두 신에게 제물을 바치거나 신을 모신다는 의미를 내포하고 있기 때문에 기본적으로 모든 종류의 신성(神性)에 대하여 지내는 의식은 제사(祭祀)로 통칭할 수 있다.

 이러한 제사 의식이 성립케 된 배경을 좀 더 구체적으로 살펴보면
 첫째 원시 고대인들은 우주 자연의 모든 현상과 변화에 대해 신비감과 경이로움을 느꼈을 것이다. 특히 천재지변이나 맹수의 공격 질병 등을 겪을 때는 공포감을 품고 생존이나 재앙을 막을 방법이 본능적으로 절실했다.
 그래서 하늘, 해, 달, 별, 땅, 산, 강과 그 밖의 자연물에 초인적인 힘이나 신통력이 깃들어 있다고 믿었으며 한편으로는 인간의 능력 이상을 발휘할 수 있는 어떤 초월자 또는 절대자를 정하고(인격신) 이로부터 삶의 안녕과 복을 비는 의식이 시작되었다.
 둘째 천지 만물의 탄생과 소멸 그리고 변화에 대해 외경심, 신비감을 갖게 되는 동시에 생명에 감사를 표하는 행사가 베풀어졌다.

음/토테미즘:사람이나 집단이 동물,식물,사물의 영혼을 숭배하는 신앙/샤머니즘:한 집단의 종교지도자,또는 고문 역할을 하는 샤먼이란 존재가 영혼과 교감할 수 있는 특별한 능력을 지녔다는 믿음.

셋째 인간은 죽음을 두려워한 나머지 사후 세계의 영혼의 안녕을 위해 신(귀신)을 섬기는 의식을 갖게 되었다.

넷째 직접적으로 나의 생명을 있게 해준 부모 나아가서 조상에 대한 감사함으로 조상을 추모하고 아울러 자손의 번영, 친족 간의 화목을 도모하는 행사가 이루어지게 되었다.

이러한 배경으로 성립된 제사는 사람의 인식 능력과 문화가 발달함에 따라 일정한 격식을 갖추게 되었고 제도로 정착하게 되었으며 그 대상도 뚜렷하게 설정이 되었다.

중국의 제사 기원은 공자 이전, 하나라와 상나라 때부터라고 하며 주로 하늘에 제사 지내던 것이 유교 사상이 정립되면서 그 기틀이 잡히고 서주(西周 B.C 1100 - B.C770)나라 때에 와서 성행하게 되었다고 한다. 그것이 왕의 조상제사로 발전되었다. 그 조상제사도 지금처럼 죽은 자를 위한 제사가 아니고 살아있는 왕에게 제사를 올렸고 나아가서 종법제도가 정착되면서 종손을 높이는 의미로 살아계신 부모를 높은 곳에 앉히고 제사 형식의 예를 올렸다고 하는 것이다. 이렇듯 모든 백성이 아닌 황실에서만 적용되던 제사가 제후들이 따라서 하게 되었고 춘추전국시대에 무너지는 사회 질서 속에서 평민들도 자기의 신분을 높이기 위하여 다투어 실시하게 되었다고 한다. 그러다가 후에 제사 대상이 죽은 부모와 윗대 조상에게까지 확장 발전되었으며 점차 제사 관습은 효의 발로라는 개념으로 정착되었다. 그러나 어떤 면에서는 인간의 이기심과 신분 상승 욕구의 산물인 것을 부인할 수 없다. 사실 제사에 대한 이론적 뒷받침은 훨씬 후대인 송나라 때에 주자학(朱子學)을 완성한 주희(주자)였다고 한다. 이것이 주자학과 함께 우리나라에 도입 되었다.

고대 중국의 은(상)나라는 가히 제사의 나라라 할 만한데 은허에서 발굴된 토기들이 대부분 제기이거나 제기의 형태를 띠고 있음을 알 수 있다.

상(商)은 주변 토착 신을 배제하고 왕의 직계 조상만 섬기는 조상신 풍습을 만든다. 이것을 뒷받침하는 기록을 보면 상족의 조상은 직계인 근조선공(近祖先公)과 직계가 아닌 원조선공(遠祖先公)[2]으로 나뉘는데, 상나라에서 제사는 직계 선조인 근조선공에게만 지냈다. 또한 자신의 조상을 숭배하면 농사가 잘 되고 전쟁에서 승리하며 재앙을 막아준다는 등 인간사 모든 일이 조상의 덕으로 잘 된다고 백성들을 교화하였다. 그리하여 이때부터 조상 섬기는 문화가 생기기 시작한 것이 조상에 대한 제사의 시초라고 볼 수 있다.[3]

---

2) 조상신은 선공(先公)과 선왕(先王)으로 나뉘는데 선공은 은나라 건국 이전의 임금들을 말하고 선왕은 은나라 건국 이후의 임금을 말한다. 은나라를 세운 탕임금의 6대조 선조인 상갑 이전의 임금을 원조선공, 상갑 이후부터는 근조선공이라 불렀다.
3) 은나라 후기 제24대 임금 조갑(祖甲)은 황하신, 천신, 토템 등 제사를 없애고

상 왕조의 뒤를 이어 중국을 지배한 주(周)왕조는 황하의 상류 지역인 위수(渭水) 분지에서 일어났으나 처음에는 은 왕조를 받드는 도시 국가의 하나였다.

주나라는 상에 의해 확립된 풍습을 따라 상나라의 제사 방식을 이어받았다. 그뿐만 아니라 상나라의 일부 지도층을 제후로 임명해 상나라 조상에 대한 제사를 계속 이어가도록 했다. 왕과 제후(諸侯-公) 밑에는 경(卿),대부(大夫),사(士)로 불리는 귀족들이 있었으며 이들이 지배층을 이루었다. 그리고 이들 지배 귀족층 사이에 핏줄을 같이하는 사람들끼리 종족(씨족)을 형성하고, 조상의 제사를 중심으로 단결하는 풍습이 생겨 널리 퍼졌다.

또한 제사는 종교적 의미를 가지면서 정치적 수단으로 활용되기도 한다. 정교(政敎)가 분리된 이후에도 황제는 하늘에 대한 제사를 주관하며, 자신의 조상을 신격화하여 제사를 지내는 것으로 권위를 정당화하는 수단으로 사용하였다.

이렇듯 제사의 풍습은 주대의 종법(장자 상속 제도)적 봉건국가의 체계가 완성되고 춘추전국시대를 거쳐 진한에 이르러 통일국가 체제를 이루면서 자리 잡아 갔다. 한편 한대(漢代)는 유교국가로서의 통치 이념과 가부장적 권위를 세우는데 효와 충의 사상이 가정을 넘어 국가가 유지되는 근본적인 힘의 원천으로 자리

자신의 직계혈족에게만 제사를 지내게 했으며 이후 보편적인 조상제사가 정착되었다.

잡았으며 조상 제사 의례는 부모에 대해 나아가서는 조상의 덕에 감사하는 효의 사상과 맞물려 더욱 공고해졌다

또 주나라에서는 장자 상속 부계 혈통 제도를 확립하였는데 이를 종법제도라 한다. 이는 혈연적인 봉건제도를 밑에서 받쳐 주는 구실을 하였다. 동성 불혼의 법도 만들었다. 씨족의 질서와 단결을 유지하기 위한 이와 같은 여러 가지 법속은 뒷날 중국 가족제도의 바탕이 되었으며 우리나라에도 크게 영향을 미쳤다.

어떻게 보면 주나라는 지배체제를 강화하기 위해 봉건제도와 혈족 중심의 종법제도를 도입했다고 할 수 있다. 결국 중국 고대 왕조의 정치적인 목적으로 도입된 제도가 바로 제사 제도인 일면이 있다. 장자 중심 문화나 지금의 한국 사회를 지배하고 있는 유교적 제도가 이때 만들어진 게 전해졌다.

그러나 제사의 이론적인 것은 훨씬 후대인 송나라(960~1279) 때에 주자에 의하여 세워지고 이것이 주자학과 더불어 우리나라에는 고려 말에 도입되었으며 조선은 초기부터 유교를 국교로 삼으면서 백성들에게도 장려하게 되었다. 이러한 측면에서 보면 조상제사 제도들은 우리의 순수 전통문화가 아니고 중국의 문화였으며 그것도 본래는 죽은 조상이 아닌 산 조상들에게 드리는 효(孝)의 한 예(禮)였던 것으로부터 출발했다고 볼 수 있다.

한편 기독교 사상의 원류를 이룬 유대인들은 그들의 자녀가 13세에 성인식을 치르기 전까지 자녀들에게 토라를 가르친다고 한다. 가르침이란 뜻의 토라란 창세기부터 신명기까지의 모세오경을 이야기하는데 이는 곧 그들의 율법을 의미한다. 그들은 자녀가 말을 알아듣기 시작하는 순간부터 토라를 가르치는데 그 방식은 암송을 시키는 것이다. 토라 중에서도 레위기를 가장 먼저 외우게 했다. 레위기의 첫 부분이 제사법에 관한 내용이다. 제사는 오늘날 예배의 형태로 그리스도인들의 삶 가운데 자리 잡고 있다.

레위기에는 하나님이 명령하신 다섯 가지 제사의 규례에 대해 나온다. 번제, 소제, 속죄제, 화목제, 속건제가 바로 그것들이다. (레위기 1:1-6:7, 레위기 6:8부터는 제사장이 지켜야할 제사 규례에 대해 나온다.)

그 외 이집트 고대 그리스 로마 메소포타미아 등은 동양(중국)과 같이 뚜렷한 조상 제사 풍습은 나타나지 않았다 할지라도 하늘 또는 어떤 초월자에 대한 숭배 제사는 인류의 보편적 풍습이었음이 틀림없다

그러면 우리 민족의 제사 문화 어떻게 이어져 왔는가!

일반적으로 한국에서 제사라고 하면 유교의식에 기반을 둔 조상 제사를 가리키는 경우가 대부분이다. 그러나 우리 민족은 아

득한 고대로부터 하늘을 공경해 제천(祭天) 의식을 거행하였으며 특히 농경(農耕)에 종사하게 된 뒤로는 천신에 대해 풍년을 기원하는 제사 의식이 성행하게 되었다. 옛 기록에 나타나 있는 부여의 영고(迎鼓), 고구려의 동맹(東盟), 예(濊)의 무천(舞天) 등이 모두 제천 의식인 동시에 농사와 연관이 있다. 그 후 삼국시대를 거쳐 국가 형태가 완비된 뒤로는 사직(社稷)과 종묘(宗廟) 등 국가 경영과 관련이 있는 제례가 갖추어졌고 조상 숭배 사상의 보편화와 함께 가정의 제례도 규격을 이루게 되었다.우리 민족의 조상에 대한 제사와 숭배 사상은 중국으로부터 전래 되었다는 것이 일반론이다.

우리나라에서는 삼국 초기 유교의 전래 이후 신라, 고구려에서 특수한 왕에게 제사를 지냈다는 기록이 있으나 일반적으로 삼국시대와 고려 시대에 걸쳐서는 불교가 성행하여 제사를 지낸 일이 없다. 오늘날도 정통 불교 국가에서는 불교의 교리 상 환생할 영혼이 없기 때문에 조상에게 제사를 지내지 않는다. (제祭는 제사이고 불교의 재齋는 법회로 의미에 있어서 근본적인 차이가 있음).

불교가 성할 때는 우리나라에서도 제사가 별로 심각하지 않았으나 본격적으로 조상에 대한 제사 문화가 도입된 것은 고려 말에 송대(宋代)의 성리학을 받아들이면서 조금씩 영향을 받게 되었다(13세기 고려 말). 주자가 강조한 조상 제사는 조선 건국 초부터 유교를 국교시 하여 정치적 지배 구조의 정착과 사회 안정을 위한 방편으로 장려하였으며 세종 때 성황을 이루었다.

특히 제사 문화가 화려하게 꽃피었던 시기는 조선시대로, 고려 말에 이르러 성리학의 도입과 더불어 주자가례에 따라 가묘를 설치하려는 운동이 사대부 사이에서 활발해지며 조상에 대한 제사가 사회적 관습으로 정착되어 갔다. 조선시대 예법의 표준은 왕실의 경우 국조오례의였고, 민간(주로 양반계층)의 경우에는 주자가례가 일반적인 예법서(禮法書)였다.

이러한 제사문화가 일반 민간에까지 일반화되는 데에는 조선 중기의 전란에 따른 혼란기를 그 이유로 들 수 있다. 임진왜란과 병자호란의 대 변고를 거치면서 사회의 지배구조가 흐트러지자 기존의 양반계층에서는 이를 유교문화로 사회 질서를 바로 잡고자 하니 성리학에 입각한 이론적 논쟁(예송논쟁, 호락논쟁 등)이 심화되었고 종법제도를 중시하여 가족 가문 그리고 사회의 위계질서를 바로 잡고자 하였다.

한편 이 무렵 혼란기를 거치면서 별다른 근거 없이 양반 대열에 끼어든 계층들의 과시욕 등으로 유교식 조상제사의 절차와 형식이 체계적이고 합리적 차원을 넘어서 더욱 복잡해지고 형식화되어갔다.

그러다 보니 지방마다 가문마다 제례, 상례는 차이가 있으며 심지어는 남의 집 제삿상에 감 놔라 대추 놔라 하지 않아야 된다는 말까지 나왔다.

이러한 조선시대의 제사 문화는 조선 말기까지 유교문화 속에서 사회 전반에 걸쳐서 생활의 중요한 한 부분이 되어왔다.

이러한 차원에서 요즘 사람들은 분명히 제사에 대해 무언가 잘못 이해하고 있음이 틀림없다. 특히 유교식 제사 문화와 관련해서 그렇다.

각설하고 조상제사는 전래 초기에서부터 효(孝)의 문화와 함께 해왔고 성리학의 도입과 정착으로 더욱 심화되었다. 어쨌든 제사의 근본정신은 효의 발로이며 조상에 대한 공경과 은혜로움에 대한 마음이다.

논어((論語) 위정(爲政)에 이르기를 子游問孝 子曰 今之孝者 是謂能養 至於犬馬 皆能有養 不敬 何以別乎?(자유문효, 자왈: 금지효자, 시위능양. 지어견마, 개능유양, 불경, 하이별호? : 자유가 효에 대해 묻자, 공자께서 대답하셨다. 지금의 효라는 것은 물질적으로 봉양을 잘하는 것을 이른다. 하지만 개나 말도 모두 길러줌이 있으니, 공경하지 않는다면 무엇으로 구별하겠는가?)

모든 의례 의식에는 형식과 절차가 따르고 중요하다.

그러나 이러한 형식과 절차가 단지 사치스럽고 보여주기 위한 과시욕으로 인한 것이라면 본말이 전도된 것이다. 특히 제사(관혼상제 전반을 포함)에 관해서 마음으로 공경함이 결여된다면 공자 말씀대로 무슨 소용이 있겠는가!

직접적으로 나의 생명의 근원인 부모 나아가서는 조상에 대한 감사한 마음으로 제사를 모신다면 하등의 물의가 있을 수 없다. 이는 종교적인 문제와는 전혀 별개인 것이다.

어쨌든 현대인들은 제사라는 말만 들어도 본능적으로 머리 무겁게 생각한다. 특히 장남일 경우 더욱 그렇다. 그러나 오랜 세월에 걸쳐 우리의 정신문화 속에 각인되어 있는 정통 유교 문화를 제대로 이해한다면 이런 제사 문화가 결코 허례허식에 치우쳐져 명분만 내세우는 풍습이 아니라는 것을 알 수 있다.

그리고 지금 사람들이 상식적으로 알고 있는 제사의례(허례허식이고 형식적이며 복잡하다는 절차 등에 대한 선입관)는 불과 길게는 삼백여년 짧게는 이백여년 남짓 밖에 안 되었다는 것이 역사적 문헌으로 이미 증명되었다.

결론적으로 조상에 대한 제사 문화는 나의 생명 근원에 대한 감사함 즉 동양의 근본 덕목 가운데 가장 중요하다고 할 수 있는 효의 외적 표시일 뿐이라는 것이다. 물론 후대에 내려오면서 기복 신앙적 의미가 다소 부여되기도 하였지만 여기에 우상숭배 운운하는 것 등은 과대한 종교적 해석일 뿐이다.

이러한 차원에서 조상 제사의 유래, 종류, 형식, 절차 등에 대하여 현대인들이 생각하는 기존의 관점에 오해가 있었다는 것을 다각도로 살펴보겠다.(물론 여기에는 필자의 주관적 관점과 해석이 일부 있음을 밝혀 둔다.)

상기에서 이미 언급되었듯이 일반적으로 조상제사를 우리나라의 고유한 전통인 줄 알지만 실상은 중국으로부터 들어온 외래문화이다.

즉 우리 한반도 고유의 제사는 천신 또는 자연신에 대한 제사이지 조상제사는 아니라는 것이다.(물론 오래된 것이라 하여 무조건 전통이라 할 수는 없으나 외부에서 들어왔어도 오랜 세월이 지나면 전통문화로 자리 잡기도 한다.)

이런 제사 문화가 우리나라에 전래된 것에 대하여 사가(史家)들의 연구한 바에 의하면, 고구려나 신라에서 왕가 중심으로 일부 조상에 대한 제사 기록이 미미하게 보이기는 한다. 하지만 사실 고려 중기 이전까지는 거의 조상제사 흔적을 찾을 수 없다가 고려 말기에 성리학의 유입과 함께 나타난다.

즉 고려 말과 조선 초 중기 임진 난 이전까지는 일부 양반 계층에서까지만 조상제사의 사례가 발견되고 일반 민간에게서 제사 풍습이 성행되는 시기는 17세기 중반 이후라는 것이다.

고려 말에 최초로 소수의 귀족계층에게 특권의식으로 조상 제사가 받들어졌다. 조선에 들어서서는 정권을 무력으로 탈취한 이성계가 도덕성이 문제되어 민심이 이반되자 정권의 유지를 위한 묘안으로 유교를 국교로 삼았고 태조 이성계와 조선 초기 정도전 등 성리학자들에 의해 민간에까지 유교식 제례가 널리 장려되었으며 이후에도 제사 문제는 많은 굴곡을 겪으면서 지금에 이르게 되었다.

이렇게 보면 중국으로부터 전래된 제사가 전 국민에게 확산된 것은 부모에게 효를 행하기 위함이 근본이기는 하나 제사 문화가 정착되어 가는 과정에서 중국도 마찬가지였듯이 효와 충을 강조함으로써 집권층의 정치적 안정을 노린 정치적 술수가 또한 저변에 깔려 있었음을 부인할 수 없다.

제사의 종류

조상에 대한 제사는 여러 종류가 있으나 요즘에는 크게 기일제(忌日祭 - 부모 또는 고조까지 돌아가신 날에 지내는 제사 : 장자손(孫)이 주인이 되고 그 아내가 주부가 되어 지낸다), 차례(茶禮 - 설날 추석 한식 등 명절에 지낸다) 그리고 세일사(歲一祀 - 기일제를 지내지 않는 5대조 이상의 직계 조상에 대해 일년에 한번 보통 10월 중 좋은 날을 골라 지낸다 : 전라도에서 보통 시제(時祭)라고 칭하지만 원래 시제는 매 계절 중간 달에 일 년에 네 번

지내는 제사로 사시제라 한다.)

윤회봉사(輪回奉祀)

제사는 원래부터 장자 중심으로 지내야 하는가!

결론적으로 말하면 아니다. 조상제사 문화가 정착되어 가는 조선 중기 무렵까지만 해도 제사는 형제들이 돌아가면서 지냈던 것으로 나타난다. 소위 윤회봉사인 것이다. 심지어는 출가한 여자도 친부모의 제사를 모셨다.

＊어머니 기일이다. 제사는 누님 댁 차례이다.(이문건[4]의 일기 - 1545. 1. 5.)

＊어머니 기일이라 당에서 혼자 제사를 지냈다.(1567.1.5.)

＊외조모 기일이다. 이휘 집에서 제사를 지내기에 아침에 일어나 서둘러 갔다.(1545.3.25.)

＊외조모 기일이다. 내가 지낼 차례여서 혼자서 제사를 지냈다.(1555. 3. 25.)

이상은 서울대규장각 한국학연구원이었던 이숙인 연구교수가 쓴 글에서 나온다.

이 내용을 보면 어머니 제사를 시집간 누님도 지냈고 외가의 제사도 지내주었다는 것을 알 수 있다(외손봉사). 이러한 윤회봉

---

4) 이문건 (李文樗 494 - 1567) 성주(星州). 조선 전기에 승정원주서, 이조좌랑, 승문원판교 등을 역임한 문신

사는 조선 중기까지 일반적이었는데 이는 재산 상속과 밀접한 관계가 있다고 볼 수 있다.

고려시대와 조선 초,중기까지도 재산 상속은 여성의 출가 여부를 떠나 남녀형제간 균등분배가 원칙이었다(분재기). 이율곡 선생 집안, 이퇴계 선생 아들의 분재기 등). 그러다 17세기에 들어서서 성리학이 더욱 공고해 지면서 종법제도가 확고해지자 장자 중심으로 재산분배가 이뤄지고 제사 또한 장남이 지내는 것으로 정착되어 오늘에 이르고 있는 것이다.

그간 기백년 동안 장자 중심의 재산분배가 여러 가지로 사회적 문제로까지 번지자 부모의 재산은 자식들이 균등 분배 받고 있는 방향으로 법이 제정되었다.

이러한 차원에서 여러 측면으로 우리의 미덕을 담고 있는 제사는 반드시 지속되어야 하되 고려, 조선 초기와 마찬가지로 형제간에 상호 협의하여 형편에 따라 윤회봉사로 나아감이 바람직하다 하겠다.

이렇게 하면 형제간에 갈등이 없어지고 아름다운 미덕인 효가 더욱 잘 행하여 질 것이다. 형제간의 갈등의 골은 한번 생기면 그 어떤 인간관계에서 보다도 풀기 어렵기 때문이다.

제사 상차림

지금 사람들이 이해하고 있듯이 제사 문화 초기에는 홍동백서니 어동육서니 조율이시니 좌포우혜니 하는 지키지 않으면 안 될 것 같은 불문율의 내용은 어떤 문헌에도 없다. 모든 예(법)은 세월이 흐르면서 가필되고 복잡해지는 경향이 있지만 조선은 17세기에 들어서서 장자 중심 부계 혈통의 습속이 자라잡고 양반 계층이 늘어나면서 과시욕적 차원에서 형식화 복잡화 되었음이 틀림없다. 이율곡 선생께서도 격몽요결(擊蒙要訣)에서 "제사를 지내는 것은 사랑하고 공경하면 그 뿐이다. 가난하면 집안 형편에 어울리게 하고 병이 나면 몸의 형편을 헤아려 제사를 지내는 것이다."라 하였다.

지금 유학의 본산인 성균관에서도 명절 때마다 전례위원장이 언론을 통해 역설하고 있다.

"주자가례나 가례집람, 격몽요결 같은 잘 알려진 어떤 예서에도 적(炙) 炙굽다:어육(魚肉)이나 채소(菜蔬) 따위를 양념하여, 대꼬챙이에 꿰어 불에 굽거나 번철에 지진 음식과 과(菓과일) 등 육류와 과일에 대한 큰 구분만 있을 뿐 홍동백서니 조율이시니 세 줄이니 다섯줄이니(북한에서는 네 줄) 하는 규칙은 없다."고 강조한다. 오직 간소하고 분수에 맞게, 가장 중요한 것은 정성을 다 하여 정갈하게 차릴 일이다.

상차림과 방위(위치)

모든 예식에 있어서 작금에 가장 논란이 되고 있는 것 중 하나가 바로 방위/위치 문제이다. 전통적으로 지금에 이르기까지 수천 년 동안 동양사상의 핵심 중 하나가 바로 음양오행 사상이다. 여기에서 바로 방위가 결정되는데 모셔지는 주체의 위치가 북쪽이 되고 모시는 행위자는 남쪽이 된다. 즉 임금이나 윗사람, 신위(神位)의 위치가 북쪽이 되고 그의 왼쪽이 좌측이고 동쪽이며 양(陽)이고 그 반대는 서쪽이며 오른쪽이고 음(陰)의 자리다. 이를 예절방위라 한다. (자연방위는 해가 뜨는 쪽이 동쪽, 북극성이 있는 곳이 북쪽). 이러한 개념으로 현재 가장 잘못된 방위 문제는 결혼 예식장이다. 주례(옛날 같으면 병풍의 위치)를 중심으로 왼쪽이 신랑 및 신랑 혼주석이며 홍등의 위치인 것이다.(이를 바로 잡기 위해 관계 법령(보건사회부장관령 "올바른 예의문화 홍보를 통한 건전가정의례실천. 문서번호 가정 65221-350 시행일자 1994.6.16.)으로까지 정하여 홍보하였으나 서양문화와의 혼선으로 잘못 이해되어 그런지 요즘엔 완전히 반대로 굳어져 버렸다) 역시 명절 때 부모에게 절을 할 때도 아버지가 왼쪽(맞은편의 자녀 입장에서 보면 오른쪽) 어머니가 오른쪽이며 절하는 아들은 아버지 앞쪽 며느리는 그 오른쪽 어머니 앞인 것이다.

의식에 있어서 다른 것은 몰라도 최소한 방위 문제는 알고 지키는 것이 정성어린 마음과 함께 기본일 것이다.

제사는 언제 몇 시에 지내야 하는가!

제사는 돌아가신 당일 가장 청정하고 빠른 시간에 지내는 것이 원래부터 바른 일이다. 대부분 요즘 사람들이 알고 있듯이 돌아가신 전날을 잡아 지내는 것은 제삿날 일정을 잘못 이해했기 때문이다. 즉 제사 지내는 시간은 자시(子時 - 11시부터 1시까지)가 원래 관습으로 되어 있었고 이때를 하루의 시작으로 봤다. 돌아가신 날의 첫 시각에 지내는 것으로 생각한 것이며 이렇게 되면 돌아가신 날이 제삿날이 되는 것이다. 근래에 현대인들은 자시 제사가 너무 늦어 불편하다고 여겨 앞 시간으로 당기다 보니 초저녁 시간에 지내는 풍습이 생겼고 이는 망자의 살아 있는 날이 되며 다른 사람에게 제사상을 올리는 꼴이 되어 버린 것이다. 반드시 돌아간 날에 모셔야 될 것이며 현대 생활의 여건상 자시나 새벽이 어려우면 돌아가신 날 초저녁 등에 맞추어 지내면 될 것이다. 그러나 예(禮)는 정(情)에서 우러나와 정성으로 하는 것이므로 시간보다는 공경하는 마음과 성의가 더 중요한 것이다.

조상제사와 우상숭배

근현대에 와서 조상에 대한 제사 문화가 우상숭배라는 종교적 차원과 맞물려 가장 물의를 빚고 있는 것은 자타가 인정하고 있듯이 기독교(특히 개신교)인들의 사고방식과의 관계에서 일 것이다.

그러나 이런 현상은 조상제사 문화를 지극히 편협된 종교적 차원으로만 내다보기 때문이다. 제사는 죽은 자와 산 자의 연결 고리이며 나의 생명 근원에 대한 감사함의 표시로 동양사상의 핵심인 효의 연장일 뿐이다.

　대표적인 개신교 교육자이자 독립 운동가이신 월남 이상재 선생께서는 "조상 신주를 우상숭배라 하는 것은 옳지 않다. 제사는 부모를 그리며 사모하는 효성의 발로로 네 부모를 공경하라는 하느님의 가르침에도 부합되는 것이다.라고 하셨다(1920.9.1. 동아일보).
　감리교 신학대 이정배 교수는 "유교의 제사만큼 부모와 자식에게 영향을 주는 종교는 없다. 부정적인 모습을 버리고 긍정적 모습으로 활성화하면 사회를 더욱 풍성하게 할 것이다."
　또한 안동교회 원로목사 유경재는 "제사 전통에는 무교적 귀신 숭배사상이 있지만 죽은 자에게 절하는 것을 반대하고 우상숭배라 한다면 오히려 기독교인이 우상숭배 사상을 수용하는 꼴이 된다"라 하였다.
　카톨릭(천주교)에서는 이미 동양의 제사 문화를 인정하고 있다 1939년 교황 비오2세 때 중국 예식에 관한 훈령에서 동양제사 문화를 용납했으며 역시 1962년 제2차 바티칸 공의회에서 각 민족의 제사 문화를 수용한 바 있다.
　실학의 집대성자 다산 정약용 선생께서도 제사를 지극한 효의 연장선으로 봤다.

　서양의 어떤 학자는 자식과 죽은 부모와의 관계를 영속적으로 맺어지게 하는 방식은 동양의 조상제사 밖에 없다고 했다.

　동양인의 전통적 사고방식에서는 천지만물은 음양오행 법칙에 의한 기(氣)의 모임으로 발생하고 흩어짐으로써 없어진다고 했다. 따라서 사람의 죽음에 대해서도 기의 집합으로 태어나고 기의 흩어짐이 곧 사람의 죽음으로 봤다.

　다만 죽음 뒤에도 사라지지 않은 혼백도 음양의 기이기 때문에 일정 시일(통상 4대 약120년 정도)이 지나면 마침내 흩어져 자연으로 돌아가므로 유교에서는 내세를 믿지않는 측면이 있다. 그러나 오직 자손을 통해서만이 대를 이어감으로써 인간의 영속을 유지해 갈 수 있다고 믿기 때문에 조상에 대한 제례는 중요할 수밖에 없다.

　이렇듯 인간의 죽음에 대한 유교적 내세관을 이해하면 조상 제사 문화를 쉽게 받아들일 수 있다고 본다. 유교의 종조인 공자는 괴·력·난·신(怪·力·亂·神)을 인정치 않았을 뿐만 아니라 어떤 면에서는 영혼이나 사후 세계에 대해도 회의론적 무신론자라 할 수 있다.

　공자가 적극적으로 제사를 권장 확립시킨 것은 인간의 관계를 중시하고 충과 효를 바탕으로 하는 도덕국가를 세우는데 제사라는 예식이 필요했기 때문이다.

결론적으로 조상에 대한 제사는 바르게만 이해한다면 현대인들이 생각한 것 같이 허례허식에 휩싸여 있는 복잡하고 형식적인 일이 아니다.

제사를 부정하는 것은 자기 생명의 근원인 부모(조상)와의 관계를 단절시키는 행위이며 나아가서 이는 자기 자신의 존재를 부정하는 행위이다.

종교적인 차원을 떠나 보이지 않는 신, 절대자에게 제사를 지내는 것은 인간 생명 근원에 대한 감사함이요 조상에 대한 제사는 직접적으로 자신의 생명 근원에 대한 감사함이다.

비록 제사문화가 역사적으로 통치자들의 지배 수단으로 이용되었다 할지라도 그 바탕에는 효사상이 완전히 내재되어 있음이다.

이제 제사문화에 대한 합리적인 사고방식을 성숙시킬 때이다.

태산이 높다하되

태산(泰山)!

태산의 의미는 역사적 흐름으로 볼 때 정치적 문화적 상징성으로 우리의 정신세계 속에 크게 자리 잡고 있음은 부인인할 수 없다. 중국인들은 말할 것도 없고 중화(中華)니 사대(事大)니 하는 논란을 접어두고 우리 민족에게도 마찬가지 이다.

오랜 세월 속에 형성되어온 우리네 속담, 격언을 보면 더욱 그렇다

태산이 높다 하되 하늘 아래 뫼이로다....의 양사언의 시조에서부터 "걱정이 태산 같다.", "갈수록 태산이다.", "티끌 모아 태산". 등등 속담.

또 중국의 고사성어에 나타나는 태산명동서일필(泰山鳴動鼠一匹). 태산이 큰 소리를 내며 흔들렸지만 쥐 한마리가 나왔다는 뜻으로, 시작은 요란했지만 결과는 매우 사소한 경우를 일컫는 경우가

대표적이다.

그 외 태산 관련 고사성어를 몇 개 짚어 보면,

태산북두(泰山北斗)는 태산과 북두칠성을 말함이며 줄여서 통상 태두(泰斗)라 한다. 태산이나 북두칠성을 우러러 보는 것처럼 학문이나 예술분야에 특출한 능력이 있어 타의 추종을 불허할 만큼 뛰어나 존경을 받는 사람을 일컫는다.

신당서(新唐書) 한유전(韓愈傳)에

愈以六經之文 爲諸儒倡 自愈沒 其言大行, 學者仰之 如泰山北斗云(유이육경지문 위제유창 자유몰 기언대행 학자앙지 여태산북두운. : 유(한유韓愈)는 육경(六經)에 통달한 문장으로 모든 학자들의 인도자가 되었다. 그가 죽은 뒤에도 그의 말이 크게 행해지므로 학자들은 그를 태산북두와 같다고 우러러 보았다.)과 같이 당나라 때의 대 문장가이자 사상가이며 당송팔대가(唐宋八大家)의 한 사람이었던 한유를 태산북두에 비유하고 있다.

태산홍모(泰山鴻毛)는 태산과 기러기의 깃털을 말하며 이는 태산처럼 무겁거나 기러기 깃털처럼 가볍다는 뜻으로 경중의 차이가 매우 큰 것을 비유하거나 사람이 어떻게 죽느냐가 더 중요할 수도 있다는 것을 비유하는 말이다.

이 말은 사마천(司馬遷 BC 145~BC 86)이 47세(기원전 99년) 때 흉노에게 투항한 이릉을 변호하다 무제의 진노를 사 궁형이라는 치욕을 당하고도 살아남은 심정을 가까운 임안(任安)에게 보낸 편지가 보임안서(報任安書) 또는 보임소경서(報任少卿書:少卿은 字)인데 여기에서 인용되고 있다.

人固有一死 인고유일사, 或重於泰山 혹중어태산, 或輕於鴻毛혹경어홍모, 用之所趨異也 용지소추이야. 太上不辱先, 其次不辱身, 其次不辱理色, 其次不辱辭令, 其次詘體受辱, 其次易服受辱, 其次關木索, 被箠楚受辱, 其次剔毛髮, 嬰金鐵受辱. 其次毁肌膚, 斷肢體受辱. 最下腐刑極矣.)" "사람은 반드시 한 번은 죽는데 어떤 죽음은 태산보다 무겁고 어떤 죽음은 기러기 털 하나보다 더 가볍기도 한 것은 살아가면서 추구하는 바가 다르기 때문입니다. 가장 훌륭한 죽음은 선조를 욕되지 않게 하는 것이고, 그다음은 자신을 욕되지 않게 하는 것이고, 그다음은 이치에 어긋나거나 얼굴(체면)을 욕되게 하지 않는 것이고, 그다음은 언사에 욕됨이 없게 하는 것이고, 그다음은 몸이 차꼬에 채워져 욕을 당하는 것이고, 그다음은 죄수복을 입고 욕을 당하는 것입니다. 그다음은 죄인이 되어 형틀을 쓰고 밧줄로 묶여서 곤장을 맞으며 욕을 당하는 것입니다. 그다음은 머리를 깎이고 목에 쇠사슬을 두르고 욕을 당하는 것입니다. 그다음은 살갗을 훼손당하고 몸을 잘리는 욕을 당하는 것입니다. 가장 나쁜 것은 궁형을 받는 것입니다."

이는 보임안서의 중간 부분에 나오는 대목으로 사람의 죽음은 태산보다 무겁고 기러기 털보다 가벼울 수 있다는 말에서 태산홍

모가 유래하였다.

泰山不辭土壤 河海不擇細流(태산불사토양 하해불택세류 : 태산은 작은 흙덩이도 사양하지 않고 강과 바다는 가는 물줄기도 가리지 않는다.)

즉 태산과 바다는 아무리 작은 것이라도 마다하지 않고 받아들여 그 위대함을 이뤘다'라는 의미로 대인은 소인이나 소인의 말 혹은 하찮거나 작은 일도 가리지 않고 다 받아들여 화합을 이룬다는 말이다.

원문은 泰山不辭土壤 故能成基大 (태산불사토양 고능성기대)
　　　　河海不擇細流 故能就基深 (하해불택세류 고능취기심)
태산은 작은 흙덩이도 사양하지 않았기 때문에 능히 크게 이룰 수가 있었고
바다는 가는 물줄기조차도 가리지 않았기 때문에 능히 깊음을 취할 수 있었다.

이 말은 관중의 관자와 사마천의 사기 이사열전에 수록된 내용이다.
이사열전에 보면 이사는 원래 초나라 사람이었는데 진(秦)나라로 옮겨와 관리가 된 뒤 객경(客卿:다른 나라에서 와 재상이 된

사람)이 되기 전 진왕 영정에게 객관(客官)이라 할지라도 유능하다면 널리 인재로 등용해야만 부국강병을 이룰 수 있다는 내용으로 올린 상소문인 간축객서(諫逐客書)에 나온다

내용으로 이사가 진으로 옮겨와 여불위의 가신으로 있을 무렵 진은 한(韓)나라에서온 정국이란 자의 계략에 말려 관개치수 사업을 벌리 던 중 진왕(秦王) 영정(嬴政)은 이것이 국력을 엉뚱한 데로 소모시키려는 간자의 음모라는 것을 알고 타국에서 온 관리들을 모두 추방하라는 축객령(逐客令)을 내린다. 이에 이사도 쫓겨날 위기에 처하자 진왕에게 세상의 인재를 두루 등용해야만 부국강병과 천하통일을 이룰 수 있다고 간언하는 상소문 간축객서(諫逐客書)를 올린다.

이사의 명문에 감동한 진왕은 그를 정위(正尉:법무장관)에 임명 중용하고 마침내 천하통일을 이루어 진시황제가 된다.

이렇듯 태산은 실질적인 크기와 관계없이 그 의미와 상징성은 다양하다.

태산은 태중산(泰中山), 태악(泰岳), 동악(東嶽). 옥황산(玉皇山 : 중국공산당에 의해 명명됨), 그리고 모든 산을 대신하여 가장 우두머리 산이라 하여 대종(岱宗)이라고도 한다. 심한 지각변동을 받은 단층으로 형성되어 혈암과 화강암 및 석회암으로 되어 있는 태산은 중국의 5악(산동성 동악 태산, 섬서성 서악 화산, 호남성 남악 형산, 산서성 북악 항산, 하남성 중악 숭산) 가운데 으

중국전도

뜸가는 명산으로 꼽힌다.

사실 객관적으로 보면 태산의 높이는 1545미터로 엄청나게 장엄하거나 높은 산은 아니다. 지리적 위치와 역사적 흐름 속에서 자연스럽게 형성된 상징성으로 인하여 태산은 하늘 아래 가장 높고 장엄한 산으로 인식되었고 동양인들의 신앙적 삶의 중심 역할을 한다고 볼 수 있다.

또한 태산은 생명의 근원인 기(氣)의 모임으로 여겨졌고, 후한 시대 이후에는 이 산의 신령이 인간의 모든 운명을 지배하여 사람이 죽으면 영혼은 심판을 받으러 이 산으로 돌아간다고 믿었다. 그리하여 태산의 정상과 줄기에는 한 때 많은 신들에게 바쳐진 사원과 신당으로 뒤덮여 있었다.

특히 태산은 도교의 명산으로도 유명하다. 먼 옛날부터 산꼭대기에 신과 신선이 머문다는 전설이 서려 도교 사원이 즐비하다. 특히 여성을 지켜 주는 벽하원군(碧霞元君)이라는 여신이 산다고 전해져 여성들에게 인기다. 또한 태산에 오르면 젊어진다는 속설이 파다하여 특히 나이든 여성에게 인기가 많은 곳이기도 한다.

이렇듯 고대로부터 태산은 중국 국민의 숭배 및 신앙의 대상이었으며 중국 역대 왕조의 국가적 행사 가운데 가장 장엄한 의식이 열리는 곳이기도 했다.

최초로 천하를 통일한 진시황부터 한나라의 무제, 당의 고종과 현종, 송의 진종, 청나라의 건륭제 등이 정상에 올라 하늘을 향해 장엄한 봉선(封禪) 의식을 거행했다. 옥황정에서 하늘에 제사 지내고(봉封) 태산의 가장 낮은 줄기인 양보산(梁父山)에서 땅에 제사를 모시는(선禪) 태산에서의 봉선 의식은 황제라고 해도 누구나 올릴 수 있는 게 아니었다. 덕을 쌓고 태평성대를 이룩한 이들에게만 기회가 주어졌으니, 태산에서 봉선 의식을 거행한 것만으로 황제의 정통성을 확보할 수 있었다.

특히 봉선(封禪)이라 불리는 이 제사는 왕조의 기틀이 완전히 확립된 것을 상징했다. 봉선은 매우 드물게 한번 씩 치러졌다. 전한시대(BC206~AD8)에는 BC110, BC106, BC102, BC98년에 각각 봉선을 올렸고, 후한대(AD23~220)에는 AD56년에 1번 올렸다. 또 당대(唐代)에는 666, 725년에 올렸다. 이 제사는 왕조의 번영을 하늘과 땅에 고하는 의식이었다. 이 밖에도 산 자체가 신앙의 대상이어서 사람들은 봄에 태산에 풍년제를 올렸고, 가을에 추수가 끝나면 감사제를 올렸으며 홍수가 나거나 지진이 일어날 때도 이 산에 제사를 올렸다.

태산은 또한 수천 년이 넘는 동안 중국인의 생활에서 **빼놓을 수 없는** 유교와 민간신앙에 도가 사상이 결합된 도교의 본산이 되기도 한다.

원래 태산부군으로 불린 태산 산신령의 이름은 체계적인 도교가 등장하면서 태악대제로 바뀌었다. 명대(1368~1644)에 민간신앙의 중심은 태악대제에서 그의 딸인 태산낭랑으로 바뀌었다. 태산낭랑은 1000년경부터 숭배되기 시작하여 중국 북부지방의 도교에서는 불교의 관음보살과 맞먹는 여신이 되었다. 관음보살은 중국 중부와 남부 지방에서 널리 숭배되었다.

태산이 비록 신령스런 기암괴석으로 이뤄져 있긴 하나 그리 높지 않고 첩첩함과 웅장함이 다른 산들 보다 크게 뛰어나지 않음에도 불구하고 중국 국민 나아가서는 동양인들로 부터 숭배 및 신앙의 대상된 이유는 아무래도 지리적 위치와 역사성 때문이리라

이러한 관점에서 우리는 중원(中原)의 의미를 새겨 볼 필요가 있다.

중원이란 고대로부터 한족(漢族)의 근거지를 가리키며 지리적으로는 오늘날 하남성(河南省)을 중심으로 동쪽으로 산동성(山東省) 서쪽으로 섬서성(陝西省) 동부까지 북으로는 산서성(山西省) 남부부터 강소성(江蘇省)과 안휘성(安徽省) 북부까지의 황하 중하류 유역 즉 화북(華北) 평원을 가리킨다.

그래서 중토(中土) 또는 중주(中州) 등과도 통하고 때로는 중국을 의미하는 말로 변경(邊境)과 대칭되는 용어이다. 구체적으로 중원은 봉건시대를 열었던 주(周)대의 영토 즉 천자의 직할령과 그 주변 사방의 봉건제후 영지까지를 포함하는 광대한 평원 지역이다. 그러므로 이곳은 물산이 풍부하여 중국 문명의 발상지가 되었으며 한족의 문화적 범위의 중심지가 되었을 뿐만 아니라 중원축록(中原逐鹿-중원에서 사슴을 쫓다는 말로 제위를 얻기 위해 패권을 다툼 : 사기 회음후 열전)이란 성어가 있을 정도로 고대로부터 끊임없는 패권의 각축장(角逐場)이 되어 왔다.

춘추전국 시대 이후에는 중국의 지리적 범위가 장강(長江) 이

남까지 확대되면서, 중원은 하남성을 중심으로 한 북중국만을 가리키는 전칭으로 사용되었다. 역사적으로 하, 상, 주 삼대부터 시작하여 동한, 조위, 서진, 북위, 수, 당·후량(後梁)·후당(後唐)·후진(後晋)·후한(後漢)·후주(後周) 및 송, 요 등의 왕조가 하남성에 도읍을 세웠거나 하남성으로 천도했기 때문에 이곳은 수천 년간 중국 정치, 경제, 문화의 중심지 역할을 했다. 중국의 역대 고도 중에서도 낙양(洛陽)·개봉(開封)·안양(安陽) 등도 이곳에 소재하고 있다.

고대 문헌인 시경(時經) 소아(小雅)의 길일(吉日)이나 소완(小宛) 등에서 들판이라는 의미로 사용되던 중원의 개념이 비교적 후기 문헌인 송사(宋史) 이강전(李綱傳)에서는 "자고로 중흥의 군주는 서북에서 일어나 중원을 근거로 하며 동남을 갖는다."고 하여 주로 황하 중하류 유역을 지칭하는 말로 사용하고 있는 것이다. 따라서 상서(尙書) 우공(禹貢-중국 구주의 지리와 물산에 관해 기록한 고대 지리서)에 언급된 중국의 중심인 예주(豫州)가 사실상 중원에 해당된다. 예주는 구주(九州) 중의 중심에 해당되기 때문이다. 화(華)와 이(夷)의 구분이 문제로 될 때 중원은 곧 정통을 의미하기도 하였다.

이러한 정치적 문화적 상징성을 지닌 기암괴석의 장엄한 산이

광활한 평원 복판에 우뚝 서 있으니 어찌 신령스럽고 하늘까지 닿을 듯이 보이지 않았겠는가!

그래서 예로부터 중국인들은 "태산을 보고나면 다른 산(악嶽)이 보이지 않는다."고 예찬해 왔으며 높이 일천오백여 미터에 불과한 태산이 오악지존(五嶽至尊) 오악독존(五嶽獨尊)으로 불리우는 이유이다.

동양에서 명실상부하게 최고의 성인으로 추앙받는 이는 단연 공자이다. 그래서 공자와 태산은 동등한 개념으로 인식되고 있다.

옥황정(玉皇頂)

공자성중지태산(孔子聖中之泰山:공자는 성인 중 태산)
태산악중지공자(泰山嶽中之孔子:태산은 산 중의 공자)

성인 공자를 비롯해 시성 두보, 시선 이백, 그리고 진시황 이래 모택동에 이르기까지 중국의 유명 정치인 시인 묵객들이 많이 올랐다. 오늘날도 모든 사람들이 저마다의 품은 뜻을 펼치고자 영험스런 기운을 받기 위해 태산에 오른다. 태산은 중국인들 뿐 아니라 세상 모든 이들이 평생에 한 번은 오르고 싶어하는 산이다.

당(唐)대의 시성 두보(712년-770년)는 29세에 태산을 바라보며 그의 호연지기를 이렇게 읊었다.

岱宗夫如何 (대종부여하)
齊魯靑未了 (제노청미료)
造化鍾紳秀 (조화종신수)
陰陽割昏曉 (음양할혼효)
盪胸生曾雲 (탕흉생층운)
決眥入歸鳥 (결자입귀조)
會當凌絶頂 (회당능절정)
一覽衆山小 (일람중산소)

태산은 과연 어떠한가?
제와 노나라에 걸친 그 푸르름 끝이 없구나.
천지간에 신령 스럽고 빼어난 것 모두 모았고,
산의 밝음과 어두움을 밤과 새벽으로 갈라 놓았네.
층층이 일어나는 구름 가슴 후련히 씻겨 내리고,
눈 크게 뜨고 돌아가는 새를 바라보노라.
때가 오면 내 반드시 산 정상에 올라,
뭇 산의 작음을 한 번에 내려 보리라.

망악(望嶽)이란 제목으로 불리우는 두보의 이 시는 오늘날 까지도 태산을 읊은 모든 시중 최고의 절창으로 꼽힌다.

첫 구와 둘째 구는 태산의 의연하고 웅장하고 일망무제한 모습을 그렸고 셋째와 넷째 구는 산의 신령스러움을 근경에서 바라보는 모습이며 다섯째 구와 여섯째 구는 태산의 광경을 새가 내려다보듯이 가슴이 탁 트인 느낌이며 마지막 칠팔 구는 언젠가는 정상에 올라 뭇 산을 바라보듯이 야심찬 뜻을 이루리라는 포부를 밝히고 있다.

두보는 24세에 과거에 낙방한 후 부친이 있는 산동을 유람하다 태산을 바라보며 이 시를 읊었는데 한창 혈기 왕성한 젊은 나이에 무슨 두려움이 있었겠는가. 과연 젊은 시절의 거침없는 기상이 묻어난다. 그러나 두보는 가난과 병고에 시달리는 파란만장한 삶을 살다 장강일대에서 59세에 병사한다.

두보 이후 팔백여 년이 지나 태산을 읊은 또 하나의 절창이 있었으니 바로 조선의 큰 학자 봉래(蓬萊) 양사언의 태산가(泰山歌)이다

  泰山雖高是亦山 (태산수고시역산)
  登登不已有何難 (등등불이유하난)
  世人不肯勞身力 (세인불긍노신력)
  只道山高不可攀 (지도산고불가반)

  태산이 높다 하되 하늘 아래 뫼이로다
  오르고 또 오르면 못 오를리 없건만
  사람이 제 아니 오르고 뫼만 높다 하더라

양사언(楊士彦 1517~1584)의 호는 봉래(蓬萊). 서예가로서 안평대군, 자암(自庵) 김구(金絿), 석봉(石峯) 한호(韓濩)와 더불어 조선 전기의 4대 명필로 손꼽힌다. 봉래는 특히 초서에 달인이다. 28세인 1545년에 문과에 급제한 후 지방관을 두루 역임했으나 청렴 검소한 생활로 일관 했다. 서예와 시문으로 당대에 명성을 날렸으며 자연을 사랑하고 산수를 즐겨 금강산을 자주 왕래하였

다고 한다. 그래서인지 그의 호가 봉래이다.

　학창시절에 누구나 암기할 정도로 너무나 잘 알려진 이 시조는 격언처럼 교훈적으로 자주 인용되는 시조인데, 노력만 하면 안 될 일이 없다는 뜻이다. 동양인들에게 태산은 상징적으로 하늘 아래 가장 높은 산이지만 오르고 또 오르면 결국은 오를 수밖에 없다는 것이다. 꾸준한 노력을 강조한 뜻으로, 오늘날의 "하면 된다."와도 일맥상통하는 주제이다.

　양사언이 성취한 학문적 결과 역시 엄청난 노력의 댓가였을 것이다. 후대에 널리 알려진 양사언과 그의 어머니에 관련된 이야기들은 사실과 전설이 절묘하게 혼합되어 우리에게 커다란 귀감이 되고 있다.

　역사적 정신 문화사적 차원에서 태산의 의미를 다시 한번 되새겨 볼 일이다.

시가 속에서 풍류를 찾다

　우리 사회에서 예나 지금이나 가장 곡해하는 말 중 하나가 풍류와 한량이란 말이 아닐까 한다.
　풍류하면 음주 가무만 연상한다든가 또 한량이라면 직업도 없이 하는 일도 없이 놀기만 하면서 세월을 보내는 무위도식하는 자로 오해하기 십상이다. 그래서 풍류남아라고 하면 바람기가 있고 돈 잘 쓰고 멋도 아는 사람이란 말로 아주 단편적인 측면으로만 이해되기도 한다. 더 나아가 풍류는 일반 민중들 사이에서는 단지 술 먹고 여자들과 질탕하게 노는 것을 가리키는 말로 타락하기도 했다.

　그러나 풍류는 기실 차원이 높은 삶의 한 단면인 것이다.
　풍류는 자연과 인생과 그리고 학문과 예술이 하나로 어우러지는 삼매경에 대한 미적 표현으로, 문학과 음악을 즐기고, 예술을 감상하며, 여유와 자유분방함을 내포하는 용어이다.

그러면 현대인들이 그 의미를 가볍게 오해하고 있다고 보는 풍류란 무엇인가?

진정한 인간이 인격적으로 완성되려면 배움을 통해 어떤 대상에 대하여 정확한 인식이나 이해를 할 수 있는 지식과 사물에 대한 이치를 깨닫고 처리하는 정신적 능력인 지혜, 이 둘이 한테 어우러져 올바르게 겸비된 경우라야 되듯이 풍류도 풍부한 지식과 지혜를 바탕으로 한 인품과 기본적이면서도 외적 요소인 가(歌)무(舞)악(樂)을 한데 겸비했을 때야말로 진정한 풍류라 할 수 있다.

예로부터 풍류는 풍월이라고 하여 풍류인을 풍월인 또는 풍월주인이라고도 부른다. 여기서 풍월은 청풍명월(淸風明月)의 줄인 말로 자연을 사랑하고 자연의 아름다움을 노래하는 사람이란 것을 알 수 있다.

즉 풍류인은 학식과 인품이 넉넉하고 자연의, 인간사의 아름다움을 노래할 줄 아는 사람을 지칭한다고 볼 수 있다.

그렇다면 우리나라에서의 전통적으로 풍류는 어떤 의미로 인식되어 왔는가?

단언컨대 중국보다도 우리의 풍류에 대한 의미는 훨씬 다양하고 깊은 의미로 씌여지고 있음이 확실하다.

우리나라에서 풍류란 말이 문헌상 최초로 씌여지고 있는 것은 주지하다시피 고려조의 김부식이 지은 삼국사기 진흥왕조에 화랑제도에 관한 글 가운데 있다. 그 글은 최치원(崔致遠)[1]이 쓴 난랑비서문(鸞郎碑序文)을 인용한 것으로 이 비문으로 볼 때 기록상으로는 고운 최치원이 우리나라 최초로 풍류란 말을 쓴 것으로 나온다.

　國有玄妙之道 曰 風流 設敎之源 備詳仙史……(국유현묘지도 왈풍류 설교지원 비상선사…… : 나라에 현묘한 도가 있으니 이를 풍류라 한다. 풍류교를 만든 근원은 선사에 상세히 실려 있거니와 ……..)

　이렇듯 풍류는 종교, 철학 사상적 차원에서 출발하여 신라와 불교국가인 고려시대까지는 종교 제의적 형식과 문화 예술적 틀로 격식이 갖춰져 왔으나 고려 후기와 유교 국가인 조선에 들어서서는 불교가 배척되고 성리학이 정착되면서 종교성이나 사상성 및 선풍(仙風)적 의미는 모두 사라지고 놀이와 예술적 부분인 시(詩)·서(書)·가(歌)·무(舞)·악(樂)의 형태만 남게 되었다.
　따라서 고려 후기 이후 조선시대의 풍류는 지금에 이르기까지 음주· 가·무·악만을 풍류로 인식하는 경향이 되어버린 것이다.

---

1) 고운(孤雲) 또는 해운(海雲) 최치원(崔致遠) 선생은 통일신라시대의 대문장가로서 우리나라 역사상 가장 뛰어난 문학가이자 정치가.

시가(詩歌) 속에 나타나는 선비들의 풍류

보통의 선입 관념으로 보면 조선의 선비들은 성리학적 차원에서 딱딱하게 일생 공맹(孔孟)만 언급하는 무미건조한 삶을 살았을 것으로 여겨지나 사실은 학문을 연마하는 가운데 풍류적인 생활이 일상적이었다고 봐도 과언이 아닙니다.

조선 최고의 도학자라 일컬어지는 퇴계 이황조차도 그의 도산십이곡을 보면 이러한 면이 여실하게 드러난다.

시가 속에 읊어지고 있는 풍류의 세계를 들여다보면

    천운대(天雲臺) 도라드러 완락재(琓樂齊) 소소(蕭蕭)디
    만권(萬卷) 생애(生涯)로 낙사무궁(樂事無窮) 얘라
    이듕에 왕래(往來) 풍류(風流)를 닐어 므슴고
    (천운대 돌아들어 완락재가 말쑥한데
    만권의 책을 쌓아 두고 읽는 즐거운 일이 그지 없어라
    이 중에 풍류 즐기니 새삼 말한들 무엇하랴)
        - 陶山六曲之二 其一 (12곡중 7번째)[2] -

엇그제 빚은 술이 얼마나 익었는가.

---

[2] 조선 중기에 이황(李滉)이 지은 시조, 12수의 연시조. 작자는 이 작품을 전육곡(前六曲)·후육곡(後六曲)으로 나눔

(술잔을) 잡거니 권하거니 실컷 기울이니
마음에 맺힌 시름이 조금이나마 덜어진다.
거문고 줄을 얹어 풍입송(風入松) 타고보니
손님인지 주인인지 다 잊어버렸도다
- 송강 정철의 「星山別曲」 중에서 -

강촌에 낙조하니 수색이 일색일제
작은 배에 그물 싣고 십리사장 나려가니
만강노적에 해오라기 섞어 날고 도화유수에 고기는 살쪘난디
유교변에 배를 메고 고기주고 술을 사서
오애성 부르며 달 띄워 돌아오니
강호지락이 이뿐인가 하노라
-「無名氏」-

풍류를 일시에 주(奏)하니 대모관 풍류라 소리 길게 화(和)하여 들음죽 하더라 모든 기생을 쌍지어 대무(對舞)하여 종일 놀고 날이 어두우니 돌아올 새 풍류를 轎前에 길게 잡히고 청사초롱 수십 쌍을 고이 입은 기생이 쌍쌍이 들고 섰으니……

- 의유당 의령 남씨[3] 「관북유람일기 北山樓」 중에서 -

봉하(峰下)에 공인(工人)을 숨겨 앉히고 풍류를 늘어지게 치이고 기생을 군복한채 춤을 추이니, 또한 보암즉 하더라……

- 의유당 의령 남씨의
「관북유람일기 동명일기東溟日記」 중에서 -

창강(蒼江)에 달이 뜨니 야색(夜色)이 더욱 좋다.
상류(上流)에 매인 배를 하류에 띄워 놓고,
사공(沙工)은 노(櫓)를 젓고 동자(童子)는 술을 부어,
초경(初更)에 먹은 술이 삼경(三更)에 대취(大醉)하니,
주흥(酒興)은 도도(陶陶)하고 풍류(風流)는 소소(蕭蕭)로다.

- 조성신[4]의 「도산별곡(陶山別曲)」 중에서 -

---

3) 의유당(意幽堂, 1727 ~ 1823) 영조 ~ 순조 때의 문인이다. 신대손(申大孫)의 부인 의령 남씨(宜寧南氏)로, 의유당은 그의 당호(堂號)이다.
4) 조성신(趙星臣,1765~1835) : 조선 후기의 문인. 호는 염와(恬窩)이다. 32세 때인 1796년 양쪽 눈이 멀었다. 눈이 멀기 전 도산서원의 별시에 참가했던 기억을 되살리면서 눈이 먼 자신의 안타까운 현실을 빼어난 산수에 비유해 읊은 가사(歌辭) 작품이다.

적의(敵意)

獨坐自彈琴 독좌자탄금

獨飮頻擧酒 독음빈거주

旣不負吾耳 기불부오이

又不負吾口 우불부오구

何須待知音 하수대지음

亦莫須飮友 역막수음우

敵意則爲歡 적의칙위환

此言吾必取 차언오필취

홀로 앉아 거문고를 타고

홀로 술을 마신다네

이미 거문고 소리 내 귀에 거스르지 않고

또한 술 내 입에 거스르지 않으니

하필 지음을 기다리며

역시 술친구 기다릴 필요 없다네

내 마음에 맞아 스스로 즐거우니

이 말을 나는 취하리라

위의 이규보[5] 시는 홀로 풍류를 즐기는 예로 이태백의 독작獨

---

5) 이규보(1168~1241)고려시대 문하시랑평장사 등을 역임한 관리. 학자, 문신,

酌(花間一壺酒 獨酌無相親…)에서도 볼 수 있으나 오히려 이규보의 적의엔 못 미친다고 여긴다면 다소 억지일까? 여하튼 홀로든 여럿이든 시문을 짓고, 읊으며 악기를 탈 줄 안다면 그 풍류의 격은 최상에 이르리라

정서적인 면에서 신용개(申用漑)[6]의 국화팔분(菊花八盆) 이야기는 또 다른 풍류적 운치가 있음이라.

조선 중기의 문신인 박동량(朴東亮 1569~1635)의 기재잡기(寄齋雜記)[7]에는 신용개의 술과 관련된 일화가 나온다.

그는 정승이 되기 전에 국화 화분 여덟 개를 정성스럽게 길렀는데, 가을이 되어 국화꽃이 피자 그 화분들을 대청 한가운데 가져다 놓고 향기를 감상하기를 즐겼다. 하루는 집안사람들에게 오늘 손님 여덟 분이 오실 터이니 술과 안주를 마련해 놓으라고 분부하였다. 종일 기다려도 찾아오는 손님은 없었다. 둥근 달이 떠올라 대청에 달빛이 휘영청 비치자, 드디어 술을 내오라고 하고는, 여덟 분(盆)의 국화 하나하나에게 술 두 잔씩을 권하면서, 권할 때마다 자신도 함께 대작하여 대취한 적도 있었다고 한다.

자는 춘경(春卿), 호는 백운거사(白雲居士). 만년(晩年)에는 시·거문고·술을 좋아해 삼혹호 선생(三酷好先生)이라고 불렸다.
6) 신용개(1463-1519) 조선 초기 문신 정치인, 성리학자. 할아버지는 영의정 신숙주(申叔舟)이고, 아버지는 관찰사 신면(申㴐).
7) 조선 중기 문신 박동량이 야사(野史)와 일기(日記)를 편저한 책.

신용개는 술을 무척 좋아하여 술에 대한 취향이 서로 맞으면 상하고하를 막론하고 초치하여 마셨는데 때로는 늙은 계집종을 불러 대작을 하기도 하였는가 하면 큰 잔으로 술을 마셔 대취하여 쓰러져야 마시기를 그만두었다.

그 외 조선 선비들의 격조 높고 운치 있는 풍류 나들이로 대표적인 것은 다산 정약용의 죽란시사회(竹欄詩社)를 들 수 있다.

불운의 천재, 정조 임금이 사랑했던 다산 정약용. 그의 전반의 생은 왕의 총애를 받는 전도양양한 젊은 학자이자 모든 꿈을 이룰 것 같은 야망의 시간이었지만 그 짧은 영화 끝의 후반의 생은 집안이 풍비박산 나고 폐족이 되어 유배지에서 오로지 학문과 제자 양성에 희망을 두었던 십자가 형극의 길이었습니다.

짧았지만 봄날 같았던 다산의 젊은 시절, 생애에서 가장 빛나던 한양 시절에 뜻이 맞는 벗들과 어울려 풍류의 시간을 갖기 위한 친교 모임 이름이다

다산의 글 내용을 보면

"내가 일찍이 이숙(邇叔) 채홍원(蔡弘遠)과 더불어 시 모임을 결성하여 함께 어울려 기쁨과 즐거움을 나누고자 의논한 일이 있었다. 이숙이, "나와 그대는 동갑이니, 우리보다 아홉 살 많은 사람과 아홉 살 적은 사람들 가운데서 나와 그대가 모두 동의하는 사람을 골라 동인으로 삼도록 하세."라고 말했다.

그러나 우리보다 아홉 살 많은 사람과 아홉 살 적은 사람이 서로 만나게 되면 열여덟 살이나 차이가 남으로 허리를 굽혀 절을 해야 하고, 또 앉아 있다가도 나이 많은 이가 들어오면 일어나야 하니, 너무 번거롭게 된다. 그래서 우리보다 네 살 많은 사람부터 시작하여 우리보다 네 살 적은 사람에서 끝기로 했다.

그렇게 해서 모두 열다섯 사람을 골라냈는데, 이유수, 홍시재, 이석하, 이치훈, 이주석, 한치응, 유원명, 심규로, 윤지눌, 신성모, 한백원, 이중련과 우리 형제 정약전과 약용, 채홍원이 바로 그 동인들이다.

이 열다섯 사람은 서로 비슷한 나이 또래로, 서로 가까운 거리에 살며, 태평한 시대에 벼슬하여 그 이름이 가지런히 신적(臣籍)에 올라 있고, 그 뜻하는 바나 취미가 서로 비슷한 무리들이다. 그러니 모임을 만들어 즐겁게 지내며 태평한 시대를 더욱 아름답게 하는 것이 또한 옳지 않겠는가?

모임이 이루어지자 서로 약속하기를,

  살구꽃이 처음 피면 한 번 모이고,
  복숭아꽃이 처음 피면 한 번 모이고,
  한여름 참외가 익으면 한 번 모이고,
  서늘한 초가을 서지(西池)에 연꽃이 구경할 만하면 한 번 모이고,
  국화꽃이 피면 한 번 모이고,

겨울이 되어 큰 눈 내리는 날 한 번 모이고,
세모에 화분의 매화가 꽃을 피우면 한 번 모이기로 한다.

모일 때마다 술과 안주, 붓과 벼루를 준비해서 술을 마셔가며 시가를 읊조릴 수 있도록 해야 한다. 나이 어린 사람부터 먼저 모임을 주선토록 하여 차례대로 나이 많은 사람까지 한 바퀴 돌고 나면, 다시 시작하여 반복하게 한다.
정기 모임 외에 아들을 낳은 사람이 있으면 한턱내고, 고을살이를 나가는 사람이 있으면 한턱내고, 승진한 사람도 한턱내고, 자제가 과거에 합격한 사람도 한턱내도록 한다"라고 규정했다.
이 얼마나 운치 있고 격조 높은 모임인지 생각만 하여도 정신이 맑아지고 향기로워 지는 것 같다.

또 조선 후기 문신인 권상신(權常愼, 1759~1825) 남고춘약(南皐春約), 1784년 3월 권상신이 벗들과 남산에서 꽃놀이 하자며 그 규약을 정한 글에 기록한 꽃놀이 규칙에 세화역 윤화역 호화역이라는 매우 재미있는 말들이 나온다.
"친구들과 꽃놀이 하는데 보슬비가 오거나, 안개가 짙거나, 바람이 거세도 날을 가리지 않는다. 빗속에 노니는 것은 꽃을 씻어주니 세화역(洗花役)이라 하고, 안개 속에 노니는 것은 꽃에 윤기를 더해주니 윤화역(潤花役)이라 하며, 바람 속에 노니는 것은 꽃이 떨어지지 않도록 지켜준다 하여 호화역(護花役)이라 한다."
　꽃구경 가자는데 날씨 핑계 대며 오지 않는 친구들을 낭만적으로 구슬린 것이다.

　향기로운 사람들에게는 저절로 마음의 길이 난다고 한다. 桃李不言 下自成蹊(도이불언 하자성혜 : 복사꽃과 오얏꽃은 말이 없어도 저절로 그 밑에는 저절로 길이 난다)라는 사마천의 사기에 등장하는 말과 같은 이치일 것이다.
　문득 오늘을 사는 우리들의 친교는 어떠한지 돌아본다. 바쁘고 빠른 일상을 따라가기에도 지쳐서 그윽하고 깊은 모임이 흔하지 않다. 예나 지금이나 사람이 살아가는 이치는 그리 다르지 않다. 속도와의 전쟁을 포기하고 이제 여유를 찾아 나서면 얼마나 좋겠는가.
　지금이야 말로 바로 신죽란시사(新竹欄詩社)를 결성해야 할 때가 아닐는지. 학연이나 지연, 정치적인 생각의 차이 등의 모든 이해관계를 떠나 나이 들수록 운치 있고 멋이 있는 격조 높은 만남과 모임이 그리울 뿐이다.

　풍류를 즐기는 대표적 형태의 꽃놀이는 예나 지금이나 즐기는 봄놀이이다.

이십여 년 전까지만 해도 봄이 되면 화전(花煎)놀이[8]라 하여 삼삼오오 산으로 들로 봄나들이 나가는 풍경을 심심치 않게 봐 왔는데 요즘 세대에는 보기 어려운 풍경이 되어 버렸다. 그러나 오늘날에도 벚꽃놀이를 즐기려고 공원이나 벚꽃 길로 쏟아져 나오고 있으니 같은 개념일 것이다.

조선 초기 궁궐에서도 3년마다 꽃 잔치를 여는 게 관례였다고 한다. 봄엔 교서관 벼슬아치들이 복숭아꽃 살구꽃 아래서 홍도음(紅桃飮)을, 초여름에는 예문관 관원들이 장미꽃 아래서 장미음(薔薇飮)을, 한여름에는 성균관 관원들이 소나무 아래에 모여서 더위를 식히며 벽송음(碧松飮)을 열었다고 한다. 역시 궁 밖에서도 문인들이 꽃놀이를 했으니 이른 봄 매화는 물론 여름철 연꽃, 가을 국화를 보고 즐기며 노닐었던 것이다.

문인들의 꽃놀이에는 술을 곁들여 시를 짓는 것이 상례였다. 또한 술을 마시는 잔과 방법도 잔도 진기하고 낭만적이었다. 한여름에 더위를 잊고자 피서음(避暑飮)[9]을 열어 연잎으로 술잔을

---

8) 매년 음력 3월 중순경에 교외나 야산 등지에서 진달래 꽃을 부치거나 떡에 넣어 먹는 등 여럿이 함께 즐기는 민속놀이. 세시풍속. 꽃놀이, 화(花)놀이· 꽃달임· 화류(花柳)놀이· 화류유(花柳遊)라고도 한다. 원래 '화전(花煎)'은 꽃전 곧 꽃을 붙이어 부친 부꾸미로 차전병의 하나인데, 진달래꽃이 필 때 그 꽃을 부치거나 떡에 넣거나 하여 여럿이 모여 먹는 놀이라는 데서 그런 명칭이 생긴 것이다.

9) 후한(後漢) 말기 유송(劉松)이 하삭(河朔)에서 삼복더위를 피하려고 밤낮으로 주연을 베풀어 취하면서 만사를 잊었다는 고사에서 유래. 하삭음(河朔飮)

마들었다. 연잎을 원추형으로 말아 술 두서너 되를 담고 비녀로 잎을 찔러서 연밥의 구멍과 통하게 한 뒤 줄기를 통하여 흐르는 술을 코끼리 코처럼 구부려서 거기에 입을 대고 술을 빨아 마셨는데, 이 술잔을 벽통배(碧筒杯)라 불렀다. 연꽃향이 스며들고 술이 차가워져 삼복염천의 술잔으로 제일이었다고 한다. 이렇게 마시는 술을 벽통주(碧筒酒)라 했으며 이렇게 마시는 풍류를 벽통음(碧筒飮)이라 했다. 술을 의인화 시킨 소설 국선생전의 이규보가 즐겨 애용한 방법이라 전한다. 이규보뿐만 아니라 다산 정약용도 애용했다고 한다.

1794년 가을, 다산은 한양에 있는 자기 집 죽란서옥(竹欄書屋)에서 벗들과 모여 그림자놀이를 하며 국영시서(菊影詩序:국화 그림자를 읊은 시의 서)라는 글을 남겼는데, 여기에 "촛불 앞에 그림자를 취하여 밤마다 이를 위해 벽을 닦고 등불을 켜고는 조용히 그곳에 앉아 홀로 즐겼다"라고 했다.

조선 후기 문인화가 이윤영(李胤英 1714~1759)은 막 피려는 연꽃을 꺾어다 연잎이 있는 물에다 띄우고 유리 술잔을 꽃 가운데 두었다. 그리고 술잔 가운데 촛불을 붙이니 불빛이 유리 술잔을 비추고, 술잔이 꽃을 비추고, 꽃빛과 물빛이 다시 잎을 비추었으니 참으로 진귀한 광경이 만들어졌다.

꽃과 술과 시를 벗 삼아 흥을 돋우던 우리의 선인들, 자연의 아

이라고도 한다.

름다움을 놀이 문화로 승화시킨 이들에게서 진정한 풍류의 멋을 아니 볼 수 없다.

　풍류야말로 바쁜 일상에서 정신적 여유로움을 갖을 수 있는 삶의 방식이다. 풍류적인 생활과 건강의 측면에서도 정신적 건강, 즉 만병의 근원이라는 스트레스 관리가 중요함은 더 말할 필요가 없겠다. 분위기에 맞는 판소리 한 대목은 가장 운치 있는 풍류를 웅변하고 있다고 볼 수 있다.
　요즘의 바쁜 시류(時流)로 조금은 생뚱맞게 들릴 줄 모르겠지만 나이 들어가면서 바쁜 일상의 와중에서도 옛 선인들이 즐겼던 풍류적 삶에 대한 지향이야 말로 일상생활에서 오는 스트레스를 해소할 수 있는 가장 확실한 길의 하나임에 틀림없다.

　또 풍류는 주로 음악과 관련되어 사용하였다. 악(樂)을 즐거울 악(락), 음악악자로 읽지만 풍류악이라고도 하는데서 협의적으로 곧 음악 자체가 풍류를 뜻하기도 한다. 옛날에는 음악 하는 사람이 모이는 곳을 풍류방, 음악 하는 사람을 풍류객이라고 하였다. 한편 우리 국악에서 풍류는 정악(正樂)을 가리키는 말로 속악(俗樂)과 구별하기도 한다.

　풍류의 근본이 이러하니 오늘날의 풍류 개념보다는 훨씬 더 높은 차원이라 할 수 있다. 여하튼 풍류가 풍류의 겉모습이자 수단에 불과한 음악, 술, 놀이 등으로만 이해되어 잘 놀지 못한다고 풍류 없는 놈으로 치부해 버린다면 참으로 안타까운 일이다.

사실 풍류는 차원 높은 삶의 방식이므로 남자들만의 전유물도 아니다. 사람과 사람 사이 집단과 집단이 한테 어울려 밝은 공동체를 이끌어 낼 수 있는 수단이 바로 풍류인 것이다. 최근에 와서는 밝고 건강하고 인위적인 것을 배제한다는 의미로써 풍류란 말이 자연스럽게 사용되고 있는 듯하다.

풍류란 말이 붙으면 어쩐지 깨끗하고 친환경적이며 난잡스럽지 않고 낭만적인 맛이 물씬 풍기니 말이다. 풍류밥상, 풍류여행, 남도풍류, 풍류로드…… 풍류 낚시점, 풍류 스키도 있던가!

글자 그대로 바람처럼 물처럼 어느 것도 배척하지 않고 모든 현상을 받아들여 어울리게 만드는 것 이것이 풍류이며, 건강하고 아름답고 행복하고 신명나게 사는 법이 바로 풍류이다. 작금에 와서 풍류를 풍자한 말들을 한번 음미해볼 필요가 있다. 아래의 풍자적 문구를 음미해보면 풍류란 말이 얼마나 본뜻에서 곡해되고 진정한 의미를 잃어버린 채 엉뚱하게 입에 사용되고 있는지 알 수 있다.

내가 하면 풍류, 남이 하면 유흥
곱게 술 마시고 놀면 풍류고, 술 마시고 개가 되면 유흥

풍류는 멋이 있고, 유흥은 뒷맛이 씁쓸한 것.
풍류는 악(樂)이나 시(詩), 학(學)과 함께 즐기는 멋스러운 것, 유흥은 그야말로 흥청망청하는 작태.

정자와 풍류!

정자와 풍류!

정자와 풍류라는 말이 갖는 의미를 살펴보면 바늘과 실과와 같은 관계라고 할 수 있을 것이다.

우리나라는 자연의 경관이 아기자기하게 빼어나고 사계절의 변화가 뚜렷하여 철따라 변하는 산야의 풍경을 즐기기에 더할 나위가 없다.

문밖에 조금만 나가면 경치 좋은 산세와 계곡(溪谷)이 널려 있어 풍경이 금세 한 폭의 산수화처럼 와 닿고 이 풍광 좋은 계곡에다가 간단하게 정자(亭子)만 하나 지어놓으면 주변의 모든 풍광이 모두 내 것이 된다.

자객에 의해 언제 기습당할지 모르는 사무라이의 나라에서는 방비가 허술한 야외의 이런 공간은 상상할 수도 없을 것이다. 이렇듯 자연과 더불어 생활해온 우리 민족에게 집 안 밖 산천에 흩어져있는 정자는 너무나 자연스런 존재이다.

  우리 민족의 태생적 성향이 자연의 섭리에 순응하는 삶의 생활철학이 정신적 바탕을 이루고 자연과의 동화가 생활화되어 더욱 더 정자와 친밀해진 것 같다.(최근에는 아파트 단지 안에도 정자가 없는 곳이 없을 정도이다.)

  고래로부터 우리나라는 농경을 주로 함으로써 자연을 사랑함에 상하층의 차별이 없었다. 상류문화나 서민문화 모두가 정도의 차이는 있지만 모두 그 바탕을 자연에 두고 있음을 보아도 알 수 있다. 심성이 맑고 깨끗하여 부정이 없는 자연을 닮으려는 한국인의 기질이야말로 정자문화를 낳은 바탕일 것이다.

  깎아지른 절벽 위에 맑은 물이 흐르는 계곡 옆에, 생활의 터전인 주거 공간 안의 연못에 또는 주(主)건물의 한쪽을 돌출시켜 만든 누마루 등 주변의 아름다운 경관들이 잘 보이는 곳에 의례 정자가 있다. 이러한 정자 안에 있으면 비록 인공 구조물이긴 해도 이미 인공을 초월하여 자연에 동화되고 만다.

  그래서 인공 구조물인 정자가 자연의 경관 속에 동화되어 보기에 거슬리지 않으며 원래 거기에 있는 바위나 나무처럼 자연스럽다.

  이렇게 자연경관의 일부나 다름이 없는 정자에서 시·서·화·가무가 어우러진 풍류는 그 아취가 더 할 나위 없을 것이다 그러면 정자(亭子)란 무엇인가! 우선 고려후기 대 문인인 이규보 선생의 『사륜정기(四輪亭記)』에서 정자란 사방이 툭 트여 텅 비고 높다랗게 만든 것이 정자라 했다. 정자란 한자말이므로 그 의미를 한자에서 찾는다면 정자 정(亭)은 경치가 좋은 곳에 놀기 위하여 지은 집이라는 뜻의 글자이다. 그 외에 주막집 정, 평평하게 고를 정, 머무를 정, 우뚝 솟을 정이라는 뜻도 있다.

중국 문헌에는 정은 사람이 머무르고 모이는 곳, 여행길에 숙식시설이 있고 관리가 백성의 시비를 가리는 곳이 정이라 했으니 우리와는 다소 개념적 차이가 있는 듯하다.

우리나라에서 정자의 시작은 언제부터 지어지기 시작했는지 알 수는 없으나 지금도 시골에서 쉽게 볼 수 있는 원두막으로 부터 시작해서 지배층의 다양하게 도식화된 정자 건축물의 여러 형태를 살펴 볼 수 있다.

문헌상으로는 삼국사기 백제본기에 의자왕 15년에 망해정을 세웠다는 기록이 최초이다. 그리고 통일 신라를 거쳐 고려조에 들어서 활기를 띄기 시작했다. 고려사 의종 11년 기록에 이궁(離宮)으로 만든 수덕궁 안에 대평정, 관란정, 양이정, 양화정 등 여러 정자를 짓고 아름다운 꽃과 나무를 심었으며 괴이하고 특이한 돌들을 정자 좌우에 배열하고 물을 끌어들여 매우 화려한 신선의 세계를 만들었다고 했다. 이러한 정자 문화는 고려 말 혼란기와 조선 건국 후 안정기에 들어서고 사림의 형성과 더불어 학문의 장소로 또는 은둔의 장소로 풍류를 즐기고 경치를 완상하고 놀이를 하며 교유의 장소로써 정자 풍류문화를 낳게 되었다.

일반적으로 정자의 고장은 호남에서는 담양을 중심으로, 영남에서는 안동 거창 안의 일대가 대표적이라고 볼 수 있다.

영남의 선비문화가 안동 함양 등 서원으로 설명된다면 호남의 선비문화는 담양을 중심으로 하는 정자에서 꽃피웠다. 계산풍류(溪山風流)[1]라 일컬어지는 것이 바로 이 정자문화라 할 수 있다.

호남 계산풍류의 현장은 무등산 원효계곡과 증암천(자미탄)에서 시작되어 창평, 담양 일대로 이어지는 라인에 자리잡은 수많은 누정들이었다. 면앙정(俛仰亭), 소쇄원(瀟灑園), 식영정(息影亭), 송강정(松江亭), 환벽당(環碧堂), 명옥헌(鳴玉軒), 풍암정(楓岩亭) 등을 포함하여 약 70여 개의 누정들이 창평, 담양 일대에 현재까지 존재하고 있다. 15세기 말부터 16세기에 걸쳐 빈번히 일어났던 사화를 목격한 선비들이 벼슬살이에 환멸을 느끼고 시골로 내려와 자연과 벗하면서 생겨난 누정들이다. 당시에는 150여 개의 누정들이 있었다고 하니 그야말로 이 일대는 한국 누정문화의 본고장이자 한국 문예부흥기의 중심지였다.

고급문화는 역시 먹고사는 일이 어느 정도 해결되어야 가능한

---

[1] 조선시대 사대부들이 경치좋은 곳에 누정을 지어놓고 풍류를 즐긴 고급문화.

법. 조선시대의 살롱들이라 할 수 있는 이처럼 많은 누정들이 들어설 수 있었던 밑바탕에는 담양 창평 들판의 튼실한 경제력이 받쳐주고 있었기 때문일 것이다. 19세기 통계이긴 하지만, 창평 일대에는 천석꾼이 600가구 가량 살았다고 하니 그저 놀라울 뿐이다. 그만큼 창평 일대의 들판은 풍요로운 땅이었고 부자들이 많이 살았다.

여기에는 앞서 잠깐 밝혔듯이 조선시대 고부가가치 자원인 대나무 숲도 한몫 거들었다. 또 그러한 부의 흔적은 오늘날에도 유명한 창평의 한과와 엿으로 남아 있다. 특히 쌀로 만든 창평엿은 입에 달라붙지 않아 전국에서 맛이 좋기로 유명하다. 쌀이 귀하던 때에 쌀로 엿을 만들어 먹었을 정도로 창평은 부자들이 살았던 곳이다.

박석무 씨는 "무등산의 풍류와 의혼(義魂)"이라는 글에서 그러한 계산풍류의 인맥을 잘 밝히고 있다. 이에 따르면 계산풍류는 문과에 급제하여 벼슬하다가 30대에 연산군의 학정을 만나 고향에 내려온 지지당(知止堂) 송흠(宋欽 1459~1547년)에서 처음 시작된다. 학포(學圃) 양팽손(梁彭孫, 1480~1545년), 면앙정(俛仰亭) 송순(宋純, 1493~1583년)이 송흠에게서 학문과 시문학을 배우면서 여기에 참여하였다. 특히 도학과 시문에 탁월한 하서(河西) 김인후(金麟厚 1510~1560년)는 면앙정의 제자로서 소쇄원에 주로 머물렀다고 한다.

가장 한국적인 정취가 어려 있는 정원이라고 평가되는 소쇄원을 세운 인물은 양산보(梁山甫, 1483~1536년)이다. 그는 조광조의 문인으로서 기묘사화에 스승이 사사되자 낙심하여 고향에 내려와 소쇄원을 세웠다.

계산풍류에 참여한 당대의 일급 문사들을 보면 송순을 필두로 하여 석천(石川) 임억령(林億齡 1496~1568), 사촌(沙村) 김윤제(金允悌1501~1572) 미암(眉巖) 유희춘(柳希春 1513~1577년), 송천(松川) 양응정(梁應鼎 1519~1581년), 청련(青蓮) 이후백(李後白, 1520~1578년) 서하당(棲霞堂) 김성원(金成遠 1525~1597), 고봉(高峰) 기대승(奇大升 1527~1572), 제봉(霽峰) 고경명(高敬命 1533~1592), 송강(松江) 정철(鄭澈, 1536~1593년) 옥봉(玉峯) 백광훈(白光勳, 1537~1582년), 고죽(孤竹) 최경창(崔慶昌, 1539~1583년), 백호(白湖) 임제(林悌, 1549~1587년) 등이다.이들은 모여서 자연의 풍광을 예찬하고, 시를 짓고, 고금의 학문을 논하는가 하면, 나라를 걱정하였다. 또한 여기에서 나랏일에 대해 논의되었던 내용들은 사림들의 상소를 통해서 조정에 건의되기도 했다. 16세기 호남의 기라성같은 문사들의 모임인 계산풍류의 중심 무대가 소쇄원이었다면, 그 좌장 격은 바로 송순이었다. 그는 여러 차례 고위 관직을 역임하면서도 그 학문과 인품으로 인해 91세로 세상을 뜰 때까지 호남 문인들의 존경을 받았던 인물이다. "10년을 경영하여 초가삼간 지어내니 나 한

칸, 달 한 칸에 청풍 한 칸 맡겨두고, 강산은 들일 데 없으니 둘러두고 보리라"는 평시조는 자연 속에서 안빈낙도를 추구하면서, 자연과 하나 되는 삶을 살겠다는 면앙정의 정신세계를 잘 반영한 글이라 하겠다. 이러한 송순 밑에서 김인후, 임억령, 고경명, 정철, 임제, 양산보, 김성원, 기대승, 박순 등이 가르침을 받으며 풍류를 익혔으니 그 스승에 그 제자들이었다. 송순이 회갑을 맞이해서 면앙정을 증축하고 제자들에게 면앙정기를 부탁할 때 다른 사람을 제쳐두고 고봉에게 부탁한 사실이 눈에 띄인다. 그때가 1553년, 고봉의 나이 불과 26세 때였다. 당시 기라성 같은 선후배 문사들을 제치고 불과 26세의 고봉에게 부탁했다는 사실에서 고봉 문장에 대한 비중을 엿볼 수 있다. 기실 계산풍류의 정신은 부도덕한 정치권력에 휩쓸리지 않고 풍류를 즐기면서 학문을 연마하는 데 있었다.

호남에서 담양 일대의 계산풍류가 면앙정 송순을 중심으로 형성되어 후대에 호남가단(湖南歌壇)으로 명명되었듯이 영남풍류의 그 출발은 농암(聾巖) 이현보(李賢輔 1467~1555)였다. 벼슬을 마치고 노인이 되어 고향에 돌아온 농암은 남은 세월을 풍류로 풀어냈고, 그 전통은 후대까지 이어졌다. 현재는 안동호로 인해 그 자취를 볼 수 없지만 청량산에서 흘러나와 지금의 도산서원 앞을 가로지르던 낙동강 상류인 분강(汾江)은 그 물줄기를 따라 영남 선비들의 학문과 풍류 활동이 펼쳐졌던 풍류의 현장이었다고 한다.

이현보가 쓴 雨餘泛舟遊簟石次退溪(우여범주유담석차퇴계 : 비온 뒤 배를 띄우고 점석에서 노닐며 퇴계에 차운하다)라는 글에는 이현보가 즐겼던 풍류의 한 장면이 그려져 있다. 이현보가 벼슬을 그만두고 고향에 온 지 5년이 지난 1547년 7월 어느 여름날 저녁으로, 그가 여든한 살 때이다. 점석(簟石)의 놀이를 이황과 황준량(黃俊良) 그리고 여러 자제와 함께했다.

이렇듯 16세기 중반 농암(聾巖)을 중심으로 안동(예안) 지역에서 그 실체를 확인할 수 있으며 역시 후대에 이를 영남지역의 시가 활동을 가리키는 범칭으로 의로 좁게는 분강가단(汾江歌壇) 또는 널리 영남가단(嶺南歌壇)이라 명명하고 있다. 이러한 분강가단 활동은 이현보 사후 그 자식들을 중심으로 이어졌고, 18세기 초반까지 지역의 사대부들에 의해 농암의 어부가로 대표되는 풍류 활동이 전개되었다. 같은 지역의 이황, 산청의 남명 조식(曺植), 상주의 김우굉, 함양의 조식(曺湜)과 노진, 문경의 채헌 등의 시가 활동을 영남가단에 포괄할 수 있다.

한편 안동은 함양과 더불어 조선시대 영남사림의 본거지로 좌안동 우함양이라 불렸다. 양반의 도시 안동에 비해 조금은 덜 알려졌던 함양 역시 선비의 성품을 쏙 빼닮은 도시다. 또한 함양 거창 일대에는 현재 몇 개의 누정만이 남아 있지만 한때는 정자와 누각을 합쳐 100여개가 되는 정자문화의 보고로도 유명하다. 특히 남덕유산에서 흘러내리는 화림동 계곡을 따라 옛 양반들이 음풍농월하던 정자들이 줄을 이어 있어 팔담팔정(八潭八亭)이라 일컬어지기도 했다. 즉 8개의 못과 8개의 정자가 있다는 의미이다. 한때 화재로 소실되었다 복원된 농월정(弄月亭)을 위시하여 거연정(居然亭), 군자정(君子亭), 동호정(東湖亭) 등은 말 그대로 화림동 계곡 굽이굽이 60리 물길마다 반석 위로 흐르는 옥류와 낙락장송, 시원한 바람이 머무는 정자가 한데 어우러져 한 폭의 수채화를 그려낸다. 계곡의 절경이 내려다보이는 곳에 세워진 화림동 계곡의 정자들은 이렇게 자연과 어우러져 무릉도원의 신선계에 비견할 만큼 절경을 자아낸다.

국악의 바른 이해가 선행되어야 하는 이유

한국의 전통문화는 음악, 미술, 의복, 건축, 놀이, 음식, 문학 등 모든 분야에 걸쳐 인위적이지 않으면서 자연스러움과 소박함 소탈함이 가장 큰 특징이라 할 수 있다. 이 중 우리 민족의 성향을 가장 빠르고 쉽게 이해하며 구분지어 볼 수 있는 분야는 단연 음악일 것이다. 그런데 이러한 음악 특히 전통음악은 어린시절부터 자연스럽게 접하지 않으면 그 감흥을 느끼기 어렵기 때문에 낯설어 한다(물론 이런 경우는 모든 예술 분야가 마찬가지일 것이다). 그러기 때문에 성인이 되어서 그 흥취를 얻기 위해서는 이론적 이해와 자주 접할려는 노력이 우선되어야 한다.

흔히 인간은 감정의 동물이라고 말한다.
이러한 인간의 내면적 감정의 세계를 가장 잘 그려낼 수 있는 예술의 분야는 단연 음악이라 할 수 있으며 아울러 한 민족의 정체성을 가장 잘 대변하고 있다고 볼 수 있다. 특히 한 민족의 전통 음악은 오랜 세월의 흐름에 걸쳐 자연스럽게 형성되어 온 선율로 구성되어 있기 때문에 더욱 그러하다.

음악은 인간의 심성을 바르고 여유롭게 할 뿐만 아니라 심지어는 나라의 풍속까지도 좌지우지하고 민심의 흐름을 가장 잘 알 수 있는 중요한 방편이라 하였다. 동양 인문사상 가운데 가장 중요시 되는 덕목 가운데 하나가 바로 악(樂-음악)인 것도 이 때문이다.

고래로부터 우리민족은 춤과 노래를 즐기어 이러한 생활이 일상 속에서 자연스럽게 삶의 한 형태로 자리하고 있음은 여러 사서를 통하여 이미 밝혀져 있다. 한국의 전통음악은 한국에서 전통적으로 전해 내려오는 음악을 말한다. 최근에 만들어졌더라도 전통음악의 기본적인 틀만 벗어나지 않는다면 일반적으로 전통음악의 범주에 포함하며 한국의 전통음악을 나라의 음악이라는 뜻에서 국악(國樂)이라고도 부른다.

이러한 관점에서 전통음악, 즉 국악에 대한 그 대강을 살펴보겠다.

국악은 나라의 음악, 즉 우리나라의 음악이란 뜻이다. 마치 우리나라의 역사를 국사(國史)라 하고 우리나라 말을 국어(國語)라 하는 것과 같은 개념이다.

국악이 우리나라의 음악을 가리키는 말로 사용된 것은 조선왕조실록에 보인다.

중종실록과 선조수정실록에 나타난 국악이란 용어는 모두 외국(특히 중국)과의 관계 속에서 우리의 음악을 지칭할 때 사용되었다. 따라서 국악이란 말은 그것이 사용된 초기의 의미도 오늘날과 같이 외래음악 또는 외국의 음악에 대한 상대적인 의미로 우리나라의 음악을 가리킨 것이었다.

그러나 1910년 일제강점기가 시작되면서부터 국악이란 용어는 널리 사용될 수 없는 말이었다. 즉 독립된 주권을 지닌 한 국가의 음악이라는 의미로는 더 이상 이 말을 쓸 수 없게 된 것이다. 이후 1945년 광복이 될 때까지 우리나라의 음악은 조선악 또는 조선음악으로 불리게 된다.

국권과 함께 빼앗겼던 용어 국악은 1945년 8월 15일 광복의 기쁨과 함께 되찾아졌다. 1945년 10월 함화진(咸和鎭) 등이 창립한 국악원이란 명칭이 그것이며(1948년에 대한국악원으로 바뀜) 여기서 활동한 국악인들의 모임에서 이를 공식적인 단체의 이름으로 사용하면서 우리 음악사의 전면에 다시 등장한 것이다.

그러나 해방공간에서 우리 음악을 지칭하는 용어는 여전히 조선음악과 국악이 혼용되었으며 성경린(成慶麟)이 지은 조선음악독본이란 책이름이나 역시 그가 주도적으로 참여하였던 한국국악학회와 같은 학술단체의 이름이 이 시기에 만들어졌다. 국악이란 말은 결국 1951년 국립국악원이 개원하면서 다시 정부기관의 명칭에 공식적으로 사용되었다.

오늘날 국악은 한국음악의 약칭으로 외래음악인 서양음악이나 외국풍의 대중음악과 구별되는 우리의 전통음악을 가리키는 용어로 사용되고 있어 그 말이 처음 사용되던 조선시대의 개념과 그 내포된 의미를 같이하고 있다.

그러나 한국음악이 마땅히 한민족 고유의 음악인 국악을 가리키는 말이어야 한다는 당위성을 강조하는 애국적인 주장이 있음에도 불구하고 오늘날 우리 사회에서 국악과 한국음악은 동일한 개념으로 통용되지는 않는다.

한국음악이 오늘날 한국 땅에서 이루어지는 모든 음악행위를 포함하는 개념이라 한다면 국악은 한국음악 중에서도 특별히 전통음악과 관련되어 주로 한정된 의미로 쓰이고 있다. 그렇다고 하여 오늘날의 국악이 전통음악과 동일한 의미도 물론 아니다. 오늘날 국악이라 불리는 음악 속에는 요즈음 새롭게 창작된 음악, 흔히 신국악(新國樂) 또는 창작국악(創作國樂)이라 부르는 음악까지를 포함하고 있기 때문이다.

우리 전통음악(국악)의 특징

앞서 언급되었듯이 국악은 우리 한국 땅에서 연주되는 모든 음악을 지칭하는 것이 아니라 이 땅에서 오랜 기간 동안 면면히 이어져 오고 있는 정서를 바탕으로 뿌리를 내린 음악으로 한국적 토양에서 나온 음악이다. 주지하다시피 우리민족이 고래로부터 가무악(歌舞樂)을 즐겨해 왔음은 정평이 나 있으며 이에 따라 고유한 음악의 세계를 발전시켜 왔다.

물론 오랜 세월동안 중국과 교류하면서 중국음악의 영향을 받는 바도 있지만 이는 세계 어느 민족이나 타 민족과 교류하면서 서로 문화적 영향을 미치는 것과 같은 것이다. 하여튼 우리 전통음악은 주변 아시아의 타 민족 음악과는 확연히 다른 뚜렷한 특징을 지니면서 형성되어 왔다.

국악의 대표적인 특징으로

첫째는 한배의 형태이다. 한배는 음과 음 사이 또는 음악 전체에 대한 곡의 속도(템포)이다.

우리 전통음악은 대부분 처음에는 느리게 시작하나 점점 빨라지는 흐름의 경향을 뚜렷이 가지고 있다. 민속악의 대표적 기악곡인 산조에서 진양, 중모리, 자진모리의 빠르기로 진행 한다든지 민요에 있어서 느린 소리 다음 자진(빠른)소리를 연이어 부르는 방식 등이 그것이다. 또 같은 장단(일정한 길이의 리듬)이라 할지라도 주변 분위기에 따라 느리게 부를 수도 있고 빠르게 부를 수도 있으며 느리게 불렀다가 점점 빠르게 부를 수 있는 감정 표현의 탄력적 다양성이다.

둘째, 같은 곡을 부르는데 사설을 길게 변화시키는 방법이다. 정가(正歌)음악[1] 중 사설시조는 평시조와 박자 수는 같으나 사설 즉 글자 수가 평시조의 두세 배에 이른 경우를 말한다.

셋째, 메기고 받는 형식으로 한 사람이 선창으로 메기면(부르면) 여러 사람이 받아 부르는 형식으로 민요 특히 노동요 등에서 많이 보인다.

넷째, 도드리 형식으로 도드리란 돌아들어간다는 뜻으로 환입(還入)이라도 하며 곡의 한 부분을 반복하여 부르는 형식이다. 지름시조나 민요 특히 노동요 등에서 많이 나타난다.

다섯째, 강박, 시작, 약박, 종지의 음악으로 국악은 강박에서 시작하여 약박으로 끝을 맺는다. 강한 박자로 음악을 시작하기 때문에 처음에 합의 장단으로 강하게 쳐주면서 시작한다. 반면 서양음악은 대부분 약하게 시작하여 강하게 끝나는 경우가 많다.

여섯째, 거의 대부분 삼분박 리듬으로 되어 있으며 이러한 삼분박 리듬으로 흥과 한을 자연스럽게 표출해 낸다.

일곱째, 음과 음 사이에 공간을 두는 여백의 미가 강조된다. 이는 마치 동양화를 보는 듯한 느낌으로 음과 음 사이에 침묵을 두

---

1) 아정(雅正)하거나 정대(正大)한 노래라는 뜻의 정가라는 말은 민간 성악곡의 총칭인 속가(俗歌)·속요(俗謠)와 구분하기 위하여 근래에 사용된 용어이다. 정가의 범주에 시조(時調)·가곡(歌曲)·가사(歌詞)가 들고 시창(詩唱)이 정가에 포함되기도 한다.

어 그 사이 여운으로 더욱 진한 감동을 받게 된다.

여덟째, 독특한 시김새[2]를 갖는다. 특히 민요나 판소리에서 많이 나타나고 있다

아홉째, 우리 전통음악은 화음을 중시하는 서양 음악과는 달리 각 악기의 음색(音色) 중시할 뿐이다. 즉 우리의 전통적 합주는 같은 선율(旋律:멜로디)를 다양한 음색으로 동시에 연주하므로써 서양의 하모니 같이 피치(음의 높낮이)의 조화가 아닌 음색의 조화를 이룬다.

또한 장단이라는 구속의 틀 안에서 각 악기의 음색이 조화를 이루며 자유로운 가락의 어우러짐이 있을 뿐이다.

열 번째 우리 전통음악은 정신수양의 생활음악이었다.

옛 선비들이 백악지장(百樂之丈)이라 할 수 있는 거문고 연주가 정신수양을 위해 필수적이었다는 것은 이미 생활화 되었음을 의미한다. 수많은 고악보의 대부분이 거문고 악보라는 사실은 매우 놀라운 일이 아닐 수 없으며 조선의 성군 세종은 음악을 백성과 더불어 즐기고자 정간보(井間譜)라는 매우 실용적인 악보를 창간했고 이 악보는 현재도 유효하게 활용되고 있다.

그 외에 농현(弄絃), 농음(弄音), 조(調), 청성과 중성 탁성, 장단의 다양한 형태 등이 우리 국악의 특징이라 할 수 있다.

---

[2] 음 하나를 떨고, 꺾고, 높이고, 낮추고, 끌어올리고, 내리는 등 다양한 감정 표현

국악의 분류

한국 전통음악 즉 국악의 분류는 그 역사적 형성 과정과 상태 또는 창작자나 향유자에 따라 음악의 성질이 형성되고 구분되어지는데, 다소의 이견이 있기는 하지만 가장 일반적으로 정악(正樂 또는 아악雅樂)과 속악(俗樂 또는 민속악民俗樂)으로 구분짓는다.

속되지 않고 우아한 음악이란 뜻의 정악은 종묘·문묘 제례악, 가곡, 가사, 줄풍류, 영산회상, 여민락 등 양반 계층이 즐기던 음악을 일컬으며 특히 아악은 중국 송나라에서 유래한 정악으로 구체적으로는 고려 예종 11년(1116년)에 수입된 대성아악(大晟雅樂)을 지칭한다. 이는 고려 중기까지만 해도 널리 쓰였으나, 고려 후기에 쇠퇴하였다. 조선시대에는 세종 때에 박연이 중심이 되어 아악을 정리하였다.

정악은 궁중음악과 민간 상류층에서 연주되어 오던 모든 음악을 지칭한다. 세부적으로 분류하자면 의식음악(제례악)으로 분류되는 종묘제례악(중요무형문화제 1호 조선시대 역대 제왕의 제사 때 쓰이는 제사 음악)과 문묘제례악(공자와 그의 제자인 안자, 증자, 자사, 맹자와 송조6현 최치원, 설총 등 동방18현을 모시는 문묘에서 행하는 제례 음악) 및 궁중의 연례악과 민간 상류층에서 향유하던 풍류음악으로 분류할 수 있다.

풍류음악(風流音樂)은 감정을 절제해 직접 드러내지 않으면서도 물이 흐르듯 자연스럽게 표현하는 멋이 일품으로 궁중 음악의 일부를 포함하며 민간 상류층인 선비들의 음악으로 듣고 즐기기보다는 인간의 심성을 도야(陶冶)하는 수양과 교육의 목적으로 이용되어 왔다.

사대부들의 생활 속에서 즐겼던 이러한 풍류음악은 선비들이 주로 사랑방에서 즐겼고, 궁중에서 경사 시 연주되기도 했으며 관현 합주의 기악곡으로 수제천(壽齊天) 영산회상, 여민락, 도드리 계통의 수연장지곡, 천년만세 등이 대표적이다. 성악곡으로는 시조(時調), 가곡(歌曲), 가사(歌詞) 등이 있다.

제례악에는 궁중에서 제사지낼 때 하는 종묘제례악(정대업, 보태평)과 문묘제례악이 있는데 원래 중국음악을 쓰다 세조 이후 종묘제례악은 세종대왕이 만든 순 우리 음악을 사용하고 있다.

그리고 임금이나 고관이 행차 시 연주하는 취타 음악이 있다.

혹자는 정악이 중국에서 들어왔으므로 순수 우리음악이 아니라고 하는 경우도 종종 있으나 현재까지 중국풍 음악으로 남아있다고 보여지는 부분은 문묘제례악과 여기에 쓰여지는 몇 종류의 악기가 있을 뿐이다.

기실 거의 모든 정악은 적어도 수백 년 이상 오랜 기간에 걸쳐 오랫동안 우리의 정서와 감각을 바탕으로 형성된 우리 음악인 것이다.

그렇다면 정악의 음악적 특징은 어떠한가!

정악은 흔히 궁중음악 내지 사대부의 음악으로 불려온 것으로 유장한 가락으로 짜여 있어서 시공을 초월한 인간의 정신적 사색의 세계와 공감하고 대자연의 향기를 깊이 호흡하게 하여 듣는 이의 정서를 편안하고 고요하게 이끌며 신체적 순화의 느낌을 준다. 외국인들이 정악의 백미인 수제천을 듣고 천상의 음악이라고 칭송한 까닭이 여기에 있다.

한마디로 아정(雅正)한 화(和)의 음악이다. 반면 산조, 시나위, 판소리, 잡가, 민요, 농악 등의 민속악은 소탈하고 자유분방하며 인공적인 규제나 절도를 넘어서 분출되는 정서적 힘을 느끼게 한다.

정악이 마음과 몸 모두에 걸쳐서 생명력을 강화한다는 것은 태교음악으로 사용하여 임상실험을 한 결과에서 명백하게 증명된 바 있다.

대구 문화방송은 2002년 라디오 다큐멘터리 우리소리 태교라는 프로그램을 경북대학교 국악학과 대구 효성여성병원 카이스트와 공동으로 1년간 임상실험을 거쳐 방송한 바 있다.

결론은 우리의 국악 특히 정악은 태교음악으로써, 세계적으로 가장 좋다고 알려진 모차르트의 음악을 훨씬 능가하는 세계 최고

임을 과학적으로 증명하였다는 것이다.

  정악을 듣고 태어난 신생아들이 모짜르트 음악을 들은 신생아들 보다 뇌파와 심전도 검사결과 정서가 안정되고 자율신경계의 균형이 훨씬 더 잘 유지 됐다. 그 이유를 분석해보니 다음과 같은 대답이 나왔다.

  정악은 음악파동 분석결과 뇌자극과 심신안정에 가장 이상적인 파형이라고 물리학적으로 알려진 F분의 1진동에 아주 근접한 파형을 나타낸다는 점이다.

  우주가 만들어진 이래 자연계에 존재하는 모든 소리 즉, 흔히들 α파 음향이라고 부르는 새소리, 바람소리, 파도소리, 비소리, 물소리 같은 자연의 소리는 오감을 통해 인간의 정서를 안정시킨다는 사실이 실험을 통해 증명되었다.

  그래서 국악이 태교뿐만 아니라 심신의 안정과 질병의 치료 나아가 농작물 생육촉진이나 가축 사육 등을 비롯한 모든 생명활동에 응용될 가치가 대단하다는 것을 의미한다.

  또한 속도에 있어서 정악은 엄마의 심장박동 속도와 상당히 유사하고 임신부가 정원을 산책할 때 편안하게 내딛는 걸음과 비슷한 빠르기를 지닌다는 점이다. 즉 느긋하여 생체리듬을 거슬리지 않는 음악이라는 얘기다. 그리고 그 음역이 인간의 목소리 특히 태아에게 가장 중요한 엄마의 목소리와 같은 중음역으로 되어 있다는 점이다.

그러면 대표적인 정악 수제천의 특징을 살펴보자

수제천(壽齊天)은 정읍(井邑)·빗가락정읍[橫指井邑]이라고도 한다. 정읍사(井邑詞)와 관계가 있고 처용무(處容舞)의 반주음악으로 쓰이고 있어 신라 때의 작품으로 보기도 하나, 백제의 노래로부터 기원했다고 봄이 더 타당하다.

이 음악은 주로 왕세자의 거둥 때 등에 쓰였기 때문에 일정한 박자가 아닌 자유로운 리듬으로 진행되는 불규칙장단이며 그 한배(빠르기)가 대단히 완만하나 장중하기 이를 데 없는 아악곡의 백미편(白眉篇)이라 할 수 있다.

수제천은 무슨 뜻인가? 한자로 쓰면 목숨 수(壽), 가지런할 제(齊), 하늘 천(天)인데, 뜻을 풀어보면 생명이 하늘과 가지런하다는 말이다. 다시 말해서 하늘처럼 영원한 생명이라는 뜻이기도 하고, 영원히 하느님이 우리가 사는 이 세상을 잘 다스리신다는 뜻으로 결국 국가의 태평과 민족의 번영을 노래한다. 즉 수제천에는 조선시대 궁중에서 연주되면서 임금님이 오래 오래 사시고 나라가 영원하기를, 또 아름다운 생명으로 가득 찬 이 세상이 영원하기를 바라는 마음이 담겨 있다 하겠다.

한편 민속음악은 정악에 대칭되는 말로 일반 서민, 천민 층의 음악으로 민중들이 창작하고 즐기던 음악을 말한다. 풍물(농악), 시나위, 무악, 산조, 민요, 잡가, 판소리 등이 여기에 속하며 곡의 빠르기에 변화가 많고 해학적이며 감정의 표현이 진솔하고, 고도의 테크닉을 사용하여, 오늘날 대중적으로 많이 연주되고 있다.

옛 문헌에 있는 속악은 중국 아악에 대한 향악을 말하는 것으로 지금의 민속악 개념과는 조금 다르다. 고려가요와 같은 음악은 맨 처음 창작자가 민중이었다 하더라도 뒤에는 양반들이 창작하고 향유하는 음악으로 바뀌었으므로 민속악에는 포함될 수 없다고 본다.

특히 음악의 분류법상 문제가 되는 것은 불교의 종교 음악인 범패와 무속 음악인데, 이 음악들은 민속의 영향 속에서 만들어지고 향유되었으나 엄밀하게 말하면 의식(儀式)음악에 속하는 것으로 또한 민속 음악이라고 보기 어렵다. 그러나 크게는 범패나 무속 음악은 민속성이 강하기 때문에 민속 음악으로 분류하는 경향도 있다.

한편 창작 국악은 국악기를 사용하거나 국악의 음악적 요소를 이용하여 만든 현대의 국악을 총칭한다.

현대를 살아가고 있는 우리는 대부분 왜 국악을 낯설어 할까?

국악은 어쩐지 느리고 그 곡이 그 곡 같아서 재미가 없고 양악에 비해서 발달되지 못하였다고 느끼는 사람들은 대체로 정악의 느린 속도와 아주 높지도 아주 낮지도 않은 중음역 때문에 그런 느낌을 가질 것이다.

또한 과거(해방 이후 서양문물이 유입되면서) 우리의 음악교육은 유치원과 초등학교에서부터 대학에 이르기까지 국악교육이라고는 시킨 적이 없고 모조리 양악 일색으로 교육해온 탓에, 또 우리의 음악환경이 아직도 양악 일변도로 치우쳐 있는 탓에 우리의 귀가 주로 양악에 익숙해져 있는 것이 중요한 이유일 것이다.

그러나 위와 같은 국악의 특징과 장점을 알고 나면 국악에 대한 종래의 선입견은 단지 잘못된 교육과 음악환경 탓임을 쉽게 알 수 있다.

각설하고 우리는 삶의 모든 분야에서 기본과 근본을 알고 살아가야 한다는 것은 너무나 당연한 논리이다.

당연히 사람의 감정 표현에 있어서 그 정점에 있다고 할 수 있는 음악은 어느 민족에게나 자기 민족성을 드러내는 각기의 전통음악 있음은 자명한 사실이다.

아무리 세계가 문명의 발달과 문화의 교류로 한 지붕 아래 있다 할지라도 각 민족마다의 고유한 예술 특히 음악은 언제나 그리고 영속적으로 존재한다.

우리가 우리의 전통음악을 모르고 다른 나라 다른 민족의 음악을 먼저 접하고 안다고 함은 마치 내 가문의 내력도 모르면서 다른 집안의 족보를 안다거나 나의 갈 길도 모르면서 남의 갈 길을 알고 걱정하는 것과 무엇이 다르겠는가?

물론 반드시 그렇다고는 아닐지라도 최소한 우리의 혼과 역사가 담긴 우리의 전통음악을 알려고 하는 노력은 필요한 것이다.

이백과 정철, 술과 시에서 노닐다

將進酒 장진주[1]

- 李白(이백)[2] -

君不見(군불견)

黃河之水天上來(황하지수천상래)

奔流到海不復廻(분류도해불부회)

又不見(우불견)

高堂明鏡悲白髮(고당명경비백발)

朝如靑絲暮成雪(조여청사모성설)

人生得意須盡歡(인생득의수진환)

---

1) 원래 전한시대에 군악으로 사용되었던 고취곡(鼓吹曲)이라고도 부르는 단소요가(短簫鐃歌)로 징과 단소로 구성된 합주곡의 하나였다. 이러한 곡조가 연회에 사용되었고, 곁들어 지는 노래 가사로 많은 시가 지어졌는데 이백의 이 시는 이러한 연회에 사용된 권주가로 알려진 대표적인 작품.

2) 701년~762년, 자字는 태백(太白), 호는 청련거사(靑蓮居士).

莫使金樽空對月(막사금준공대월)

天生我材必有用(천생아재필유용)

千金散盡還復來(천금산진환부래)

烹羊宰牛且爲樂(팽양재우차위락)

會須一飮三百杯(회수일음삼백배)³⁾

岑夫子 丹丘生 (잠부자 단구생)⁴⁾

　잠부자 단구생이여

將進酒 君莫停 (장진주 군막정)

與君歌一曲 (여군가일곡)

請君爲我側耳聽(청군위아측이청)

與爾同銷萬古愁(여이동소만고수)

그대는 보지 못하였는가

황하의 강물이 하늘에서 내려와,

바삐 흘러 바다로 가 다시 못 옴을

또한 보지 못하였는가

---

3) 후한의 대학자 정현이 전별 받는 자리에서 삼백명으로 부터 일일이 술잔을 받았다는 고사 인용.

4) 岑夫子 : 岑參(잠삼, 715~770)의 존칭. 당 나라 시인으로 일설에는 岑勛(잠훈)을 가리킨다고도 함.
　丹邱生 : 元丹邱(원단구)로 당나라 도사. 丹邱는 '신선이 산다는 가상적인 곳'을 뜻하기도 함.

고당명경에 비친 백발의 슬픔
아침에 검던 머리 저녁에 희었다네
인생에 뜻을 얻으니 마음껏 즐겨야지
금잔 들어 헛되이 달을 대하지 말게
하늘이 준 재능 반드시 쓰여질 것이고
재물은 다 써져도 다시 돌아올 것을
양은 삶고 소는 저며 즐겁게 놀아보세
술을 마시려면 삼백 잔은 마셔야지
술 권하노니 그대 멈추지 말게나
내 그대 위해 소리 한 가락 부르리니,
청컨대 그대는 귀 기울여 주오
....
그대와 더불어 마시면서 만고의 시름을 녹여 버리리라

하늘에서 내려온 황하의 물도 한 번 바다로 흘러가 다시 돌아오지 못하고, 세월이 흘러 거울에 비친 검은 머리 어느덧 백발 되어 슬프니, 뜻을 얻었을 때 한껏 즐기고 술통의 술은 마셔야 한다. 하늘이 나 같은 재목을 낳음은 다 쓰일 곳이 있기 때문이라, 많은 돈을 써버려도 다시 그 돈이 돌아올 수도 있는 것이다. 좋은 안주에 삼백 잔 술을 마시며 즐겨 보자. 잠부자와 원단구 같은 그대여, 내 술을 권하니 사양 말게나, 또 내 노랫가락 한마디 들어

보게…….그대와 술 마시며 인생의 만고 시름을 마음껏 녹여 버리자,라 했다.

　이백(李白)다운 호방한 기세와 낙천적 인생관이 돋보이는 권주가이다. 세상일이 이도 저도 여의치 않을 때, 마음 맞는 친구와 어울려 대취하는 것만큼 큰 즐거움도 흔치 않을 것이다.

　한 자리에서 술 삼백 잔을 마셔야 한다는 것은 자유분방한 태백의 성격을 반영한다. 중국의 술잔은 아주 작아 한 모금으로 마실 수 있지만, 그 대신 독한 술이라 삼백 잔이면 엄청난 양이리라. 폭포수가 쏟아지듯 규칙과 형식에 얽매이지 않고 거침없이 이어간 시상(詩想)을 그 누가 따를 수 있을 것인가. 시선(詩仙)의 면모가 여실히 드러난 작품이다.

　이백의 장진주는 고래로부터 현재까지도 중국은 물론 우리나라에서도 널리 애송되고 있는 시(악부시樂府詩)[5]이다. 전반적인 시의 내용을 보면 인생이란 특별할 게 없다. 인생의 좋은 시절을 얻으면 술을 실컷 마시며 즐기기를 다 하자고 했으니 자조적이기도 하면서 한편으로는 호방한 시로 다가온다. 이태백은 어떠한 인생을 살아 왔기에 한번 마시면 삼백 잔을 마시며 시름을 잊고자 했는가?

---

5) 樂府는 漢代에 음악을 관장하는 관청으로, 악부시는 여기서 수집하거나 작곡한 형식이 자유로운 시.

중국 문화의 정수라고 일컬어질 만큼 문화적 가치가 높은 당시(唐詩)는 이백, 두보(杜甫), 왕유(王維)라고 하는 걸출한 시인에 의해 그 꽃을 피웠다.

시의 신선으로 불리는 이백의 출생과 혈통에 관해서는 명확하게 알려져 있지 않다. 촉(蜀)의 면주에서 출생했다는 설 등 여러 가지가 있으나 분명한 기록은 남아 있지 않다. 다만 경제적으로 풍족한 가정에서 자라며 일찍부터 독서를 좋아하고 시문 창작에도 뛰어난 기량을 보였다.

젊은 시절에는 고향을 떠나 안릉을 중심으로 생활하다가 점차 전국 각지를 돌아다니며 유람을 했다. 그러나 이백의 포부는 관직에 나아가 황제를 보필하는 것이었다. 하지만 기회는 쉽게 오지 않았다.

40세가 넘은 742년에 처음 장안에 나온 그는 등용되지 못한 분연한 마음을 시로 달래곤 했다. 이때 지은 시가 바로 행로난(行路難)이다.

이 시가 장안 사람들의 입에 오르내리며 그는 하늘에서 귀양 온 신선 즉 적선인(敵仙人)으로 찬양받게 되었고 명성이 순식간에 퍼졌다.

현종(玄宗)은 그의 소문을 듣고 조정으로 불러들여 한림공봉

(翰林供奉)이라는 직책을 내려주었다. 그가 그렇게나 꿈꾸었던 정치의 길이 열린 것이다.

양귀비에게 먹을 갈게 하고, 당시 세도가 하늘을 찔렀던 환관 고력사에게 신발을 벗기게 했다는 일화도 있을 정도로 궁(宮)에서 이백은 거칠 것 없이 지냈다.

하지만 이백이 바라던 대로의 생활은 할 수 없었다. 애당초 현종은 정치인이 아니라 시인으로서의 이백을 인정했기 때문이었고, 주변 사람들 역시 그를 정치인으로 여기지 않았다. 자유분방하고 거리낌 없는 그의 성격 역시 정치에는 잘 맞지 않았던 것으로 보인다. 그는 황제의 측근들과 늘 마찰을 일으킨 데다 양귀비에게 빠져 주색을 일삼는 현종에게 환멸을 느껴 결국 744년 장안을 떠나게 되었다. 그 후 10여 년간 그는 산동성을 근거지로 하여 주변을 떠돌아다니며 작품을 쓰며 지낸다.

54세인 755년 당나라를 뒤흔든 안사(安史)의 난에 휩쓸려 대역죄가 추가되고 결국 멀리 야랑(夜郞)으로 유배되었으나 다행히 야랑으로 가던 도중 그는 사면통지를 받고 풀려났으며 이때 지은 시가 그 유명한 조발백제성(早發白帝城)이다.

762년 62세의 이백은 당도의 현령이었던 족숙(族叔:일족의 숙부 세대에 속함) 이양빙(李陽氷)에게 병든 몸을 의탁했다. 구당서

(舊唐書)에는 여러 해에 걸친 과도한 음주가 그 원인이었다고 기록되어 있다. 그해 11월 무렵 병세가 악화되어 이양빙의 손에 시문의 초고를 맡기고 죽었다.

태백은 장안 행에서 처음부터 정계 출사가 쉽지않아 양원(梁園)지방에서 잠징군(岑徵君-잠부자), 원단구(元丹丘-단구생) 같은 친구들과 교유하며 재기의 기회를 다지고 있었다. 쉽게 기회를 얻지 못하는 그에게 술이란 만고의 시름을 삭여주며, 자신의 재능에 대한 긍지를 간직하게 해주고, 현재의 가난함에 대한 불안감을 씻어주는 고마운 벗이었던 것이다.

이백은 절구(絶句)와 악부(樂府)에 능하였으며, 그가 남긴 주옥같은 시는 이태백집 30권에 대부분 전해지고 있다. 그를 시의 신선으로 일컫는 이유는 그의 시에 도가(道家) 사상이 많이 들어 있기 때문이기도 하다.

허무한 인생 좋은 술로 즐기자는 작품 전체의 구도는 한대(漢代) 고시(古詩) 人生天地間 忽如遠行客 斗酒相娛樂 聊厚不爲薄.(인생천지간 홀여원행객 두주상오락 요후불위박 : 사람 한평생 이 세상에 마치 먼 길 나그네같이 순식간이러니, 말술로 서로 즐기며 인색하게 말고 후하게 하리라)와 같은 대목에서 착상을 얻었다고 한다. 좋은 때를 허비하지 말고 즐기자는 주제와, 화려한 술잔, 소 잡고 양 잡아 마련한 좋은 안주, 노래를 부르는 주인과 같은 일상의 심상(心象)들은 한대(漢代) 악부 고가(古歌)와 서문행(西門行), 삼국시대 조조(曹操)의 단가행(短歌行) 등의 시 구절에서 착상을 얻은 것일 것이다.

장진주사(將進酒辭)

- 송강 정철(松江 鄭澈) -

한 잔(盞) 먹세 또 한잔 먹세그려.
곳 것거 산(算)노코 무진무진(無盡無盡) 먹세 그려.
이 몸 주근 후면 지게 우희 거적 더퍼 주리혀 매여 가나
유소보장(流蘇寶帳)⁶⁾의 만인(萬人)이 우러네나,
어욱새, 속새, 덥가나무, 백양(白楊) 수페 가기 곳 가면,
누른 해, 흰 달, 가는 비, 굴근 눈, 쇼쇼리(회오리) 바람 불 제
뉘 한잔 먹쟈할고.
하물며 무덤 우희 잔나비 휘파람 불제
뉘우친달 엇더리.

송강의 장진주사는 통상 우리나라 사설시조의 효시하고 본다.
조선 시가 문학의 대표적 형식은 시조와 가사이며, 대표적인

---
6) 잘 꾸민 꽃상여.

가사 문학의 대가는 송강 정철이다.

  정철은 1536년 서울 장의동에서 돈녕부판관 정유침과 죽산 안씨의 4남2녀 중 막내아들로 태어났다. 큰누이가 인종의 후궁이며, 막내 누이가 계림군[7]의 부인이라, 왕실 인척으로서 어린 시절 경원대군(후일의 명종)과 친하게 지내는 등 유복한 어린 시절을 보냈으나, 10세 때 을사사화로 매형 계림군이 역모로 처형당하고, 아버지가 유배 길에 오르면서 고된 유년 시절을 보냈으며, 우연한 기회에 전라도 담양에 거주하고 있던 사촌(沙村) 김윤제에게 16세가 되어서야 겨우 학문을 배울 수 있었다. 26세 때 진사시 급제, 27세 때 문과별과 장원을 하고 성균관 전적 겸 지제교로 출사하였다.

  이후 이조정랑, 홍문관 전한, 예조참판, 대사헌을 거쳐 우의정, 좌의정까지 역임하고, 서인의 영수로 명종 시대부터 선조 시대까지 붕당 정치의 한가운데 있었다. 수차례의 사화와 임진왜란 등을 거치면서 여러 번 파직과 유배를 거듭한 끝에 만년에는 남인의 모함으로 벼슬을 그만두고 강화도 송정촌에서 칩거하다 선조 26년인 1593년 58세의 나이로 아사(餓死)하다시피 세상을 떠났으니, 송강처럼 일생이 영욕(榮辱)으로 점철된 이도 드물 것이다.

---

7) 이름은 류(瑠)로 세조의 손자 월산대군의 손자.

송강의 장진주사 첫 구 "한잔 먹세 또 한잔 먹세 그려"에서는 이백의 싯구 일배일배부일배(一杯一杯復一杯)가 연상되고, 두 번째 구에서는 꽃잎으로 잔수를 세어가며 술과 시를 주고받는 낭만적 광경이 눈에 선하다. 이렇게 풍류적인 현실을 이야기 하다가, 셋째 구 부터는 괴롭거나 영화로운 인생이라 할지라도 유한한 삶이 가져오는 허무함을 노래하며 오직 술만이 이런 허무함을 달랠 수 있다고 읊고 있으니, 도연명[8]의 의만가사(擬挽歌辭) 중 千秋萬歲後 誰知榮與辱 但恨在世時 飮酒不得足(천추만세후 수지영여욕 단한재세시 음주부득족 : 오랜 세월이 지나고 나면 누가 영화롭고 욕됨을 알겠는가 다만 세상살이에 한이라면 마음껏 술을 마시지 못함이라네)이 연상된다.

위 두 편의 글은 모두 장진주(將進酒:술을 권하다)라는 제목의 시(詩)와 사설시조(辭說時調)이다. 이름하여 술 권하는 노래 즉 권주가(勸酒歌)로써 중국과 조선의 대표적인 작품이라 하겠다.

정도의 차이는 있을지라도 인생의 여정은 누구나 잠시의 환희 이면에는 괴롭고 슬픈 일로 굴곡져 있음이라. 이백이나 정철의 인생역정 역시 그러하다. 이백의 장진주는 호방함으로 가득 차 있다하나, 사실은 내면적 비애가 짙게 깔려 있다 하겠다. 이는 크

---

8) 도연명(陶淵明 365년 ~ 427년)은 중국 동진 후기에서 남조 송대 초기. 전원시인(田園詩人).

게는 인생이란 유한하다는 자각에서 오는 허망함에 있고, 작게는 자신의 재능에 비하여 정치가로서 뜻을 펼치지 못하고 거의 한평생 방랑의 길을 걸음으로써 오는 자괴감이었을 것이다. 이러한 방랑의 여정에서 술은 이백에게 용기와 위안을 주는 가장 크고 훌륭한 벗이었다.

송강은 이백과는 달리 정치가로서 뜻을 펼칠 수 있는 고관의 위치를 누리기도 하였으나 생애를 통해 보면 여섯 번이나 출사와 치사를 거듭하는 등 기복이 심한 정치적 역정 속에서 지병과 가난의 고통을 겪던 중 쓸쓸히 생을 마감하였다. 자작시 이단주(已斷酒:술을 끊다)에서 읊었듯이 수십여 년에 걸쳐 조석으로 마신 술이 마음속의 수심을 없애지 못한다 하여 술을 끊는다고 선언하였지만 결국 술이 일부 원인이 되어 정치적 입지를 잃게 되는 불운을 겪었다. 이러한 면에서 송강도 이백처럼 고단한 인생 여로에서 술이 삶을 살아가게 할 수 있는 가장 큰 동반자였지 않았겠는가.

800여 년의 차이를 두고 중국의 이백이나 조선의 송강 모두 술을 권하는 노래를 읊었지만 이백은 현실의 세계만을 노래하였으나 송강은 현실과 죽음의 세계를 넘나들며 노래하였다. 누가 더 한 수 위일까?

인간의 길, 고전에서 묻다

PART + 03

인간의 욕망은 필연

보통 사람들은 부자가 교만하지 않기가 어렵다고 생각하지만 공자는 가난과 부를 대비시켜 "빈한하면서 원망하지 않는 것은 어렵지만 부자이면서 교만하지 않은 것은 쉽다."라고 했다.

선비, 그들은 누구인가!

통상 선비란 학식과 인품을 갖추어 사회 지도층으로서의 역할을 하는 사람에 대한 총칭이다. 선비 즉 사(士)는 신분 계급적 의미를 넘어서 유교이념을 구현하는 인격체로 파악되고 있으며, 우리말의 선비가 지닌 인격적 성격과 일치할 수 있는 것이다. 선비는 유교이념을 담당한 인격이라는 뜻에서 유(儒)로도 쓰인다. 그래서 고려말 조선시대에 이르러서 선비는 유학자를 총칭하는 말로 대변되었다.

사를 뜻하는 순우리말 선비는 쇤비라는 말에서 왔다고 한다.
쇤비의 쇤(선)은 북방 고어의 밝다는 말이고 비는 이끌다를 뜻하는 말이라고 분석되기도 한다.
이에 비하여 한자의 사(士)는 벼슬한다는 뜻인 사(仕)와 관련된 말로서, 일정한 지식과 기능을 갖고서 어떤 직분을 맡고 있다는 의미를 갖는다. 설문해자에서는 사(士)의 글자 뜻은 일한다 또는 섬긴다(士, 事也)는 뜻으로 보아, 낮은 지위에서 일을 맡는 실무적, 기능적 성격을 나타내고 있다.

동시에 士는 十(십:수의 끝)과 一(일:수의 시작)의 결합으로 된 회의문자(會意文字)로도 보고 있다. 곧 十을 미루어 一에 합한다고 풀이한다.

이런 의미에서 사(士)는 지식과 인격을 갖춘 인간으로 이해될 수 있고, 그만큼 우리말의 선비와 뜻이 통한다. 중국에서 사는 은대(殷代)에도 관직 명칭으로 나타나지만 주대(周代)에서는 봉건계급(공公, 경卿, 대부大夫, 사士, 서庶)속의 하나의 신분계급으로 드러났다. 이러한 사의 성격은 춘추전국시대에 공자와 맹자를 중심으로 유교사상이 정립되는 과정에서 관직과 분리되어 인격의 측면이 뚜렷하게 확인되었던 것이라 할 수 있다.

공자는 선비란 어떠해야 합니까,라고 제자 자공이 묻자 선비의 개념을 아주 쉽고 명쾌하게 정의하고 있다.

즉 공자는 선비란 자기의 행위에 부끄러워할 줄 알고 나라에 욕됨이 없어야 하며 효성스럽고 공손하며 믿음성과 과단성이 있어야 함을 차례로 언급하고 있다. 나아가 요즘 정치하는 사람들은 이 축에 끼지도 못한다[1] 하였으니 선비의 사람됨과 사회 지도

---

1) 子貢問曰 何如斯可謂之士矣? "子曰 行己有恥, 使於四方, 不辱君命, 可謂士

층입네 하는 요즘 정치인들의 행태와 비교되어 씁쓸하기 짝이 없다.

또한 선비는 자기를 알아주는 사람을 위해서 목숨을 버려 아끼지 않는다는 뜻을 지닌 사위지기자사(士爲知己者死)[2]는 춘추시대 말기의 시대적 상황을 고려한다 할지라도 공자의 사에 대한 개념 정의보다 다소 격이 떨어진다 하겠다.

우리의 조선시대에는 유교이념이 지배한 시대인 만큼이나 선비들의 사회적 비중이 압도적이었다. 사화 등으로 많은 희생자가

矣. 日 敢問其次. 日 宗族稱孝焉, 鄕黨稱弟焉. 日 敢問其次. 日 言必信, 行必果, 硜硜然小人哉! 抑亦可以爲次矣. 日 今之從政者何如? 子曰 噫! 斗筲之人, 何足算也?"(자공문왈 "하여사가위지사의? 자왈 행기유치, 시어사방, 불욕군명, 가위사의. 왈 감문기차. 왈 종족칭효언, 향당칭제언. 왈 감문기차. 왈 언필신, 행필과, 갱갱연소인재! 억역가이위차의. 왈 금지종정자하여? 자왈 희! 두소지인, 하족산야? : 자공이 어떠해야 가이 선비라고 할 수 있습니까?"하고 묻자 "공자는 자신의 행동에 대하여 염치가 있고, 사명을 띠고 사방으로 나갔을 때 임금의 사명을 욕되게 하지 않으면 선비라고 할 수 있다"라고 했다. "감히 그다음 것을 여쭈어보겠습니다." 라고 하자 "집안에서 효성스럽다고 칭송하고 마을에서 공손하다고 칭송하는 것이다."라고 하셨다. "감히 그다음 것을 여쭈어보겠습니다."라고 하자 "말에는 반드시 믿음성이 있고 행동에는 반드시 결과를 추구하는 갱갱거리는 융통성이 없는 소인들이 있지만 그래도 역시 그 다음은 될 수 있다."라고 하셨다. "오늘날의 정치 종사자들은 어떻습니까?"라고 하자 공자께서 "허! 도량이 좁은 사람들이야 어찌 칠 것이 있겠느냐?"라고 하셨다. -『논어』,「자로편」)

2) 사기 자객열전 예양전

나왔지만 마침내 선비들이 정치의 중심세력으로 등장하는 사림 정치시대를 이루었다. 조선시대에는 사대부에 의한 관료제도가 정착되었고, 사회의 지도적 계층에서 선비의 위치는 가장 중심적인 것이었다.

또한 사는 사회 기능적 의미에서 독서로 학문을 연마하여 관료가 될 수 있는 신분이다. 이런 점에서 사는 일반의 생산 활동인 농업·공업·상업에 종사하는 사람과 병칭되어, 사·농·공·상의 이른바 사민(四民) 속에서 첫머리에 놓인다.

조선 초에 들어와 유교이념을 통치 원리로 삼으면서 선비들은 유교이념의 담당자로서 자기 확신을 정립하였다.

조선 초에 선비들은 새 왕조가 들어섰음에도 고려 말 절개를 지킨 인물인 정몽주를 사의 본보기로 추존(推尊)하였고, 절개를 굽히지 않은 길재의 학통에서 선비의식을 강화시켜갔다. 이들은 조선왕조 건국기의 혁명세력을 중심으로 고위관리로서 문벌을 이룬 훈구세력에 대항해 새로 진출하기 시작한 인물들로서, 절의를 존경하고 숭배하는 입장을 지닌 자신들을 사림파(士林派)로 구분하는 선비의 공동체 의식을 형성하였다.

조선시대에 들어와서 선비들이 사회의 지도적 계층으로서 그 지위가 확립되었을 때에는 선비의 생활양상도 매우 엄격한 규범에 의하여 표준적인 정형화가 이루어지게 되었다.

　유교사상을 바탕으로 한 선비정신을 이황(李滉)은 선비를 권력과 지위에 굴하지 않는 존재로 지적하였다. 그는 선비의 입장을 세속적 권세에 대조시켜서, "저들이 부유함으로 한다면 나는 인(仁)으로 하며, 저들이 벼슬로 한다면 나는 의(義)로써 한다."라고 특징지었다.

　선비는 유교 이념을 수호하는 임무를 지녔기 때문에 유교이념 자체가 바로 선비정신의 핵심을 이룬다. 선비는 부와 귀의 세속적 가치를 따르지 않고, 인의(仁義)의 유교이념을 신봉하였다. 특히 세속적 가치를 인간의 욕망이 지향하는 이익이라 한다면 선비가 지향하는 가치는 인간의 성품에 내재된 의리라 할 수 있다. 그러므로 선비는 결코 이기적 탐욕에 사로잡히지 않고, 공평하고 정당하여 치우침이 없는 도리와 사회 전체를 위하여 헌신적인 자세를 가진다.

　조선시대 선비의 모범이라 할 수 있는 조광조(趙光祖)는 선비의 마음 씀을 지적하여, "무릇 자신을 돌보지 않고 오직 나라를 위하여 도모하며, 일을 당해서는 과감히 실행하고 환난을 헤아리지 않는 것이 바른 선비의 마음 씀이다."라고 하였다. 이에 반하여 소인의 태도를 "자신을 위하여 도모하는 데 깊고 세상을 살아가는 데 주도한 자는 감히 저항하는 지조와 곧은 말로 원망과 노여움을 부르지 못하며, 머리를 숙여 아래위를 살피고 이쪽저쪽을 주선하여 자신을 보존하고 처자를 온전히 하는 자가 대개 많으니, 이들은 왕을 섬기고 나라를 근심하는 사람이 아니다."라고 지적하였다.

선비정신은 이기심을 넘어선 당당하고 떳떳함을 지닌다. 비굴하지 않고 꼿꼿하며 의심하지 않고 확고함을 지닌다. 퇴계 이황은 선비의 당당한 모습을 가리켜, "선비는 필부로서 천자와 벗하여도 참람하지 않고, 왕이나 공경(公卿)으로서 빈곤한 선비에게 몸을 굽히더라도 욕되지 않으니, 그것은 선비가 귀하게 여겨지고 공경될 까닭이요, 절의(節義)의 명칭이 성립되는 까닭이다."라고 언급하였다.

그는 또한 "선비는 예법과 의리의 바탕이며 원기(元氣)가 깃든 자리이다."라고 하여 선비를 모두 예법, 의리의 주체요, 사회적 생명력의 원천이라 봄으로써 선비는 신분적 존재를 훨씬 넘어서 하나의 생명력이요 의리정신의 담당자임을 밝힌 것이다.

연암 박지원이 조선시대의 선비인 사(士)에 대한 언급은 선비의 사회 기능적 성격을 완벽하게 표현하고 있다고 볼 수 있다. "천하의 공변된 언론을 사론(士論)이라 하고, 당세의 제일류를 사류(士流)라 하며, 온 세상의 의로운 주장을 펴는 것을 사기(士氣)라 하고, 군자가 죄 없이 죽는 것을 사화(士禍)라 하며, 학문과 도리를 강론하는 집단을 사림(士林)이라 한다."라 하여 사(士)의 개념을 더욱 확연하게 표현했다. 연암은 또한 선비의 도덕적, 인격적 위치를 해명하여, "효도와 우애는 선비의 벼리요, 선비는 사람의 벼리이며, 선비의 우아한 행실은 모든 행동의 벼리이다."라고 언급하였다. 이와같이 전통사회에서 선비는 분명히 그 사회의 양심이요 지성이며 인격의 기준으로 인식되었고, 심지어 생명의 원동력인 원기라 지적되었다.

선비는 주로 문사(文士)를 말하지만 무인 또한 사의 요건을 갖추어야 하기에 무사(武士)라 칭하였다. 곧 선비는 문무를 겸비한 자이며 고래로부터 육예(六藝)를 익히는 것이 필수 덕목이다. 나아가 선비의 의리정신은 그 실천에서 생명조차 버릴 수 있는 신념의 용기를 요구하는 것이다.

육예를 바탕으로 전인적 인간상을 견지하는 선비들의 의리정신은 타민족의 침략을 당할 경우, 침략자를 불의한 집단으로 규정하고 의리에 따라 이에 항거하려는 태도로 표출되었다. 임진왜란, 병자호란, 일제강점기 당시 나라를 구하기 위하여 분연히 일어난 의병들은 거의 선비들이었음은 이를 웅변하고 있다. 나아가 이러한 정신은 4·19혁명, 5·18민주화운동으로 까지 이어지고 있으니 이러한 선비정신이야말로 영원히 우리가 구현해야할 민족 정신이라고 입을 모으고 있는 것이다.

　이러한 면에서 우리의 선비정신은 일본의 사무라이 정신이나 서양의 기사도 정신과는 비교 자체가 되지 않을 만큼 격이 높다 하겠다.

용서는 무엇인가

서(恕)란 무엇인가!

서(恕)는 같을여(如)자 밑에 마음심(心) 자를 합한 글자로 의미하는 바가 예사롭지 않다. 흔히 지은 죄나 잘못에 대하여 꾸짖거나 벌을 주지 않고 너그럽게 보아준다는 용서(容恕)를 의미하며 남의 처지에 서서 동정(同情)하는 마음이니 동양 특히 유가(儒家)의 사상에서는 관용과 배려를 포함하여 그 뜻하는 바가 훨씬 깊고 넓다.

사람이 잘못을 저질렀을 때 용서를 구하는 대상이 서양에서는 하나님(유일신唯一神)[1]이며 오직 하나님만이 인간을 용서할 수 있다고 한다. 그러나 동양적 사고에서는 제 삼자인 (인격)신이 아

---

1) 오직 하나의 신만이 존재한다는 믿음. 유대교, 기독교, 이슬람교와 같은 아브라함 계통의 종교가 대표적.

니라 직접적인 인간관계에서 이뤄진다.

즉 잘못이란 지은 자 스스로 잘못을 뉘우치고 스스로를 용서할 수밖에 없으며 피해를 입은 상대 당사자에게 직접 용서를 구하는 길밖에 없다는 것이다. 또한 우리는 조상에게 욕 먹이지 말고, 네 부모, 자식들 앞에, 나아가서는 역사 앞에 부끄럽지 않도록 행동하라고 누누이 들어왔다.

오래전 비교적 절찬리에 상영되었던 "밀양"이란 영화가 있다.

주인공 신애는 사고로 남편을 잃고 아들이 유괴된 후 살해당한다. 정신적으로 엄청나게 방황하다 우연히 교회 목사를 만나고 하나님을 믿게 된다. 종교를 통해 마음의 평화를 얻었다고 생각한 신애는 살인범을 직접 만나 그를 용서해주기로 한다. 하지만 막상 마주한 살인범의 얼굴빛이 생각보다 좋다. 게다가 그는 자신이 이미 하나님께 용서를 받았다고 하는 게 아닌가. 이미 하나님으로 부터 용서받은 사람을 어떻게 다시 사람이 용서할 수 없다는 것이다.

자신의 어린 아들을 죽인 살인범을 용서하러 갔다가 도리어 더 큰 좌절과 절망을 경험한 신애는 세상사의 불합리함에 대한 분노를 표출하기 시작한다. 설교하는 목사와 기도하는 신도들을 시끄러운 음악(김추자의 거짓말이야....)으로 방해하기도 하고, 신애에게 처음 교회를 권했던 약사의 남편을 유혹하고, 과도로 손목을 그어버리기에 이른다. 살인범 면회 후 자신을 이성적으로 제어하지 못하고 끝없는 절망에 빠져 삶의 의미를 잃어버린 신애에게 그날 살인범으로부터 들었던 말들은 결코 잊을 수 없는 끔찍한 기억 중 하나였을 것이다.

용서란 무엇일까? 진정한 용서라는 건 과연 신에 의해서만 가능할까? 내 인생을 망친 사람들에게 우리는 어떤 태도를 보여야 하는가?

동양 사회에서 언급되고 있는 서(恕)의 의미를 고경(古經)[2]을 통하여 살펴보면, 子貢問曰 有一言而可以終身行之者乎 子曰 其恕乎 己所不欲 勿施於人.(자공문왈 유일언이가이종신행지자호? 자왈 "기서호! 기소불욕, 물시어인 : 자공이 스승께 여쭙기를 "한 말씀으로써 종신토록 행할 만한 것이 있습니까?" 하고 묻자, 공자께서 말씀하셨다. "그것은 서(恕)이다! 자기가 하고자 하지 않는 일을 남에게 베풀지 말라는 것이다.) 공자는 인간이 일생동안 염두에 두고 실천해야할 덕목이 서(恕) 한 글자라고 단언하고 있으며 이는 자공의 일생 화두가 되어 버림이 틀림없다.

그렇다면 공자가 서(恕)의 실천적 행위로써 곧바로 내세운 기

---

2) 『논어』, 「위령공편」.

소불욕 물시어인(己所不欲 勿施於人)이란 어떤 의미인가?

　내가 하기 싫은 일은 남도하기 싫어할 것이다. 이것이야 말로 남에게 최소한의 피해도 주지 않을 수 있는 최선의 방법이지 않겠는가! 공자께서 말씀하신 바는 없지만 차선의 길은 기소욕 시어인(己所欲 施於人)일 것이다 즉 "내가 하고자 하는 바를 남에게 베풀어라."이다. 이는 예수의 말씀이신 "남에게 대접 받고자 하는 대로 너희도 남을 대접하라"[3]와 궤(軌)를 같이 하는 내용이라 할 수 있다. 보통은 논어의 기소불욕 물시어인과 누가복음 속의 이 구절을 동일하게 보는데 큰 틀에서는 같은 의미일 수도 있으나 더욱 깊이 있게 살펴보면 그렇지도 않다.

　공자는 왜 물(勿) 즉 ~하지 마라, 라고 했는가!
　우리는 이렇게 말하는 법을 부정형적 어법이라 한다.
　위의 마태복음에서 언급하고 있는 기독교의 도덕적 황금률은 인간 행위를 긍정형으로 제시한다. 그러나 공자의 어법은 부정형이다. 왜 그럼 부정적일 수밖에 없을까? 사람들의 외양과 말투 행동이 모두 비슷하다고 해서 그들의 욕망도 똑같을 것이라고 가정할 수는 없기 때문이다.

　내가 아닌 타인의 욕망을 헤아리기 어렵기 때문에 "베풀지 마라"라는 부정형의 행위를 함으로써, 혹 발생할 수 있는 부작용을

---

[3] 마태복음7장/누가복음6장

원천적으로 차단하는 방식을 취한 것이다. 즉 단순히 잘못을 사후에 용서하는 차원을 넘어서 베풀지 않음의 비행위로 서(恕)를 규정한 것이다.

사실 거의 모든 대표적 종교에서 보편적으로 나타나는 메시지는 상대방에 대한 배려를 내 행동의 준칙으로 삼으라는 것이다. 그러나 이는 쉽지 않다. 인간이라는 동질성을 전제하더라도 나는 어디까지나 나이고 근본적으로 내가 아닌 상대방이 원하는 것이 짐작 또는 추측 이외는 무엇인지를 알 길이 없기 때문이다.

즉 인간의 욕망은 정당성 여부를 떠나 저마다 다르기에 아무리 좋은 의미라 할지라도 상호간 언제든 어긋날 수 있다. 그러므로 부정형은 행위 자체가 발생하지 않아 부작용도 없지만 긍정형에 의한 행위의 발생은 부작용의 위험을 내재하기 때문이다.

공자의 부정형적 어법은 다소 소극적이게 보일 수도 있으나 타인에게 최소한의 피해도 끼치지 않을 수 있는 반면 기소욕 시어인(己所欲 施於人)의 의미는 그렇지 않을 수도 있다. 예수의 가르침대로 남에게 대접 받고자 하는 대로 너희도 남을 대접하라 즉 공자의 어법대로라면 자기가 원하는 것을 남에게 베푼다고 했을 때 내가 김치찌개를 좋아해 친구에게 김치찌개를 대접했다고 가정해보자. 친구도 김치찌개를 좋아하면 다행이지만, 싫어할 가능성 또한 배제할 수 없다.

어떤 때는 느닷없이 친구가 전화로 모종의 좋은 일이 있으니 한번 해 보라든가 자네가 시간이 없으면 자네 와이프가 한번 해 보면 어떠냐고 제의가 온다. 참으로 황당한 일이다. 부탁한 바도 없고 생각지도 않고 있는데 참으로 스트레스가 아닐 수 없다. 그렇게 좋은 일이면 본인이 먼저 할 일이지 않겠는가.(살다 보면 실제로 이런 경우가 종종 있다)

또한 내가 대접받고 싶은 대로 대접했는데 상대방이 대접받은 대로 나를 대접하지 않으면 문제가 발생한다. 화가 나고 증오하는 감정이 생길 것이다.

우리는 주변에서 이 말대로 실천해서 다툼이 나는 장면을 자주 목격하고 있다. "내가 너한테 해준 게 얼만데……"

"내가 언제 너더러 해주라고 했냐?" 이런 식으로 말이다. 친구가 남남이 되고 가족이 원수로 되는 것은 거의 대부분 이런 이유 때문이다.

사람은 남(부모, 자식, 형제를 포함한 모든 타인)에게 무언가를 해주면 경중의 차이는 있을지언정 본능적으로 바라게 되어 있다. 이는 인지상정일 뿐이다.

여하튼 자구(字句) 해석대로라면 기독교적 황금률은 불완전하다.

다툼과 분쟁의 근원이 될 수도 있다.

'사실 ~을 하지 마라'와 같은 부정형태의 명제는 동서를 막론하고 고대의 경전에 공통적으로 나타난다. 기 언급된 논어에서 그러하고 탈무드[4]에서도 율법의 요지를 묻는 이방인에게 랍비[5] 힐렐(약 B.C60~A.D20)은 "당신이 하기 싫은 일을 당신 이웃에게 하지 마시오 이것이 율법 전체의 정신이요 다른 모든 것은 이것에 대한 설명일 뿐이다"라고 가르쳤다. 또한 구약외경 토빗기(4장15절)에서도 "네가 하기 싫은 일은 아무에게도 하지 마라"라고 했다.

이슬람 학자 이븐 아라비(Ibn Arabi)[6]는 "너 자신이 싫어하는 것을 남에게 행하지 말라"고 하였다.

불경(佛經) 중 초기 가르침을 담고 있는 잡아함경에서도 "나는 남에게 속는 것을 좋아하지 않나니 남도 그럴 것이다. 그런데 어떻게 남을 속이겠는가."라고 말했다.

나아가서 우리는 기소욕물시어인(己所欲勿施於人: 자기가 하고자하는 바를 남이 하도록 하지마라)이나 기소불욕시어인(己所不欲施於人:자기가 하기 싫은 바를 남이 하도록 해라)와 같은 명제도 생각해볼 수 있다.

---

4) 유대교의 율법, 윤리, 철학, 관습, 역사 등에 대한 랍비의 생각을 기록한 문헌.
5) 유대교의 율법교사에 대한 경칭.
6) 1165년~1240년. 이슬람의 신비주의 사상가이며 '종교의 재생자', '최대의 스승'이라고도 불린다.

한편 서(恕)는 논어 이인(里仁)편에 보여지듯이 충과 함께 언급되고 있는데

子曰參乎 吾道一以貫之 曾子曰 唯 子出 門人問曰 何謂也 曾子曰 夫子之道 忠恕而已矣.(자왈삼호! 오도일이관지 증자왈 유 자출 문인문왈 하위야 증자왈 "부자지도, 충서이이의. : 공자께서 말씀하시기를 "(증)삼아 나의 도는 한 가지 이치로 일관되게 꿰뚫는 것이다. 하시자 증자께서 "예" 하고 대답하였다. 공자께서 나가시자, 문인들이 "무슨 말씀인가?" 하고 물으니, 증자께서 대답하셨다. "선생님의 도는 진실한 용서뿐이다.")

공자가 평생 화두로 삼을 만한 말이 서(恕, 용서와 사랑)'라고 한 데 이어 공자의 학문을 후세에 전하는 데 핵심적 역할을 한 증자도 선생님의 도는 진실한 용서뿐임을 확인시켜 준다. 여기서 충서(忠恕)를 충과 서로 나누어 각각 동등하게 해석하는 경우가 있는데 충(忠)은 중(中)에 심(心)이 합해진 글자로 진실함(정성, 공평), 흔들리지 않는 중의 마음이므로 그것 보다는 충이 서를 꾸미는 형용사로 봐서 진실한 용서로 해석하는 것이 좋을 것 같다. 그래야 일이관지(一以貫之)란 말에 합당할 것이며 위령공편의 기서호(其恕乎)와 맥을 같이 한다고 볼 수 있다.

사서의 하나인 중용에서도 忠恕違道不遠 施諸己而不願 亦勿施於人(충서위도불원 시저기이불원 역물시어인 : 충서(진정한

서)는 도(道)에서 거리가 멀지 않으니 자기에게 베풀어보아 원하지 않는 것을 또한 남에게 베풀지 마라 - 중용)이라 했으니 논어의 내용과 다름이 없다.

또한 서는 배려(配慮)의 마음인 것이다. 夫仁者 己欲立而立人(부인자 기욕입이입인 : 무릇 인이란 내가 서고자 하면 남을 먼저 세워주라 - 옹야편) 이 구절은 물론 인에 대한 언급이지만 또한 남을 먼저 생각하고 배려하는 마음을 가짐이 참으로 중요함을 단적으로 표현하고 있다.

배려란 상대방의 입장 처지 상황을 먼저 고려해 줌을 말한다. 즉 남에 대해 자신을 살피듯이 여러 가지로 마음을 써서 보살피고 도와줌이다.

주자(朱子 1130~1200)는 중용장구에서 충과 서에 대해 盡己之心爲忠 推己及人爲恕(진기지심위충 추기급인위서 : 자기의 마음을 다 하는 것이 충이고 자기 마음을 미루어 남에게 미치는 것이 서다)라 하였다. 자기를 미루어 남에게 미친다 하였으니 이는 자기의 마음으로 남의 마음을 헤아리는 것이니 남에 대해 배려의 마음을 뜻함이라. 사실 추기급인(推己及人:자기를 헤아려 다른 사람의 마음에 이른다. 즉 자기의 처지에 비추어 다른 사람의 형편을 헤아림/입장을 바꾸어 남의 처지를 헤아리는 것)은 주자의 여범직각서(與范直閣書)에 처음 보이며 이 이야기의 바탕은 안자춘추(晏子春秋) 간(諫)에 나오는데 편안한 생활에 묻혀 백성들의 고통에 대해서는 전혀 생각이 미치지 못하는 경공(景公)의 불찰을 지적한 안자의 말을 수긍하여 따른다는 고사에서 추기급인이라는 개념이 유래했다고 한다.

이를 바탕으로 주자는 學者之於忠恕未免叄校彼己 推己及人則宜(학자지어충서미면참교피기 추기급인칙의 : 배우는 사람이 충서(忠恕)에 있어서 자타를 참고해 고치는 것을 벗어나지 못하지만 나를 미루어 다른 사람에게 미치는 것이 올바른 일이다)라 하였다.

앞에서도 언급하였듯이 동양적 사고로는 잘못이란 스스로의 성찰로 고치는 것이지 초월자의 용서에 의한 것이 아니라는 거다. 또 동양인은 인간 세상에서 벌어지는 일은 인간이 책임져야 한다는 의식이 강해서 신이 용서하는 것에 대한 심리적 저항이 있는 것이며 우리나라에서 이런 사상은 후에 동학의 인내천(人乃天)사상으로 이어졌다고 파악되기도 한다.

독립된 육체와 정신을 지닌 각각의 인간이 저마다 다른 욕망을 지닌 타자의 마음에 접근하여 마음(心)을 같게(如) 하라는 서(恕)는 어쩌면 영원히 불가능할지도 모른다. 그래서 공자는 행위의 결과로 나타날 수 있는 부작용을 원천적으로 차단하기 위해 부정형적 어법을 취하지 않았겠는가.

따뜻함을 뜻하는 한자 온(溫)은 죄수를 뜻하는 수(囚)와 그릇을 뜻하는 명(皿) 및 氵(水)이 결합된 글자라 한다. 즉 죄수의 물그릇이다. 추운 감옥 안에서 홀로 굶주리고 있는 죄수에게 건네지는 따뜻한 밥 한 그릇, 물 한 그릇은 감옥 밖에 있는 사람의 따뜻한 마음이 일어나게 되어 자신의 마음의 거울에 감옥 안 사람의 마음이 비치어 도덕성이라는 저울 위에서 두 마음의 균형이 맞으면 이것이 서(恕)이다.

올바르게 얻은 부의 당당함이 세상을 이끈다

　만세사표라 일컬어지는 공자는 부(富)와 귀(貴)란 뜬구름 같은 것이다,라고 묘사한 대목이 있는데, 여기에는 올바르지 아니한 부와 귀가 분명히 전제되고 있다.[1] 나아가 공자의 어록인 논어를 읽다보면 공자야 말로 정당한 부는 직업의 귀천에 관계없이 얻으려고 노력해야 한다고 역설하고 있다.

　子曰 富而可求也 雖執鞭之士 吾亦爲之 如不可求 從吾所好(자왈 부이가구야 수집편지사 오역위지 여불가구 종오소호 : 공자께서 말하기를 부를 정당히 구하는 것이 가능하다면 비록 말몰이꾼이라도 내 역시 하겠지만 떳떳이 구하는 일이 불가하다면 나는 좋아하는 바를 따라 좇아 하겠다)라고 역시 떳떳한 부의 추구에

---

1) 子曰 飯疏食飮水 曲肱而枕之 樂亦在其中矣 不義而富且貴 於我如浮雲(베고 누워도 즐거움이 또한 그중에 있으니, 의롭지 못하면서 부귀함은 내게 뜬구름과 같다) - 『論語(논어)』, 「述而篇(술이편)」.

대한 정당성을 말하고 있다.

보통 사람들은 부자가 교만하지 않기가 어렵다고 생각하지만 공자는 가난과 부를 대비시켜 貧而無怨難 富而無驕易(빈이무첨난 부이무교이 : 빈한하면서 원망하지 않는 것은 어렵지만 부자이면서 교만하지 않은 것은 쉽다.)라고 했다.

그만큼 가난이란 사람의 순한 영혼조차도 갉아먹어 버리고 견디기 어려운 노릇이다. 오죽했으면 가난은 나랏님도 구제할 수 없다고 했겠는가!

그만큼 어렵다는 뜻일 게다. 물론 예나 지금이나 국정 운영자들에 의한 정치의 잘 잘못으로 경제가 성장할 수도 있고 파탄 지경으로도 몰릴 수 있음은 역사가 증명하고 있음이다.

또한 공자는 위나라의 인구가 번성한 것을 보고 "사람이 대단히 많구나!" 하고 놀랬다. 인구가 많아 감탄하는 공자에게 제자 염유가 더 이상 무엇이 필요하냐고 여쭙자, "그들을 잘 살게 해주어 한다(부지富之)"고 했다.

잘 살게 되면 또 무엇을 하느냐고 다시 여쭈니 "그들을 가르쳐야 한다(교지敎之)"고 했다.

사실 위 말은 역설적으로 백성들을 잘 먹고 살 수 있게 해주었기 때문에 백성의 인구수가 많아졌다는 의미일 것이다. 현대에도 그렇겠지만 옛날에는 백성의 수가 국력을 나타내는 절대적인 요건이었다. 그런데 공자는 백성의 수를 늘리는데 첫 번째의 요건이 잘살게 하는 일, 바로 부(富)라는 것이다.

먼저 백성들의 생활을 풍부하게 만들고 나아가서 교육을 통해 계몽시킴으로써 백성들의 삶이 지속적으로 안정되고 행복하게 해 주는 것을 말하고 있다.

즉 삶에 있어서는 무엇보다도 먼저 경제생활을 부유케 하고 다음은 교육을 일으켜서 물질생활의 굳건한 토대 위에 정신생활의 향상을 꾀할 것을 말하고 있는 것이다. 공자가 말하는 정치는 결국 국민을 사랑으로 잘 돌보아서 국민의 부담을 가볍게 하고 산업을 일으켜서 생활을 풍족케 하며 교육기관을 세워서 정신생활에 여유를 갖게 하는 것에 있었던 것이다.

부(富)란 무엇인가?

한자어인 부는 집(宀)안에 재물이나 복(畐)이 가득 차 있는 상태를 말한다.

그래서 부(富)라는 글자와 연관된 단어는 특히 재산이 넉넉하고 풍성하며 기운이나 세력이 왕성함을 의미하고 있다. 부강(富強), 부국(富國), 부농(富農), 부유(富裕), 부익부(富益富), 부자(富者), 부촌(富村), 부호(富豪), 빈부(貧富), 치부(致富) 풍부(豊富)

등……

　지금 우리가 살아가고 있는 사회를 자본주의라 하며 생산 수단의 사유제 아래에서 상품생산이 행해지는 경제체제를 말함이다. 자본주의(資本主義)사회란 문자 그대로 자본 즉 사업이나 영업 따위를 이루거나 유지하는 데에 드는 기금 재화와 용역을 생산하거나 효용을 높이는 데 드는 가치 있는 밑천이 한 사회의 근간을 이룸을 의미한다. 밑천은 한마디로 돈이며 재물이다. 물질적인 면에서 우리는 돈이나 재물을 얻는 것을 부를 쌓는다고 하며(치부致富) 이득을 얻어 가는 과정에서 부는 형성된다.

　돈이란 무엇이고 돈의 가치는 무엇인데 사람들은 돈을 벌기위해 온통 삶을 받치는 것일까!
　돈은 재화와 용역으로 교환할 수 있는 가치이며 돈 즉 부를 지녔단 것은 재화와 용역을 소비할 수 있는 권한을 지니고 있음을 의미한다.
　한편 많은 돈을 갖고 있다는 것은 이 세상에 존재하는 재화 또는 용역으로 교환할 수 있는 교환 가치의 양이 그만큼 많다는 것을 의미한다.
　이는 보통 사람들이 엄두도 낼 수 없는 최고급 스포츠카나 요트를 소유할 수도 있고 호화 별장을 짓고 운전사와 정원사 하녀를 둘 수 있다. 또한 살아가기 위한 생업의 현장으로 부터 벗어나 자유스런 세계여행을 즐길 수도 있다.

물론 정신의 세계와는 다소 별개일 수도 있겠지만 적어도 물질적인 면에서는 자유로움을 만끽할 수 있게 해주는 것이 부(富)임에는 틀림없다.

인간은 누구나 할 것 없이 부를 추구한다. 다만 극소수의 사람만이 최소한의 물질적 만족을 바탕으로 정신적 자유로움을 얻고자 애쓸 뿐이다.

이러한 부는 인간의 가장 기본적인 욕망이며 대부분의 경우는 삶의 전체를 좌지우지하는 특성을 지니고 있다 하겠다.

우리는 살아가는데 있어서 삶의 지혜를 고전으로 얻을 수 있다는 것에 대해 별 이의가 없다. 이러한 관점에서 사업가들에게는 부의 형성 차원에서 역사고전의 태두라 할 수 있는 사마천(司馬遷)[2]의 사기열전(史記列傳) 특히 화식열전(貨殖列傳)은 필독서가

---

[2] (BC145~BC85) 태사령(太史令)을 지낸 사마담(司馬談)의 아들로 태어났다. 2세기까지 중국에서 나온 역사서 가운데 가장 중요한 것으로 꼽히는 〈사기 史記 : BC 90년에 완성〉의 저자이다. 사기는 과거의 복잡한 사건들을 질서정연하게 기술했다는 점이 돋보였다(기전체紀傳體). 또한 주제가 후기의 역사서들처럼 궁정 중심의 정치적인 것에 한정되어 있지 않고, 훨씬 폭넓은 사회 계층을 다루고 있어서 훗날 중국 역사서의 본보기가 되었다.
＊태사령이란 천문관측, 달력의 개편, 국가 대사(大事)와 조정 의례(儀禮)의 기록 등을 맡는 직책.

아닐까!

　고전에 대해 별로 관심 없는 사람들이라 할지라도 사마천의 사기라는 책에 대해서는 한번쯤 들어 봤을 것이고 기회가 되면 읽고자 시도를 해 봤을 것이다.
　그 중 사기열전(史記列傳)은 백미로써 중국 고대의 인물들이 펼치는 처절하고 파란만장한 인간 군상의 역사이다.
　그런데 예로부터 사기를 읽으면서 화식열전(貨殖列傳)을 읽지 않는다면 사기를 읽지 않은 것과 같다고 말했다. 특히 이 말은 현대를 살아가는 사업가들(경영인)에게 정확히 들어맞는 말임에 틀림없다.
　그만큼 사기에서 화식열전의 내용이 엄청난 의미를 지니고 있다. 화식열전은 사기열전의 마지막 부분으로 춘추시대부터 전한(前漢) 때까지 부를 축적한 총 52명의 화식가(貨殖家)인 역사 인물을 다루고 있다.
　화식(貨殖)은 "재산을 늘림" 또는 "상공업의 경영"이라는 의미다. 사실 사마천이 지칭하는 화식의 개념에는 각종 수공업과 농어업, 목축업, 광산, 제련 등의 경영을 총망라하고 있다.

　유가사상을 바탕으로 도덕을 숭상했던 한나라 시기에 화식열전을 통해 인간의 삶을 꿰뚫어 보는 사마천의 통찰력에 경탄을 금치 못할 뿐이다.

　이렇듯 인류 역사에서 가장 위대한 역사가인 사마천은 인간이 부를 추구하는 것은 인간 본연의 성정임으로 불변의 진리라고 보았다.

　富者人之情性 所不學而俱欲者也(부자인지정성 소불학이구욕자야 : 부란 인간의 타고난 성정(性情-慾望)이다. 그러므로 배우지 않아도 모두 바라는 바이다)

　인간이 경제적인 풍요로움을 얻고자 함은 선악을 떠난 자연스러움이며 이는 배워서 이해할 수 있는 것과는 전혀 관계가 없는 본능적인 욕망이라는 것이다.

　天下熙熙(천하희희) 皆爲利來(개위이래)
　天下壤壤(천하괴괴) 皆爲利往(개위이왕)
　(천하 사람들이 희희낙락 하는 것은 모두 이익이 오기 때문이며, 천하 사람들이 어지럽게 무너지는 것은 모두 이익이 떠났기 때문이다.)

　이천년 전이나 지금이나 이익을 좇아 이합집산하는 사람들의 세태는 영원히 변치 않은 일인가!

　이(利)를 추구하는 것은 재화를 얻는 물질적인 면이나 학문 등을 닦아 차원 높은 정신의 세계를 이루려는 것이나 모두 인간의 본능임에 틀림없다.

　항상 문제가 되는 것은 모든 도덕적 가치를 저버리고 개인의 물질적 풍요로움만을 위해 모이고 흩어진다는 데에 있다. 안타깝게도 인간은 각자의 이득만을 얻기 위해 동분서주함이 대부분이다.

　내가 조금 손해 보더라도 정직하게, 조금 늦더라도 질서를 지키고 주변을 둘러보는 여유로움, 나 혼자 성공해서 뻐기고 의시대기보다 손잡고 함께 하는 모임은 나만이 아닌 우리 모두의 삶을 가치 있고 풍요롭게 할 것이다.

　성공 제일주의, 물질 만능주의 등으로 인한 이합집산은 결과적으로 우리의 삶을 나락으로 떨어뜨릴 뿐이다.

　이천여 년 전 사마천은 당시의 대세인 농업을 중요시 하는 흐름으로 인하여 상업에 대한 천시와 이에 따른 억상정책(抑商政策)에 반대하고 자연의 법칙에 따라 물 흐르는 듯 자연스럽고 자발적인 상업 활동을 거론하면서 경제 및 상업이 나라의 통제 없이 자유스러워야 한다고 주장했다.

　"사람들은 각기 자기의 능력에 따라 힘을 다해 원하는 것을 얻는 것이다. 그래서 물건 값이 싸다는 것은 비싸질 조짐이고 비싸다는 것은 싸질 조짐이다. 사람들이 자기 일에 힘쓰고 자기가 종사하는 일을 즐겁게 여기면 이는 마치 물이 아래로 흐르는 것과 같이 밤낮 쉬는 때가 없다. 백성을 불러들이지 않아도 스스로 오고 시키지 않아도 스스로 생산에 힘쓰게 된다. 이 어찌 도리에 부합되는 일이 아니며 자연스러움의 증험이 아니겠는가."

이러한 사마천의 견해는 자유시장 경제를 주창한 애덤 스미스[3]의 "보이지 않는 손(invisible hand)"의 이론보다 이천 년이나 앞선 것이었다.

부를 쌓는 일은 억지로 되는 일이 아니다. 財幣欲其 行如流水(재폐욕기 행여유수 : 재물과 돈은 물의 흐름과 같이 원활해야 한다)라 했는가.

사마천은 서민이 부자가 되는 방법으로 상업을 제일로 꼽았다.

사마천은 서민도 인간으로서 풍요롭고 아름다운 생활을 바라고 있으며 이는 지극히 정상적인 일로 결코 억압해서는 안 되는 것이라고 했다. 또한 가난한 사람이 부를 구하려면 농사가 공업보다 못하고(농불여공農不如工). 공업은 상업에 미치지 못한다(공불여상工不如商). 여인들이 방직물에 자수로 아름다운 문양을 만들어 얻은 수입은 시장 문에 기대어 장사하는 수입만 못하다(자수문불여의시문刺繡文不如倚市門). 이 말은 상업이 가난한

---

3) 고전 경제학의 아버지(Smith, A., 1723 ~ 1790). 〈국부론〉으로 알려져 있는 대표적인 저서 〈국부의 성질과 원인에 관한 연구〉과 도덕 감성론을 썼다. 철학자이자 경제학자이다.

사람의 자본이란 말이다(차언말업빈자지자此言末業貧者之資). 당시는 중농억상(重農抑商)의 관념이 자리하고 있는 시대이며 가장 비천하게 여기는 생업이 상업이었음을 감안할 때 상업이 부를 얻는 최상의 길임을 강조한 것은 탁월한 혜안이 아닐 수 없다.

 사마천에 따르면 상업과 전쟁은 비슷한 점이 많다. 군사 전쟁은 전쟁터에서 결정되고 상인의 승패는 시장에서 결정된다. 상업의 경쟁이란 사실상 일종의 전쟁과도 같다. 전쟁과 상업은 모두 사람이 주체가 되는 투쟁이며 적자생존과 우승열패의 원칙에 따라 진행된다는 공통점이 있다. 상업에서는 이익을 예측하는 일에서부터 경영의 성패가 좌우된다.

 倉廩實而知禮節 衣食足而知榮辱 禮生於有而廢於無(창름실이지예절 의식족이지영욕 예생어유이폐어무 : 곳간이 가득 차야 예절도 알고, 입고 먹는 것이 풍족해야 영욕도 알게 된다). 예는 재물이 풍족하면 생기고 없으면 사라지는 것이다.)
 가슴이 섬뜩할 정도로 너무나 현실적인 말이다. 우리는 일생동안 예를 지키면서 살아가지 않을 수 없다. 굳이 예라고 표현하기보다는 차라리 사람 노릇이라 함이 느낌이 더 와 닿을 것이다. 이 사람 노릇이란 게 거의가 재물 즉 돈과 관계됨은 부인할 수가 없다.

사람과 사람 사이의 관계 형성은 슬프게도 돈을 떠나서는 상상하기 어려운 것이 동서고금을 막론하고 현실일 뿐이다. 이는 인간관계 형성의 가장 기본적이고 바탕이 되는 부부, 부모, 형제지간에도 예외는 아니다. 하물며 혈연을 떠난 타인과의 관계에서는 더 거론할 여지가 없다.

그러므로 돈을 벌려고 하는 행위는 인간 본성의 발로인 것이나 사람다운 세상이 되려면 부의 정당함이 전제되지 않을 수 없다. 그리고 정당하게 형성된 부는(불행하게도 사악한 방법으로 이룬 부까지도) 외견상 사람을 당당하게 만드는 게 인지상정이다.

화식열전에는 남녀, 귀천, 직업 등을 가리지 않고 대부(大富)를 이룬 다양한 인물들이 등장하는데 이 중 자공(子貢)이라는 공자의 제자가 나온다. 사실 자공은 스승을 시봉하면서도 탁월한 외교력과 상술로 부를 쌓아 공자가 학단(學壇)을 이끌어 갈 수 있도록 하는데 결정적으로 중요한 경제력을 제공한 사람이다.

공자의 언행록이라 할 수 있는 논어에 자공은 35회 이상 등장해 비중이 가장 큰 인물로 꼽힌다. 자공은 덕행과 학문이 깊은 안회와 민자건, 정치에 종사했던 염유와 자로, 문학적 재능에 능한 자유와 자하, 효심으로 이름난 증자 등 다른 수제자와는 전혀 다른 외교가이자 사업가였다. 그것도 제후국의 최고 통치자와 대등하게 예를 나눌 정도의 엄청난 사업가였다. 여기서 "궁궐의 뜰을 사이에 두고 대등한 예를 나눈다."는 의미의 분정항례(分庭抗禮)라는 고사성어가 나왔을 정도이다. 사업가의 위상이 한 나라의 임금과 맞먹을 정도를 비유한 것이다.

사업가였던 자공은 어떤 인물이었을까.

사업가이자 언변이 뛰어난 훌륭한 외교가로서 자공의 모습은 다양하게 나타난다. 자공은 여러 나라를 오가며 분쟁을 해결한 외교가이며 또한 유가의 후원자였다. 유가와 관련된 기록을 살펴보면 공자의 삶은 물론 공자로부터 창시된 유가의 형성에 자공이 미친 영향은 실로 막대하다는 것을 어렵지 않게 발견할 수 있다. 공자 학단의 유지 배경에는 사업가 자공의 든든한 자본이 자리 잡고 있었다.

우선 공자의 삶과 초기 유가에 있어서 자공의 비중은 기록에서 확인된다. 공자 제자들의 전기라 할 수 있는 사기의 『중니제자열전』에도 자공의 분량은 절반 가까이를 차지한다. 중니제자열전의 자공에 대한 기록은 대부분 외교가 자공의 면모를 잘 보여준다.

화식열전 내용 중 위에서 잠깐 언급된 분정항례(分庭抗禮),라는 문구를 보면 부가 얼마나 큰 위력을 지니고 있는가를 여실히 보여주고 있다.

子貢結駟連騎 束帛之幣以聘享諸侯 所至 國君無不分庭與之抗禮(자공결사연기 속백지폐이빙향제후 소지 국군무불분정여지

항례 : 자공은 사두마차를 타고 가마 수행원을 거느리며 비단뭉치를 선물로 들고 제후들을 찾아가자 그가 가는 곳마다 나라의 왕들이 몸소 뜰로 내려와 그에게 대등한 예를 행하지 않는 자가 없었다.)

사실 분정항례라는 말은 사마천보다 백오십여 년 전의 인물인 『장자(莊子)』의 「잡편」·「어부(漁父)편」에 좀 다른 의미로 먼저 나오는 말이다.

"공자는 밖에 나왔다가 한 어부(漁夫)를 만나게 되었다. 이 어부는 고금(古今)에 대하여 말을 하는 것이 매우 식견이 넓은 사람이었다. 공자는 이 어부를 매우 대단하다고 생각하고 존경하는 마음이 들게 되었다. 공자는 그에게 사는 곳이 어디인지 물으며, 가르침을 받고 싶다고 하였다. 그러나 그 어부는 이를 무시하고 노를 저으며 가버렸다.

이를 지켜보던 자로(子路)가 공자의 수레 곁으로 가서 물었다.

"선생님, 저는 오랫동안 선생님을 모시고 공부를 하였지만, 선생님께서 이렇게 두려워하시면서 다른 사람을 만나시는 것을 본 적이 없습니다. 萬乘之主 千乘之君 見夫子 未嘗不分庭抗禮(만승지주 천승지군 견부자 미상불분정항례 : 만승(萬乘)의 천자(天子)이건 천승(千乘)의 제후이건 선생님을 만날 때는 뜰에 자리를 마련하고 대등하게 예의를 갖추지 않는 적이 없었습니다.) 오히려 선생님께서는 그들보다 더 고결한 용모를 하고 계셨습니다. 오늘 그 어부는 노를 짚고 서 있었고, 선생님께서는 허리를 굽힌 채 절을 두 번 하며 응답하셨는데, 이건 너무 하신 것이 아닙니까? 우리들 제자들은 모두 선생님을 이상히 생각하고 있습니다. 저 어부는 무엇 때문에 그처럼 큰 예를 받을 수 있었습니까?"라는 대목이다.

이와 같이 사마천의 이야기든 장자의 이야기든 분정항례는 상호간에 꿇리지 않고 대등하게 예를 나누는 경우를 말하고 있다.

어쨌거나 결국 부의 종국적인 의미는 개인의 안락과 호화로움에 있는 것이 아니라 정당하게 이룬 부를 나눔이라는 행위를 통하여 대동사회(大同社會)[4]를 이루는데 있지 않겠는가!

진정한 부의 의미는 나눔에 있고 나눔의 대상은 내가 아닌 타인(他人)이다. 타인이 존재하지 않는 세상이란 있을 수 없는 일이기 때문이다.

구례 운조루(雲鳥樓)[5]의 他人能解(타인능해 : 누구나 능히 열

---

4) 유가학파들이 주장한 동양의 이상 사회로 큰 도가 행해지면 천하가 공평무사하게 된다. (禮記 禮運)
5) 전라남도 구례군 토지면에 있는 조선후기 낙안군수를 지낸 유이주 관련 주택. 국가민속문화재 제8호. 1776년(영조 52) 삼수부사와 낙안군수를 지낸 유이주(柳爾冑)가 건립하였다고 한다. 이 집터는 풍수지리설에 의하면 금환낙

수 있다. 누구나 뒤주를 열고 쌀을 가져갈 수 있다는 말이다.) 이야기나 상불(商佛)이라 일컬어지는 임상옥의 일화는 부의 나눔에 대해 시사하는 바가 크다.

특히 조선 후기에 조선 역사상 최초이자 최후의 거상으로 지목되는 임상옥(林尙沃 1779~1855 호는 가포(稼圃)라는 인물이 있다. 임상옥에 대해서는 최인호의 소설 상도(商道)에 자세히 그려져 있는데 1810년에 우리나라 최초로 인삼 무역권을 독점하였고 중국 청나라에 가서 베이징(北京) 상인들의 불매 동맹을 교묘히 분쇄하여 큰 이득을 올렸다. 중인 출신임에도 빈민과 수재민을 구제하여 관직에도 올랐다. 말년엔 거의 모든 재산을 빈민 구제에 사용하여 상불(商佛)이란 칭호도 얻게 된 인물이다. 홍경래 난(1812년) 때에 높은 관직을 조건으로 거사에 참여 요청을 받았으나 부와 고위 관직을 겸해서는 안 된다는 신념으로 거절했다는 일화가 있다.

임상옥에 대한 역사적 자료는 다소 부족하지만 어디까지나 훌륭한 상인이었고 자선가로서 역사에 길이 남아야 한다. 그가 상인으로 성공할 수 있었던 요인은 정직과 신의를 신조로 삼았기 때문이며 이런 점에서 상도덕을 바르게 제시한 상인의 귀감으로 존경받고 있다.

지형이다.

그가 했다고 전해지는 말 중에 상즉인(商卽人 : 장사는 이문을 남기는 것이 아니라, 사람을 남기는 것이다.)나 財上平如水 人中直似衡(재상평여수 인중직사형 : 재물은 평등하기가 물과 같아야 하고 사람은 바르기가 저울과 같아야 한다.) 재물은 물의 흐름과 같으니 독점하면 망할 뿐이므로 정당한 노력의 대가에 따라 그 재물이 얻을 것이며 사람은 저울같이 바르고 신의가 있으면 부를 이룰 것이다, 라는 의미일 것이다.

부를 얻고자 하는 사람들뿐만 아니라 누구나가 가슴 깊이 새겨둘 명구이다.

수천억 원의 부는 그 가치를 인정해주는 타인이 있을 때라야 온전히 그 정당성을 인정받을 수 있고 그 가치가 살아 있는 것이다. 그가 수천억의 부를 누리려면 저택을 수리하는 배관공이나 정비사 등의 값싼 노동자들의 희생이 없다면 그 저택은 쓸 수가 없다. 이 세상은 더불어 사는 사회다. 그의 부가 제대로 가치를 인정받기 위해선 그 가치에 응하는 타인이 있을 때만이 가능한 것이기 때문이다. 그래서 동서고금을 막론하고 정당하게 쌓은 부와 부의 나눔은 인간답게 살아갈 수 있는 세상을 이루는 근간인 것이며 이는 노블리스 오블리주라는 거창한 서양식 용어로 인구회자 되고 있다.

우리는 가진 자를 무작정 비난하거나 부를 얻고자 하는 사람들의 의지를 힐난할 생각을 가져서는 안 된다. 자기 돈을 자기 마음대로 쓰겠다는데 누가 뭐라고 할 것인가 마는, 부의 가치는 그 가치를 인정해주고 그 가치만큼의 효용대로 움직여줄 수 있는 타인이 없다면 의미가 없다. 자본주의라는 경쟁 환경 속에서 못 가진 자 모두가 삶을 포기하고 상위층의 극히 소수인 부자만 살아남는다면 그들 부의 가치는 아무런 의미가 없음은 자명한 일이다.

부당하게 이룬 부와 권력으로 세상을 농단하고 있는 자들이 활개치고 있는 이 시대에, 정당하게 얻을 수 있는 부라면 말몰이 꾼이라도 하겠다는 공자의 부나 자공의 거부(巨富) 역시 그 당당함이란 부를 얻는 방법과 쓰임이 올바름을 바탕으로 하고 있음을 깊이깊이 새길 일이다.

예를 갖춘다는 것과
아첨하는 것과의 차이는 무엇인가

　예나 지금이나 특히 정치판을 놓고 인구회자 되는 문구가 있다. 내가 하면 로맨스, 남이 하면 불륜이라는 말이 그것이다. 대개 우리는 이러한 착각 속에 산다. 내가 하면 문제가 없지만 남이 하면 문제가 있다고 생각하니 결국 이 말은 자기중심의 이기적 사고방식으로 말미암음이다.
　내가 잘못한 것은 어떤 경우에도 인정하고 싶지 않으니, 어쩌면 이것이 인간의 심리일지 모른다. 내 아이가 다른 아이를 다치게 하면 그것은 정당방위라고 생각하거나 다른 아이가 문제 있다고 생각한다. 누가 봐도 우리 아이의 잘못인데도 끝까지 그것을 믿지 않으려고 하니 역시 내 자식 귀하다는 이기적 생각이 앞서기 때문이다. 또 다른 각도로 일상 직장생활에서 상사에게 예를 갖춰 최선을 다한 것뿐일 경우에도 다른 사람들은 더 좋은 자리를 얻기 위한 아첨이라고 비난한다.

　물론 사람이기에 나중에 대가를 바라는 마음도 없지 않을 수 없겠지만 조직사회에서 당연하고 순수한 마음의 표현인 경우에도 그렇다. 공자의 말씀을 모아놓은 논어에 事君盡禮 人以爲諂 也(사군진례 인이위첨야 : 임금을 섬김에 예를 다하는 것을 사람들은 아첨한다고 하는구나)라 하였다. 공자가 살았던 이 시대는 극심한 혼란의 시대였을 뿐만 아니라 특히 공자의 고향인 노(魯)나라는 삼환(三桓)[1]이라는 대부들에 의해 임금이 무시되고 국정이 농락당하고 있었기에 예를 지키는 사람이 거의 없었다고 보여진다. 위의 공자 말씀 당시 정치 상황을 살펴보면 노나라의 실권자인 삼환씨(三桓氏)란 대부(大夫)들이 노나라 왕을 무시하고 무례한 행동을 일삼았다. 그래서 당시에 잠깐 고위직에 있었던 공자는 신하로서 군주에게 예를 다하는 모습을 보여 줌으로서 삼환씨를 비롯한 무례한 관리들에게 군신 간에 지녀야 할 올바른 예를 일깨워주려 하였을 것이다.

　그러나 당시의 삼환씨 세력을 비롯한 무례한 관리들은 이러한 공자에게 도리어 아첨한다고 비난하였던 것이다. 그래서 공자는 임금을 섬김에 예(禮)를 다하는 것을 보고 사람들이 아첨한다고

---

1) 삼환(三桓)은 중국 춘추시대 노나라의 계손(季孫), 숙손(叔孫), 맹손(孟孫) 세 집안을 가리키는 말.

하는구나하고 한탄한 것이다. 임금에게 예를 다하여 섬기는 공자의 태도는 일부러 왕에게 아첨하려는 것이 아니라 예의 전문가요. 실천가인 공자로서는 일상적이요. 당연한 일이었다 할 수 있다.

阿諂(아첨)이라는 말 자체가 한자어다. 순 우리말은 없다. 아첨이라는 말의 뜻은 "남의 마음에 들려고 비위를 맞추어 알랑거리는 짓"이 사전의 풀이다. 이렇듯 글자의 의미만 보더라도 예와 아첨에는 큰 차이가 있다. 그런데도 예의가 무너진 사회에서는 사람들이 이상한 눈으로 예를 바라본다는 뜻이다. 여기에 예와 아첨의 차이가 있는 것이다. 예는 남에게 잘 보이려고 하는 것이 아니라 사회의 올바른 질서와 도덕적 규범을 올바르게 지켜나가기 위한 공적인 행위가 되니까. 사람은 누구나 자신의 입장에서 판단을 한다. 그래서 남이 진정한 예로써 윗사람을 섬기는 것까지도 이기적인 자신의 입장으로만 보면 아첨하는 것으로 보는 것을 말한다.

진례(盡禮) 즉 예를 다 하는 것과 아첨을 구분한다는 것은 쉽지가 않다. 공자는 진심으로 예의를 다하여 왕을 섬기는 것이 다른 사람 특히 그 당시 공자를 적대시하는 편에 있었던 사람들이 볼 때는 아첨하는 것으로 보였을 것이다. 이처럼 진례와 아첨은 내가 하면 진례 즉 예를 다하는 것이요 남이 하면 아첨으로 보일 수 있을 것이다. 또한 칭찬도 보기에 따라서는 아첨으로 보일 수 있을 것이다. 그러나 행하는 자가 진실한 마음으로 행하는 공경과 예의와 칭찬이라면 진정성 있는 행위가 되겠지만 이기적 목적이나 사욕(私慾)을 가지고 행한다면 그것은 아첨이 되는 것이라 할 수 있다.

다시 말해 아첨의 동기는 자기의 이기적 욕망을 위함이고 칭찬의 동기는 남을 위함에 있다 할 수 있다. 그런데 아무리 진심이 담긴 예의와 공경과 칭찬이라 하더라도 그것이 예(禮) 즉 보편적인 도리를 넘어서고 어긋나면 또한 아첨으로 보여 지게 되는 것이니 바로 예는 상황에 맞아 절도가 있어야 하므로 예절(禮節)이라 한다.

과공비례(過恭非禮[2]) : 지나치게 공손한 것은 오히려 예가 아니다)라는 말과 같은 맥락이다. 공경과 예의를 표하고 칭찬을 함에 있어서 항상 진실된 마음으로 하되 지나침은 모자람만 못하다. 대부분의 사람들은 칭찬의 말이든 아첨의 말이든 이런 말에 기분이 좋아지고 그 말에 빠지기 쉽다. 특히 달콤한 아첨의 말에 현혹되면 자기도 모르게 판단력이 흐려지게 되며 결국은 아첨의 그물에 걸려 화를 당하게 되는 것이다. 특히 나라를 다스리는 지도자

---

2) 비례지례(非禮之禮) 비의지의(非義之義) 대인(大人) 불위(弗爲)는 맹자(孟子) 이루장(離婁章)에 나오는 문구로 대인은 예(禮) 아닌 예와 의(義) 아닌 의를 하지 않는다는 뜻이다. 이에 대해 송대(宋代)의 정자(程子)는 恭本爲禮 過恭是非禮之禮也(공손한 것은 본래 예지만 지나친 공손, 즉 과공(過恭)과 같은 행위는 예 아닌 예)라고 풀이하였다.

가 아첨하는 자들의 말에 현혹되어 판단력이 흐려지게 되면 나라가 구렁텅이로 빠질 수 있으며 종국에는 망하기도 할 수 있음을 우리는 역사를 통해서 무수히 봐 왔다. 아첨하는 말에 빠지기 쉬운 인간의 속성을 경계하는 말로 나에게 아첨하는 사람은 반드시 주의해야 한다고 했다.

媚子阿人 似隙風侵肌 不覺其損(미자아인 사극풍침기 불각기손 : 아첨하고 아부하는 자들은 마치 문틈으로 스며들어 살갗에 닿는 바람과 같아서 그 해로움을 깨닫지 못하느니라. - 채근담(菜根譚)[3]이라 했다.

남에게 항상 진심어린 예의와 공경, 칭찬을 하되 정도에 지나치면 아첨이 됨을 경계하여야 한다. 항상 아첨의 말을 경계하여 자기 자신이 아첨의 그물에 걸리지 않도록 해야 한다.

---

3) 명나라 말기에 문인 홍자성(洪自誠)이 저작한 책. 책의 전편은 주로 사람들과 교류하는 것을 말하였고, 후편에서는 자연에 대한 즐거움을 표현 하였다. 그리고 인생의 처세를 다룬다. 채근이란 나무 잎사귀나 뿌리처럼 변변치 않은 음식을 말한다. 유교, 도교, 불교의 사상을 융합하여 교훈을 주는 가르침으로 꾸며져 있다.

인류의 정신문화를 열었던
위대한 스승의 시대를 말한다

공서고금을 막론하고 우리의 정신문화를 지배하고 있는 종교 철학 사상은 어느 시기에 어떠한 사람들에 의해 출현 했는가?

소위 말하는 유교, 불교, 기독교, 유대교 그리고 그리스 종교 철학 사상을 지칭함이다.

이를 고찰해 보면 매우 흥미로운 사실을 알 수 있다.

동서양의 위대한 사상의 출현은 관점에 따라 다소의 시간적 차이는 있겠지만 기나긴 역사의 흐름으로 본다면 위대한 인물들의 출현이 거의 동시대에 이뤄졌다는 사실을 알 수 있다. 본격적인 인류의 역사문명 기간을 약 오천년 정도 본다면 거의 중간 정도의 시기인 것이다.

이는 자연적 지리적 환경 여건상 그리고 문명의 발달 수준으로 볼 때 동서의 문물 교류가 전무했던 시기로 본다면 매우 독특한 현상이 아닐 수 없다.

이러한 현상은 인간의 보편적 가치에 의한 발현이라는 것 외에는 논리적으로는 설명될 수 없다고 할 수 있다.

일반적으로 본격적인 동서양의 문물교류는 한무제(漢武帝 : 재위 BC141년~BC 87년)때 장건(張騫)에 의해 개척된 실크로드를 통해서 이다.

축심시대(Axial Age 軸心時代) 또는 차축시대(車軸時代)라는 말이 있다.

인류 문명사에 있어서 일대 축을 긋는 정신문화의 출현이라는 말로 독일의 철학자 칼 야스퍼스(Karl Jaspers, 1884~1942)가 『역사의 기원과 목표(1949)』라는 그의 저서에서 처음 사용했다고 한다.

야스퍼스는 언제를 축심시대라고 정의했을까? 인류 정신문명사에 획기적인 기반을 다졌던 시대가 언제인가?

우리는 일반적으로 인류의 물질문명에 하나의 획을 긋는 시기를 14~16세기의 르네상스 시대, 18세기 산업혁명의 시대 또는 20세기에 들어와서 형성된 물질문명의 최첨단 시대를 말하고 있는데 이는 다분히 서양문화의 관점에서 고찰해 본 것일 것이다. 그러나 칼 야스퍼스는 동서양을 막론하고 기원전 800년에서 기원전 200년까지의 시대에 발생한 획기적인 정신문화 유산을 들어 축심시대라 했다.

당시에 세계적으로 각 민족의 위대한 정신적 스승이 출현해 세계 대문명의 표지가 됐다는 뜻이다.

우리는 여기서 편의상 동양사 특히 고대 중국사의 흐름을 중심으로 알아봄이 이에 대한 상관관계를 일목요연하게 알 수 있다 하겠다.

(＊안타깝게도 한국사는 고대사 부분에 있어서 문헌적 정보가 부족하고 역사의 시기적 구분이 뚜렷하지 않아 인류 정신문화의 변천사를 일목요연하게 살펴보는 데 다소 어려움이 있어 부득히 고대 중국사의 흐름을 중심으로 하였다.)

234　인간의 길, 고전에서 묻다

세계사 연표(축심시대 軸心時代)

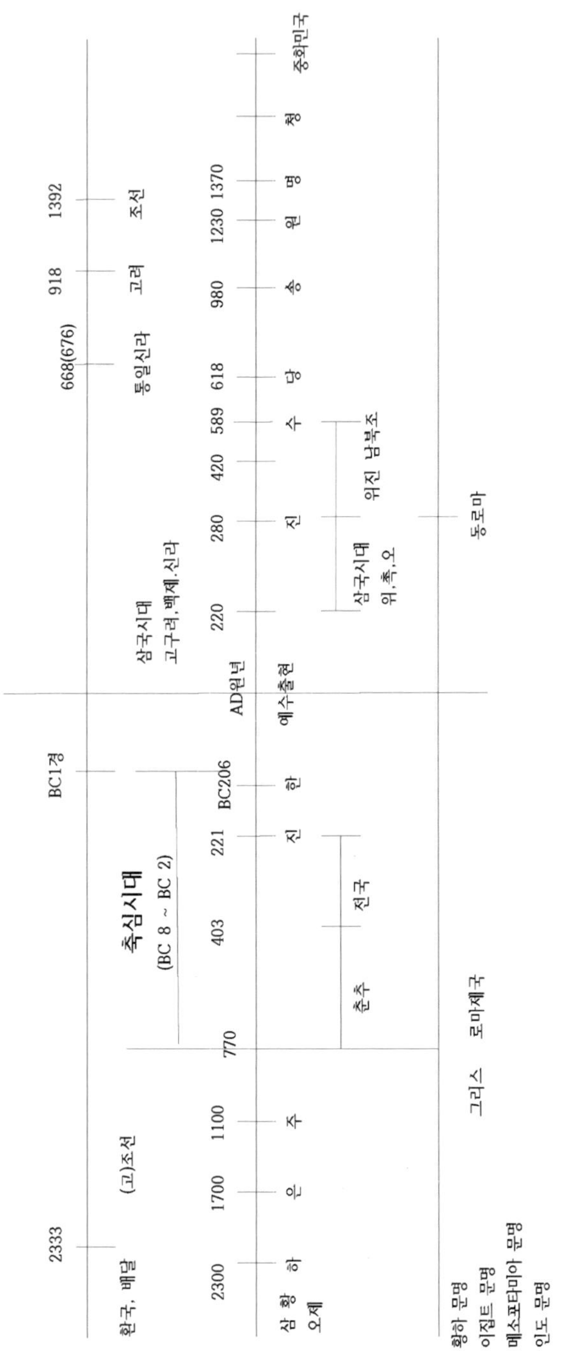

2333			한국, 배달
	2300		
	1700	(고)조선	
	1100	주	
	770		춘추
	403	축심시대 (BC 8 ~ BC 2)	전국
	221	진	
	BC206	한	
BC1경	AD원년	예수출현	
	220	삼국시대 고구려, 백제, 신라	삼국시대 위, 촉, 오
	280	진	
	420		위진 남북조
	589	수	
	618	당	
668(676)		통일신라	
	980	송	
918		고려	
	1230	원	
1370			명
1392		조선	
			청
			중화민국

그리스　로마제국　동로마

황하 문명
이집트 문명
메소포타미아 문명
인도 문명

세계 역사상 불세출의 역사가 사마천의 사기 공자세가에 의하면 공자는 노나라 양공22년 경술년 경자일(魯 襄公22년 庚戌年 庚子日(B.C551년 음8월27일)에 탄생 하였다고 되어 있다.

인류의 역사적 성인으로 추앙받은 사람 가운데 생몰 연대가 가장 확실한 사람은 공자가 아닐까 한다.

우선 축심시대의 인물을 보면

석가(B.C563~B.C483) 그리고 공자(B.C551~B.C479), 노자(B.C 6세기경), 묵자, 손자, 맹자(B.C372경~B.C289), 장자 등 제자백가(諸子百家).

소크라테스(B.C470경~B.C399) 플라톤, 아리스토텔레스, 피타고라스(B.C569 ~ B.C475) 유크리트(B.C 4세기경) 그리스철학자들(B.C7~B.C6 탈레스, 아낙시메네스, 아낙시만드로스 등).

이스라엘 유대교 선지자(이사야 에레미야 에스겔 호세아 사무엘 ....B.C 8~7세기) 그리고 예수의 출현.

역사가로 서양의 헤로도토스(B.C480~ 페르시아 전쟁사) 투기디데스((B.C372경~ B.C289 - 펠로폰네소스 전쟁사) 그리고 동양의 사마천(B.C145~B.C86 - 사기).

물론 지협적이기는 하지만 천하를 통일한 알렉산더 대왕(B.C 330년경) 진시황(B.C 221년). 아소카왕(B.C 230년경 인도 최초 통일국가 마우리아 왕조) 등을 대표적으로 열거할 수 있다.

초등학교 때 석가모니, 공자, 소크라테스, 예수를 세계 4대 성인으로 배웠다. 공자는 기원전 551년에 태어나 기원전 479년 까지 격변기의 춘추전국시대에 73세까지 살았다. 직접은 아니지만 공자의 사상을 올곧이 전해 받은 사람은 공자 사후 약 110여년 후 태어난 아성 맹자가 있다.

누가 뭐래도 동양사상은 공자의 유학사상과 노자의 도교사상 그리고 인도로부터 전래되어온 불교사상으로 인해 확실한 기반이 만들어졌다. 통상 현대인들이 사서삼경(四書三經), 도덕경, 불경이라고 통칭하는 핵심 사상은 수 천년 동안 그리고 현재까지도 동양 문명과 인간의 삶에 지대한 영향을 미치고 있다.

공자보다 약 12년 (또는 70여년) 앞선 인도의 석가모니, 동양사상의 양대 산맥이라 할 수 있는 도가사상의 종조 도덕경의 노자도 생몰연대가 확실하지는 않지만 공자와 거의 동시대 사람이다. 도가사상으로는 노자 이후 유가의 맹자와 비슷한 시기에 장자가 있다. 이른바 노장사상의 대맥을 이룬 사람이다.

또한 서양에는 공자보다 70여년 전에 태어나 "물이 만물의 본질"이라고 주장했던 서양 철학의 아버지라 불리는 그리스인 탈레스가 있다. 아낙시메네스, 아낙시만드로스는 그의 제자들이다.

공자 탄생 약 80여 년 후에 고대 그리스에서 "너 자신을 알라"라는 유명한 말을 남긴 소크라테스가 태어났다. 공자가 동양의 정신문화사에서 일대 획을 그었다면 서양 철학사에서는 소크라테스라고 볼 수 있다.

그러니 역사의 장구한 흐름으로 본다면 공자와 석가모니와 소크라테스는 동시대 사람인 것이다.

소크라테스보다 약 100여 년 앞선 위대한 수학자도 한 사람 있다.

피타고라스 정리로 유명한 고대 그리스의 피타고라스가 바로 그 사람이다. 피타고라스의 정리는 2500여 년 이상이 지난 지금까지도 학습과 현장에서 활용되고 있는 불변의 진리인 것이다.

소크라테스 40년 후에 서양 철학의 기반을 다진 플라톤이 태어났고 플라톤 40여 년 후에 아리스토텔레스가 등장했다. 아리스토텔레스가 죽고 난 후 10여 년 후에 동양에서는 성선설을 주장한 맹자가 태어났고 3년 후에는 장자가 태어났다.

성악설을 주장한 순자는 맹자보다 약 70여 년 후인 전국시대에 태어났다. 기원전 마지막으로 예수가 태어났다. 많은 훌륭한 사람들이 있지만 탈레스, 피타고라스, 석가모니, 공자, 소크라테스, 플라톤, 아리스토텔레스, 맹자, 장자, 순자 까지만 들더라도 칼 야스퍼스가 기원전 800년부터 기원전 200년 까지를 축심시대라고 정의한 것이 그냥 나온 것이 아니라는 것을 알 수 있을 것이다.

세계적인 성현들은 비슷한 가르침을 남겼다. 석가모니는 자비를, 공자는 인(仁)을, 소크라테스는 덕과 지혜를, 예수는 사랑을 가르쳤다. 공자는 "네가 하기 싫은 일은 남한테도 베풀지 말라."라고 말하였고 예수 역시 "대접받고 싶은 대로 남에게 대하라"는 황금률을 말하였다. 이렇듯 동서양의 성인들이 같은 의미의 가르침을 편 것은 고대에나 지금이나 그런 말이 황금률인 이유는 사람들의 삶이 본디 그러하기 때문일 것이며 인간의 삶이 그러하여야 하기 때문일 것이다.

이는 지역과 시대와 인종과는 상관없이 사람이란 사람과 사람들 사이뿐만 아니라 만물과의 관계에서도 겪고 사는 상황이 거의 비슷하기 때문이다.

사람을 이기려면 손자병법을 읽고, 사람을 파악하려면 한비자를 읽고, 사람을 다스리려면 논어를 읽으라는 말이 있다.

특히 유가사상의 정수를 담아 놓은 논어에 대해서는 사람을 다스리려면, 사람을 관리하려면, 사람을 경영하려면, 아니 사람들과 함께 일을 하려면 논어를 읽어보라는 말도 이와 맥을 같이 한다. 아이를 키우는 부모든, 아이를 가르치는 교사든, 성인들과 함께 일을 하는 직장이든, 사람들 속에서 사람들과 부대끼는 일이라면 논어를 읽어보라는 말일 것이다.

2500년 이상을 면면히 살아 숨 쉬는 지혜의 정수를 찾아낼 수 있을 것이기 때문이다. 이천년 훨씬 이전 시대의 사람들이 어찌 이리 깊은 성찰을 할 수 있었을까? 신기하고, 놀라울 따름이다.

그들이 제시한 사상 원칙은 각기 다른 문화 전통을 이뤘으며 이후 줄곧 인류의 생활에 영향을 끼쳤다. 기술문명이 아무리 발달해도 축심시대 사상가들의 사색과 성찰을 따라갈 수는 없을 것이다.

축심시대 그 성인들의 발자취와 이러한 성인들이 했던 말 한마디 한마디가 지난 수천년 이상 우리의 삶에 막대한 영향을 미쳤고, 정신적 문화적 사회적 발전에 일대 변혁을 가져왔으며 아직도 그 영향 아래 사람들이 살고 있는 것이다.

그들의 행적은 고전이 되었으며 영원히 변치 않을 이와 같은 고전은 현재로 이어지고 현재는 바로 미래로 이어진다. 사람이 살아가는데 필요한 지혜를 쉽고 친절한 가르침으로 배움의 기쁨을 누릴 수 있게 해주고 인간다웁게 살아갈 수 있도록 바른 길을 제시해 주는 축심시대의 위대한 스승들의 학문이 존재한다는 게 후세인들에게는 무한한 즐거움과 복이 아닐 수 없다.

인간에게 福이란 무엇일까
- 오복(五福)의 의미 -

  복(福)이라는 한자는 시(示)와 복(畐)의 회의문자(會意文字)이다. 시는 하늘(天)이 사람에게 내려서 나타낸다는 신(神) 즉 신의(神意)의 상형문자이고, 畐(가득할 복)은 복부(腹部)가 불러오른 단지의 상형문자라 한다. 이렇듯 복의 한자 어원은 곧 사람의 힘을 초월한 운수라는 뜻과 넉넉하다는 뜻을 함축적으로 담고 있다고 볼 수 있다.

  복은 일반적으로 행복이나 길운 등을 말하며, 고대로부터 현세기복에 목적을 둔 민간신앙이 유교, 도교, 불교와 융합함으로써 보다 구체적으로 표현되어 복의 개념을 형성했다. 굳이 유불선 삼교 등의 힘을 빌리지 않더라도 복은 일상생활과 깊이 관련되어 있다. 즉 "아내를 잘 얻는 것도 복이다", "누구든지 자기 복은 지고 태어난다"는 등의 말처럼 복을 상징하는 구체적인 행위들을 실제로는 크게 의식하지 않으면서 살아가는 것이 일반적이다.

그만큼 복은 우리 생활과 밀접하다. 그러나 구체적으로 "운수대통 즉 아주 큰 운수가 통했다"가 무슨 의미이며 "큰 행운과 오붓한 행복"이 무엇을 가리키는 말인지는 사람에 따라, 시대에 따라, 혹은 사회나 문화에 따라 얼마든지 다른 풀이가 나올 수 있다.

자연숭배, 조상숭배, 샤머니즘 등의 형태로 유지되어온 민간신앙은 언제나 현세 기복(祈福)에 그 목적을 두어왔다.

복은 고대로부터 농경문화 시대에 있어서 한국인, 나아가 동양인의 삶을 움직이는 행복관이다. 그 바탕에 깔린 근본사상은 수(壽)의 생명 지상주의, 현세 긍정적인 현실주의, 부(富)의 물질주의, 부귀의 출세주의, 다남자주의, 가문주의, 대가족주의 등이다.

절대적인 빈곤에 묻혀 있던 전통사회에서 이러한 복사상은 대부분의 사람들을 보편적으로 위협하고 있었던 사(死), 빈(貧), 천(賤), 무후사(無後嗣)의 처지에서 벗어나려는 강한 탈출 동기에서 잉태된 것으로 여겨진다.

보다 더 오래 살고, 보다 큰 재산을 모으고, 보다 높은 벼슬을 하고, 보다 많은 아들을 가지고자 하는 복의 추구는 현실적으로 양(量)의 선을 추구하는 물량주의의 윤리라고 풀이할 수도 있다.

그러나 그러한 복을 누리게 되는 것이 단순히 팔자소관이 아니고 덕을 쌓고 선을 쌓은 결과라고 본 데서 복사상의 도덕적, 실천적 계기가 있다.

산업화를 이룩함으로써 절대빈곤의 늪에서 벗어나고, 민주화를 이룩해서 모든 사람의 평등한 권리가 인정되는 현대에 있어서는 전통적인 복의 개념과는 시대에 맞지 않는 요인도 드러난다.

또한 귀(貴)의 개념 속에 함축된 관존민비의 사상과 다남자의 개념 속에 함축된 남존여비의 사상 등이 그것이다. 현대에 있어서는 다남자의 복이란 하나의 시대착오적인 행복관이라고 하지 않을 수 없다.

그뿐만 아니라 단순히 오래 사는 것과 그저 많은 재산을 모으는 것을 복이라고 생각하는 수와 부의 행복관도 자칫하면 향락주의나 금전 만능주의로 전락할 소지가 있다. 그에 덧붙여 수, 부, 귀, 다남자가 모두 내 목숨의 복, 내 권속의 복, 내 가문의 복, 내 후사의 복이라는 점에서 복사상의 바탕에는 개인주의, 가족주의, 자아 중심주의의 일면이 드러나고 있음도 역시 볼 수 있다.

거기에는 나(私)를 초월하는 공(公)의 지평이 열리지 않고있는 것이다. 이러한 복사상은 자칫하면 나라보다 집안이나 나를 우선하는 지사무공(至私無公)의 이기주의로 타락할 수도 있다.

그럼에도 불구하고 예나 지금이나 복사상이 가지는 긍정적인 가치는 생명지상주의, 인간주의, 현실주의, 성취주의, 가족주의 등의 덕목이라 생각된다. 즉 복사상이 한국의 역사와 문화에 기여한 가장 큰 실천적 기능은 생명의 절대 긍정, 현실의 절대 긍정에 바탕을 둔 생존의 윤리에 있다고 풀이될 수 있겠다.

복(福)이란 말의 쓰임새를 보면 우리글에 복이란 글자가 들어간 한자어는 헤아릴 수 없이 많다. 복지(福祉:행복한 삶), 복조(福祚:삶에서 누리는 만족할 만한 행운), 복락(福樂), 복력(福力:복을 누리는 힘), 복분(福分:운수가 좋은 천분), 복상(福相:복스럽게 생긴 모습), 복수(福數:복스러운 운수), 복운(福運), 복수(福手:복 있는 손), 복인(福人) 등이다. 또한 복은 복이 있다. 복이 찾아온다. 복이 달아난다의 경우처럼 주어로서도 쓰이지만 복을 받는다. 복을 누린다. 복을 타고난다. 복을 심는다. 복을 기른다. 복을 아낀다. 등 목적어로서 쓰이는 경우가 더욱 흔하게 눈에 띈다. 그밖에도 복은 복스럽게 생겼다. 복이 많게 보이더라. 등과 같은 수식 형용구로도 쓰이고 있다.

그 다음 복자가 나중에 오는 단어들의 보기를 들면 먼저 복을 동사의 목적어로 삼은 기복(祈福), 초복(招福), 발복(發福), 축복(祝福), 석복(惜福), 음복(飮福) 등이 있고, 다시 복을 수식 형용하는 다복(多福), 만복(萬福), 소복(小福), 박복(薄福), 지복(至福), 청복(淸福) 등의 단어도 있다.

그밖에도 한 글자가 복과 같이 붙어 두 개념의 복합어로 쓰이고 있는 경우도 있다. 즉 수복(壽福), 복록(福祿), 복덕(福德), 화복(禍福) 등이다.

그밖에도 좋은 일을 하면 복이 돌아온다고 말하고, 궂은일을 하면 복이 달아난다,라고 말한다. 생김새가 좋은 사람을 보면 복스럽게 생겼다. 복이 있어 보인다,라고 말하고, 인상이 좋지 않은 사람을 보면 복 없게 생겼다,라고도 말하며 또한 일상적인 언어생활에서 신년 정초에 새해 복 많이 받으십시오,라고 하는 인사말, 그리고 편지를 끝맺을 때 댁내에 큰 복이 내리시기를 축원합니다,라고 하는 경구 등이 복이란 말의 실용적인 예로 흔히 사용되는 보기들이다.

복을 비는 마음은 한국인이 지은 여러 이름에도 나타난다. 사람에 대한 작명(作名)으로는 복동(福童), 만복(萬福), 수복(壽福), 복수(福壽), 현복(賢福), 복실(福實), 복녀(福女), 복희(福姬), 복순(福順) 등이 복자가 이름 속에 든 흔히 보는 이름이다. 복바위, 복고개, 복고치(福高峙), 복샘(福泉) 등은 자연물에 붙인 기복의 명칭이다. 그밖에도 동리이름, 가게이름, 암자이름 등에 역시 복자가 든 이름을 숱하게 보게 된다.

서양의 문물을 받아들인 개화기 이후에는 복음(福音), 복지(福

祉)와 같은 번역어들을 만들어내고 있고 복지사회(福祉社會)와 같은 개념도 널리 쓰이고 있다. 일반 서민생활에서는 복덕방(福德房) 출입이 잦은 복부인이란 말이 1970년대 이후 유행하더니, 1980년대에는 주택복권, 올림픽복권 등의 말이 일상용어 속에 새로 자리 잡기도 했다.

그러면 종교적 차원에서 복의 개념은 어떠한가?

유교적인 개념으로 상서(尙書)[1]에 이르듯이 장수를 누림(수壽), 부유함(부富), 건강하고 편안함(강녕康寧), 좋은 덕을 닦음(유호덕攸好德), 임종을 잘 마침(고종명考終命)을 사고대에서부터 다섯 가지 복(五福)으로 보았다.

불교와 관련된 개념으로는 대삼재(大三災)인 화재, 수재, 풍재와 소삼재(小三災)인 도병재(刀兵災:연장이나 무기로 입는 재난), 질역재(疾疫災:전염병 재난), 기근재(饑饉災:굶어 주리는 재난) 그리고 팔고(八苦)인 생(生), 로(老), 병(病), 사(死), 애별리고(愛別離苦:사랑하는 사람과 이별해야 하는 고통), 원증회고

---

1) 상서(尙書)는 서경(書經)이라고 하며 유교의 십삼경 중에 하나로 요순시대, 하나라, 상나라, 주나라의 왕들이 내린 포고문, 신하들의 상소, 왕의 연설문 등 각종 기록을 모아둔 것이다. 본격적인 역사서는 아니지만 당대의 국가 기록을 정리한 것이라 역사서로 분류하기도 하며, 중국 전통 산문의 전범으로 꼽히기도 한다.

(怨憎會苦 : 미워하는 사람과 마주쳐야 하는 고통), 구부득고(求不得苦 : 얻고 싶은 것을 얻지 못하는 괴로움), 오음성고(五陰盛苦 : 色·受·想·行·識)의 오온(五蘊)이 성하여 일어나는 고통) 등이 있으니 곧 불교에서는 현세의 액이나 어려움 즉 고(고통)에서 벗어나고자 하는 것이 복이라는 관념을 지니고 있다. 그러기 위해서는 공덕(功德)을 쌓아야 한다는 것이다.

이에 비하여 기독교 성경에서는 "심령이 가난한 자, 애통하는 자는 , 온유한 자, 의에 주리고 목마른 자, 마음이 청결한 자, 긍휼히 여기는 자, 화평하는 자, 박해 받는 자는 복이 있나니"라고 8복(마태5장)을 말하면서 하나님께 가까이 함이 내게 복이라(시편 73장)하여 다소 복에 대한 개념을 달리하고 있다.

그러나 요즘에 와서 오복의 종류로는 健(건:건강) 妻(처:아내 곧 배우자) 財(재:넉넉한 재산-자식에게 의지하지 않을 정도의 재산) 事(사:지루하거나 힘들지 않을 일거리) 朋(붕:대화를 나눌 수 있는 좋은 벗)를 들고 있으니 다소 해학적인 면이 있긴 하지만 현대사회의 세태를 적나라하게 반영하고 있다고 볼 수 있다.

또한 민간에서는 예로부터 서민들이 원했던 또 다른 오복(五福)으로는 치아(齒牙 : 치아가 좋은 것), 자손(子孫 : 자손이 많은 것), 부부해로(夫婦偕老 : 부부가 해로하는 것), 재(財 : 손님을 대접할 만한 재산이 있는 것), 명당(明堂 : 명당에 묻히어 발복하는 것) 등으로 다양하며 이 역시 모두 현세의 액에서 벗어나고자 하거나, 또는 현세의 안녕을 바라는 것이다. 분명한 것은 다만 복이란 사람의 삶에 관련된 선악, 행불행의 모양을 나타내는 말이라는 것이다.

　복에 대한 더욱 일반적인 생각은, 예를 들어 가장 절실한 한가지 만 택할 경우 각자의 처지에 따라 달라질 수밖에 없다.
　가난한 사람에게 물으면 돈 많은 것이 복이라 할 것이고, 돈 많은 사람에게 물으면 건강한 것이 복이라 하며, 건강하고 부유한 사람에게 물으면 화목한 것이 복이라 할 것이다. 화목한 사람에게 물으면 자식 있는 것이 복이라 하고, 자식 문제로 고충이 있는 사람에게 물으면 무자식이 복이라 할 것이다.
　이렇듯 복은 필요한 것이 부족함 없이 두루 넉넉하게 갖추어져 있는 것을 나타내는 말로 이해되고 있음을 말해주고 있다.
　결국 복이란 남에게는 있는데 나에게는 없는 것을 얻게 되는 것을 복이라 생각하는 것이다. 역으로 생각하면 남에게는 없는데 나에게 있는 것 그것이 복이 아닐까! 같은 개념이긴 하지만 생각만 바꾸면 모든 게 복이 된다.

　이처럼 복의 개념은 그 외연적(外延的) 의미도 일정하지가 않고 내포적(內包的) 의미도 분명하지만은 않으나, 한국 사람들은 스스로 의식하든 의식하지 않든 복을 빌면서 살아왔고 또 살아가고 있다.

비록 한국 사람들이 실제로 복을 받으며 태어나서 복을 누리며 살고 간다고는 할 수 없다고 하더라도 대부분의 한국 사람들은 복을 비는 가운데 태어나서 복을 비는 마음속에서 자라나 복을 비는 뭇 상징 속에 둘러싸여 복을 빌며 살다가 다시 복을 비는 마음속에서 죽어간다고 할 수 있다.

살펴본 것처럼 복은 한국인의 삶을 그 밑바닥에서 움직이고 있는 가장 끈질기고 가장 보편적인 동기이다. 그런데 복은 우리들의 일상생활과 의식에 너무나도 밀착되어 있음으로 해서 거리를 두고 대상화해서 인식하기는 어려웠고 지금까지 별로 인식하려 하지도 않았던 것이다. 가까이 있기 때문에 보지 못하고 언제나 더불어 있기 때문에 잊어버리고 있는 것이 복을 비는 마음이다.

한편 복이 인간의 의지와 거리가 있는 운수나 행운과 관련된 것으로 풀이되고 있는 것은 복이 인간의 힘을 초월한 천운(天運)에 의해서 저절로 돌아가는 기수(氣數 : 길흉화복의 운수)로 이해되고 있음을 말하고 있기도 한다.

이러한 복을 부, 권력, 명예 등의 외면적 상태만을 말하는 지복(地福)과 마음의 기쁨, 안식, 평화 등을 말하는 천복(天福)으로 나누어 말하기도 한다. 다산 선생께서 말한 열복(熱福)과 청복(淸

福)도 같은 개념일 것이다.

결국 많은 복을 누리기 위해서는 운을 타고나기도 해야겠지만 근면(勤勉)과 절제(節制)와 지혜(智慧)가 있어야 지복도 천복도 누리고 유지해 나갈 수 있을 것이다. 그래서 우리에게는 고래로부터 복이란 하늘의 운세에 의해서 얻어진다기보다는 인간 스스로가 노력하여 얻는다는 말이 더욱 현실감 있게 이해되고 있다.

子曰 爲善者 天報之以福 爲不善者 天報之以禍(자왈 위선자천보지이복 위불선자 천보지이화 : 공자왈 착한 일을 하는 사람에게는 하늘이 복(福)으로 갚아주고, 착하지 않은 일을 하는 사람에게는 하늘이 재앙(災殃)으로 갚는다 - 명심보감 계선편(繼善篇))
積善之家 必有餘慶(적선지가 필유여경 : 선을 쌓는 집안에 반드시 경사가 있다.)이라 하지 않았는가! 더 나아가 "복과 화는 동전의 양면"이며 "지킬박사와 하이드[2]"인 것이니 사람으로서 할 일은 오직 복은 스스로 짓는 일임을 확신해야 한다.

---

2) 로버트 루이스 스티븐슨, 1886년 간행. 학식이 높고, 자비심이 많은 지킬박사는 인간이 잠재적으로 가지고 있는 선악의 모순된 2중성을 약품으로 분리할 수 있을 것이라는 착상에서 약품을 만들어 복용한 결과, 악성을 지닌 추악한 하이드로 변신하였다. 그리고 점차 악이 선을 이겨, 약을 먹지 않아도 하이드로 변신하여, 지킬박사로 되돌아갈 수 없게 된다. 마침내 하이드는 살인을 하고 경찰에게 쫓겨, 체포되려는 순간 자살하여 모든 것을 유서로 고백한다는 내용이다. 오늘날 이중인격이라 하면 이 작품의 제명을 연상할 정도로, 이 작품은 현대인의 성격 분열을 암시한다.

교언영색(巧言令色)하는 자란?

責巧言令色 책교언영색

天道變化誰知認 천도변화수지인
人心深井亦如然 인심심정역여연
諛言苟容亂世情 유언구용난세정
銘夫子敎鮮矣仁 명부자교선의인

교언영색을 꾸짖다

하늘의 변화를 누가 알겠는가
사람 마음 깊고 깊어 역시 그러하네
아첨하고 구차한 꾸밈은 세상인심을 어지럽히니
공자의 가르침에 어진자가 드물다 함을 새길지니

공자께서 가장 싫어하는 사람의 부류 하나가 바로 교언영색하는 자들이라 했다. 공자의 어록 논어 학이편(學而篇)과 양화편(陽貨篇)에서 등장한 말로 원래 문장은 교언영색 선의인(巧言令色鮮矣仁)이다. 교언은 교묘하고 화려한 말솜씨이며 영색은 얼굴빛과 표정을 좋게 꾸민다는 말이니 남의 환심을 사기 위해 교묘하게 꾸민 말과 은근한 얼굴 표정을 짓는 이러한 자들 곧 아첨(阿諂)하는 자들이다. 이들 중에 어진 사람 즉 사람다운 사람이 적다는 뜻이다.

공자를 개조(開祖)로 하는 유교의 가르침을 단 한글자로 함축한다면 인(仁:어질다)이란 글자임은 두말할 나위가 없다. 어질다 함은 무슨 의미인가? 허신[1]의 설문해자(說文解字)에 따르면 인은 인(人)과 이(二)의 두 글자가 합해서 된 것이며, 친(親)하다는 뜻으로 풀이하고 있다. 그런데 공자가 인을 실천 윤리의 기본 이념으로 삼으면서부터 그 의미는 일체의 덕목을 포괄하는 광의의 개념을 갖게 되었다. 공자가 인을 논할 때 다양한 용어들이 그에 대응된다. 그 중에서 주요한 것들을 간추려 보면 효(孝),제(悌),예(禮),충(忠),서(恕),경(敬),공(恭),관(寬),신(信),민(敏),혜(惠),온량

---

1) 許愼(58?~149) 후한의 인물. 후한서에 예주 여남(汝南)군 소릉(召陵)(현 허난성 뤄허시) 사람이다. 어려서부터 경서에 박학. 오경이의(五經異義)를 편찬하고 설문해자(허신이 편찬한 자전)를 저술하였다.

(溫良),애인(愛人) 등이 있다. 그러므로 후대 학자들은 인을 전덕(全德)이니 달덕(達德)이라고 표현하기도 하고, 중선(衆善:모든 선행)의 근원이니 백행(百行:모든 행동)의 근본이라고 묘사하기도 하였다. 그 중에서도 인을 구성하는 여러 덕목 중에서 핵심은 사랑이다. 사실 유가(儒家)의 경전에서 보이는 공자의 인에 대한 개념은 이것들보다 더 근원적이며 공자가 추구하는 인의 이상은 이것들을 초월하고 있다.

앞의 문장 중 선의인(鮮矣仁)은 어진 사람이 적다는 뜻이지만, 어진 사람이 거의 없다는 한정의 표현이라고 할 수 있다. 원래는 인선의(仁鮮矣)로 하는 문장이 자연스럽고 바른 어순이지만, 애써 선의인으로 한 것은 일종의 도치법적인 강조의 표현이다. 이러한 도치법은 문장 배열을 바꾸어놓음으로써 강한 인상을 주고자 하는 목적으로 사용한다. 그러므로 드물선(鮮)을 썼지만, 그 뜻은 아예 어진 사람이 없다는 표현에 가깝다고 할 수 있다.

그러므로 이 글귀는 말을 그럴듯하게 잘 꾸며내거나 남의 비위에 맞추어 잘하는 사람을 지칭할 때, 또 생글생글 웃으며 남의 눈에 잘 보이려는 그런 사람들치고 마음씨가 선하고 진실된 사람은 거의 없음을 이야기 할 때 쓴다.

어진 사람은 애써 드러내지 않아도 타인들이 그 사람의 진면목을 알 수 있다. 학문이 깊지 않은 사람은 자신을 드러내기 위해 유식한 척하니 빈 수레가 요란할 뿐이며, 진실하지 않은 사람은 번드르르한 말과 생글거리는 표정으로 타인의 눈길을 속이려고 한다.

세상살이에는 동서를 막론하고 예나 지금이나 진실을 숨기려는 사람이 얼마나 많은가? 숨기려고 하면 할수록 더욱 드러나는 것이 사람의 말과 얼굴빛이니 사실 조금만 세심하게 살펴보면 금방 상대방을 파악할 수 있는 것이다. 교활한 말로 상대를 속이고, 낯부끄러운 웃음을 흘려 아첨하려고 들어도 결국 밝혀지므로 함부로 이렇게 할 수는 없을 것이다. 그러나 당장의 현실은 그렇지가 않다. 일단 상대를 속여 자기 이득을 꾀하고자 하는 마음이 급하므로 교언영색을 일삼는다. 알고도 행하면 더욱 나쁜데, 그런 사람은 인(仁)한 성품이 적거나 아예 없기 때문에 그것이 자신의 실수인 줄조차 깨닫지 못하는 경우가 허다하다.

사회 여러 부류들 중 대체로 정치인들이 가장 교언영색하는 사람들임에도 불구하고 오히려 이들이 교언영색)이란 말을 자주 쓴다. 현란한 말솜씨로 자기 과신을 할 때나 정적(政敵)을 공격하는 말로 "교언영색하지 말라"고 큰 소리 친다. 본심을 숨기려는 사람들의 일상적인 행태이다.

사실 말을 잘 한다는 것과 교묘하고 번지르르하게 한다는 것과는 상당한 차이가 있다. 석가모니 부처도 말을 유려하게 잘 하는 것이 큰 행복이라고 하였지만 조건이 있다. 즉 지식과 기술과 훈련을 쌓은 연후라는 것이다.

단지 교묘하고 번지르르하다는 것은 꾸며서 그럴듯하게 만들고 물 흐르듯 거침없이 말을 한다는 뜻이 있으니, 자연 그의 뱉은 말과 속에 있는 말이 일치될 리 없다. 말과 마음 그리고 행동이 일치하지 않는다는 것은 곧 진실 되지 않다는 것을 말하게 된다. 그러니 꾸미기를 좋아하는 사람의 마음이 참되고 어질 수는 없는 것은 자명한 사실이다.

세기의 역사가 사마천은 아첨으로 행운을 얻어(영행佞幸) 세칭 출세하는 사람들의 이야기를 기록하였으니 바로 사기 열전 중 영행열전(佞幸列傳)이다.

이 열전 첫머리에서 사마천은 섬뜩하도록 벼슬살이 하는 자들의 세태를 꼬집어 말하고 있다.

諺曰 力田不如逢年, 善仕不如遇合 固無虛言. 非獨女以色媚, 而士宦亦有之(언왈 역전불여봉년 선사불여우합 고무허언 비독녀이색미 이사환역유지 : 속담에 힘써 농사짓는 것이 풍년을 만나는 것만 못하고, 착하게 (실력으로) 벼슬을 사는 것이 (군주에게) 잘 보이는 것만 못하다.라고 했는데 정말 헛말이 아니다. 여

자만 미색으로 잘 보이려 것이 아니라 벼슬살이에도 그런 것이 있다.)

공자가어와 한비자에 나오는 미자하(彌子瑕) 이야기는 영행의 예로 오랜 세월 인구회자 되고 있다. 춘추전국시대 중국의 위(衛)나라에 미자하(彌子瑕)라는 미소년(美少年)이 있었다. 미자하는 훌륭한 외모와 언변을 가진 소년으로 위나라 군주인 영공(靈公)의 많은 총애를 받았다. 어느 날 밤 그가 궁중에 있을 때 어머니가 위독하다는 소식을 듣고 영공의 수레를 타고 집으로 갔다. 그 사실을 안 임금이 미하자를 매우 칭찬하며 말했다.

"효성이 지극한 사람이구나. 발을 자르게 될지도 모르는데 임금의 수레를 타다니……"

또 어느 날 미자하가 영공을 모시고 복숭아밭에 놀러갔다. 그는 복숭아를 먹다가 맛이 매우 좋았으므로 먹던 것을 영공께 바쳤다. 그러자 영공은, "나를 사랑함이 지극하구나! 자기가 먹던 맛을 잊어버리고 나에게 주다니……" 하고 더욱 미자하를 총애했다.

그러나 세월이 흘러 미자하도 나이가 들어가니 자연히 미자하에 대한 영공의 총애도 예전같이 않았다. 어느 날 미자하가 작은 잘못을 범하자 영공은 노하여 말하기를, "이놈은 언젠가 허락도 없이 내 수레를 훔쳐 탔으며 더구나 먹다 남은 복숭아까지 내게 먹였지."하고 불같이 화를 내고, 왕이 과거에 용서했던 죄까지 이야기하며 궁에서 아무것도 가지지 못한 채 쫓겨나게 된다.

그 유명한 절여지죄(竊輿之罪)와 여도지죄(餘桃之罪)의 고사이다.

군주의 칭찬과 노여움이 엇바뀌는 것도 한순간에 일어나니 이는 미자하가 원래 능력있고 잘났던 것이 아니라 세월의 흐름으로 왕의 총애가 바꿨을 뿐이다.

사마천이 영행열전에서 영행으로 미자하를 자세히 거론하지는 않았지만 열전 말미에서 미자하 이야기에 대해 논평하기를 甚哉 愛憎之時 彌子瑕之行 足以觀后人佞幸矣 雖百世可知也(심재애증지시 미자하지행 족이관후인영행의 수백세가지야 : 심하구나, 사랑하고 미워하는 감정이 때에 따라 변함이! 미자하의 행적은 후세 사람에게 영행(佞幸)이 무엇인지 잘 보여준 것으로, 이로써 백 세 뒤의 일도 알 수 있는 것이다. - 사기 권125 영행열전(佞幸列傳))라 평하고 후인들의 귀감이 되도록 했다.

과연 꾸민 말과 꾸민 얼굴을 하고자 하는 사람은 다 별도의 숨어 있는 의도가 있고, 그렇기에 마음이 착하고 솔직하고 어질 수가 없는 것이다.

공자는 인(仁)에 대하여 제자들에게 다 각도로 설명하고 있으나 결국은 사람다움을 이름함이니 교언영색으로 아첨하는 자는 사람다운 사람이 드물다고 말한 공자의 어법은 사람답지 못한 사람들에게 까지도 오히려 관대한 표현을 쓴 것이다. 반면 교언영색 선의인(鮮矣仁)의 대척점에 강의목눌 근인(剛毅木訥 近仁)이라 하여 강직하고 의연하며 순박하고 어눌한 사람 중에 어진 사람이 많다 하였다. 인을 말하면서 드물다의 선(鮮)과 가깝다의 근(近)을 씀으로써 사람의 다양성을 고려하여 단정적이지 않은 공자의 통찰력이 놀라울 뿐이다.

동물들이 교언영색 할 수 있겠는가? 오직 인간뿐이다.

인간의 길, 고전에서 묻다

PART + 04

바름의 질서

작금의 세대에 와서 어떤 이는 가장 낡은 사고방식이고 버려야 할 정신문화가 있다면 그것은 바로 선비정신이라고 말하는 이들이 있다. 그러나 이러한 생각은 진정으로 우리 민족의 선비정신을 바로 이해하지 못한 소치일 뿐이다.

조선 선비[士]와 일본 사무라이[侍]는
어떤 차이를 보이는가

작금의 세대에 와서 가장 낡은 사고방식이고 버려야 할 정신문화가 있다면 그것은 바로 선비정신이라고 말하는 이들이 있다. 그러나 이러한 생각은 진정으로 우리 민족의 선비정신(이는 조선의 선비정신이라고 해도 틀리지 않을 것이지만)을 바로 이해하지 못한 소치일 뿐이다.

참으로 정신적, 도덕적 삶의 방향이 어그러진 이 시대에 우리에게 진정 필요한 정신문화는 선비정신이 아니겠는가.

그러면 과연 선비정신이란 무엇인가?

선비의 어원이 어떤 연유로 생겨났는가는 차치하고 옛부터 우리 민족의 선비에 대한 의미는 학문을 닦아 도덕적 인격을 수양하여 결국 사회의 지도층 인사로서 세상을 밝은 곳으로 인도하는 사람을 뜻한다.

　이러한 차원에서 선비정신의 개념 정립은 유교사상이 이 땅에 들어온 이래 성리학이 사회 이념으로 굳건히 자리를 잡은 여말선초에 이미 완성되었다고 볼 수 있다.

　이러한 선비정신은 의리사상과 결합되어 대의명분을 중시하는 경향으로 발전됨으로 인하여 외세의 침략 등으로 나라가 위기에 처할 때는 선비들이 분연히 마상으로 올라가 구국 활동을 펼쳤던 것이다. 이것이 세계 역사상 보기 드문 의병활동이라 할 수 있다.

　혹자들은 우리 민족에게 선비정신이 있다면 일본에는 사무라이 정신(무사도武士道)이 있고 서양에는 기사도(騎士道) 정신이 있다고 하면서 은연중에 사무라이 정신이나 기사도 정신이란 것이 우리의 선비정신보다 의리적, 도덕적, 인격적으로 우선하다고 여기는 경향이 있는데 이는 참으로 어두운 생각이라고 할 수밖에 없다. 먼저 사무라이란 무엇인가, 원래의 의미는 "모신다"는 뜻을 가진 시(侍)이다.

　사무라이라는 말의 등장은 헤이안 시대[1]이다. 귀족들을 경호해 주는 사람을 사무라이라고 부른 것이 이의 시작인데, 구체적으로는 "시중들다"를 의미하는 옛 일본어 사부라우에서 유래했다. 사

---

1) 794 - 1185 : 나라에서 헤이안으로 도읍을 옮긴 후 부터 막부 시대 전까지로 일본 고대 말기로 귀족문화가 발달한 약 390년간을 말한다.

부라우의 명사형(시중드는 사람)이 사부라히(さぶらひ)이고 이것이 다시 변형되어 사무라히(さむらひ)가 되었다. 그리고 1946년 정서법 개정에 따라 사무라이(さむらい)라고 쓰게 되었다는 게 학계의 정설이며 사무라이는 한자로 侍(모실시)로 쓴다.

헤이안 시대에 나타난 이런 무사집단의 일부가 중앙귀족의 눈에 들어 귀족의 사병(私兵)으로 종사하는 시종(侍從)이 되는데, 이 시종에서 나온 것이 사무라이(侍)다. 그러나 시간이 흘러 헤이안 시대 말기에 접어들면서는 귀족의 경호원뿐만 아니라 일반적인 무사들까지 통틀어 이르는 말로 변질되었다.

이후 12세기에 겐페이 전쟁[2]을 거치면서 일본의 무사 계급은 더욱 발달하였고, 일본 다이묘(大名)[3]들의 으뜸격인 쇼군(장군將軍)[4]이 막부를 세우고 천황을 대신하여 일본을 통치하는 시기가 찾아오면서 사무라이들의 격이 좀 더 높아졌다.

오늘날 사람들이 알고 있는 사무라이 문화가 형성된 시기는 흔히 말하는 일본의 전국시대 곧 센고쿠 시대[5]였다. 이 시기에는 그나마 중앙의 질서를 유지하던 무로마치 막부[6]의 힘마저 유명무

---

2) 1180~1185 : 일본 조정의 주도권을 둘러싼 싸움.
3) 영주(領主)이며 일본 에도 막부 시기 번(藩)이라는 영지를 가진 사람들.
4) 일본 무신정권에서 막부라는 행정구역을 다스리던 우두머리.
5) 15세기 중반부터 16세기 후반까지 사회적, 정치적 변동이 계속된 내란의 시기.
6) 3대 쇼군 요시미쓰가 무로마치에 새로 궁전을 지었기 때문에 통상 무로마치 막부라고 한다. 1336년 아시카가 다카우지가 정권을 장악한 후 1573년 쇼군 요시아키가 오다노부나가에 멸망할 때까지 15대의 쇼군이 존속.

실해져서 일본 각지의 다이묘(영주)들이 세력을 다투던 시기였다.

이러한 시기에 사무라이들은 다이묘들의 휘하에 들어가 활동하였다. 사무라이들은 다이묘로부터 보호받고 영지를 하사받는 대신에 다이묘를 주군으로 섬기며 그들을 위해 자체적으로 병력을 고용해서 전장에 나가 싸웠다.

바로 이 시기에 일명 무사도(武士道)가 생겨났으며, 사무라이들 역시 단순한 무사에서 영지를 받고 싸우는 준 귀족 계층으로 신분이 상승함에 따라 사무라이 특유의 문화도 더욱 발달하였다.

전국시대가 끝나고 에도 막부[7] 시기에 들어서도 사무라이들은 명맥을 이어나갔다. 다만 사무라이들이 주로 활동하던 센고쿠 시대의 지방 분권 체제가 붕괴되면서 사무라이들의 문화도 중앙 집권 체제에 맞도록 변질되어 갔다. 또한 한편으로는 일본 내에서 전쟁이 거의 사라지고 일본 경제가 성장함에 따라 서민 계층의 조닌문화[8]가 발달하면서 예전에 비해 그 위세가 크게 줄었다.

사실 이러한 사무라이들의 역사는 사무라이들의 계급을 유지

---

7) 에도시대에 일본을 통치했던 세 번째이자 마지막 막부이다. 보통 중심지였던 지명을 따서 에도 막부라 함.
8) 일본 에도시대(1603~1867)에 도시에 거주한 상공업자들의 문화.

시켜주었던 에도 막부가 무너지고, 토지 개혁 정책에 따라 사무라이들에게 지급되던 영지가 사라진 메이지 유신 시기에 종결되었다.

그러면 요즘 우리가 일반적으로 알고 있는 무사도는 어떻게 정착 되었는가?

무사의 시대가 지속된 중근대 일본에도 물론 무사도라는 표현은 있었다. 그러나 이때의 무사도라는 말은 오늘날 우리가 생각하는 것과 같은 숭고한 이념을 지니고 있었다기보다는 좀 더 현실적 물질적인 차원에서 그냥 "무사의 길" 정도의 의미를 가졌다고 생각된다. 그러다가 일본이 1868년의 메이지 유신을 거쳐 서양에 문호를 개방하면서 이 무사도라는 말은 근본적인 의미 변화를 겪는다.

17세기 초부터 일본을 통치해 온 도쿠가와 막부(에도 막부) 정권은 강력한 쇄국 정책을 써서 서양인들의 일본 내왕을 막았다. 그러나 19세기에 들어서면서 서양의 제국주의 세력은 일본에 거세게 밀어닥쳐 결국 개국하게 되었고 개국 직후의 일본은 서양 열강으로부터 엉뚱한 비문명국이라고 멸시를 받고 있었다.

이러한 멸시는 단순한 감정적 차원을 넘어 국제조약을 맺는 등의 외교활동에서도 일본 측에 불리하게 작용하고 있었다. 이러한 상황을 타개하기 위하여 일본의 지식인들은 자국이 서양 열강들과 대등한 정신적 유산을 지니고 있음을 증명하고 싶어 했다.

그 열망의 결과물이 오카쿠라 덴신(岡倉天心)의 "동양의 이상"과 스즈키 다이세스의 "선불교에 대한 에세이" 그리고 니토베 이나조의 무사도(武士道 Bushido: The Soul of Japan:1899년 미국에서 영어로 출판))였다. 이 저서는 처음부터 서양인들에게 읽힐 목적으로 영어로 집필되었으며, 서양인들은 이들 일본 지식인들의 저서에서 자신들의 오리엔탈리즘을 자극 받기에 충분한 내용을 발견할 수 있었다.

특히 이들 책자 가운데 니토베 이나조[9]의 무사도는 서양의 기독교적 정신에 필적하는 숭고한 종교적 이념이 일본에도 있다는 것을 강조하기 위해 쓰여졌다. 이 책에서 묘사되는 전통시대 일본 무사들의 모습은 오늘날 한국인들이 일반적으로 품고 있는 이미지 바로 그대로이다. 그리고 이 책을 쓴 니토베 이나조가 이른바 무사도의 전형으로 간주한 것이 17세기 말에서 18세기에 오늘날의 사가현 지역에 있던 사가번의 무사 야마모토 쓰네도모(山本常朝)가 지은 하가쿠레(엽은葉隱)[10]였다. 이 책의 첫머리에 적

---

9) 1862~1933 : 근대 일본을 대표하는 교육자이자 일본 최고의 지식인.
10) 일본 전국시대 직후, 에도 막부 초기에 저술된 사무라이 철학서 내지 지침서이며 근대의 사무라이와 무사도를 말할 때 빠질 수 없는 서적이다.

한 "무사도가 죽는 것임을 깨달았다"는 강열한 문장은 니토베 이나조를 매료시켰고, 오늘날까지도 일본인의 정체성을 설명하는 근거로 활용되고 있는 니토베의 무사도가 저술되었으며 이를 통해 서양인들 또한 일본의 무사도 정신에 열광했다.

니토베는 일본인의 민족정신 즉 윤리관과 관습을 사무라이의 무사도에서 찾았다. 사무라이는 충성, 의리, 정직, 검약, 명예를 가장 높은 가치로 여기며, 무사의 도와 정체성은 검에 있다고 생각한다. 때문에 할복은 무사의 정체성인 검으로 자신의 영혼이 든 복부를 갈라 상대에게 결백한 영혼을 보여 주는 행위로, 의리와 명예를 지키기 위한 방편으로 설명된다. 이런 논리에 따라 할복은 무사의 결기가 결집된 최선의 행위로 미화되었다.

이러한 행위가 최고의 가치로 인정받는 예가 바로 사무라이의 충성과 복수극인 주신구라(충신장忠臣藏)이며 연말연시면 으레 일본의 TV에 등장하는 특집극 소재다. 내용은 1701~1703년에 일어났던 사건으로 주군을 잃은 사무라이 47인의 복수극이며 이는 현재에도 각급 학교의 교과서에 빠짐없이 나온다.

자신이 모시는 주군에게 충성을 다하는 사무라이의 모습을 일본인의 정체성으로 표상시키는 것은 애국심에 대한 찬양을 합리화하는 동시에 군국주의적 선전과 선동에도 매우 적합한 논리가 되었다. 무사도의 논리는 세계대전 동안 군국주의자의 패권주의와 결합하여 일본을 전쟁의 광기 속으로 몰아넣었다. 대표적인 행위가 태평양 전쟁 당시 자살특공대 가미카제(神風)의 활동을 미화한 일이다.

다시 말해 오늘날 우리가 알고 있는 일본의 무사도 혹은 무사도 정신이란 니토베 이나조에 의해 탄생된 것이라고 볼 수 있다.

사실 오로지 주군을 위해 목숨을 바치는 사무라이들에게도 명예, 의리, 효도, 무용, 충성, 엄정 등의 도덕적 인격적 소양이 그나마 다소 요구되고 길러지게 된 계기는 정유재란 때 일본에 포로로 끌려간 수은(睡隱) 강항(姜沆)[11] 선생에 의해 일본에 본격적으로 성리학이 전파되면서 부터이다.

일본에서는 가마쿠라 막부시대[12] 후기에 성리학이 전래되어 승려들 사이에서 연구되었다. 그러나 불교와 토속신앙의 영향이 강했던 일본 사회에서 성리학은 사회 전반에는 영향력을 미치지 못하다가 후지와라 세이카[13]가 포로로 잡혀온 조선의 강항과 교류

---

11) 1567년~1618년 : 조선 중기의 문신, 의병장. 강항(姜沆)은 일본군에게 포로로 잡혀가 일본에서의 포로생활 경험과 현지 사정을 『간양록(看羊錄)』에 기록하였다.
12) 1192~1333년 일본 역사에서 봉건주의의 기초가 확립된 시기에 일본을 지배했던 가문.
13) 1561~1619 일본의 성리학자로 강항의 도움을 얻어 『사서오경왜훈(四書五經倭訓)』을 완성하였다. 이 책은 사서오경에 대한 일본 최초의 주자 주석본이

하면서 성리학에 대한 연구가 활발해졌다. 후지와라 세이카는 강항의 도움으로 사서오경왜훈(四書五經倭訓)¹⁴⁾을 간행하고, 하야시 라잔¹⁵⁾ 등의 제자를 길렀다. 하야시 라잔은 성리학을 바탕으로 에도 막부의 각종 제도와 의례를 정비하는 데 이바지하였다. 그 후 성리학은 에도시대에 막부의 관학이 되었으며 인, 의, 예, 지, 충, 효 등의 성리학적(유교적) 기본 정신이 사무라이들에게도 심어지게 되었던 것이다.

한편 중세 서양의 기사(騎士) 역시 귀족을 호위하여 모신다는 의미에서 마찬가지이다. 기사는 기마무사(騎馬武士)의 준말로 일본의 사무라이와 같이 중세 봉건영주의 호위무사이다. 이들 역시 학문을 닦는 일과는 거리가 멀고 오직 영주에게 충성을 다하고 자존심적 명예만을 중시하는 경향이 있었으며 전쟁이 없는 시기는 오로지 유흥 향락만을 일삼는 것으로 세월을 보냈다.

결국 유럽의 기사나 일본의 봉건시대에 번주(영주)를 모시는

다.
14) 일본 에도 시대 전기의 유학자이자 일본 유학의 개조(開祖)로 여겨지는 후지와라 세이카가 주자(朱子)의 신주(新註)를 토대로 하여 논어, 맹자, 대학, 중용 사서와 시경, 서경, 역경, 예기, 춘추의 오경(五經)에 일본식 훈점을 붙인 일본 최초의 사서오경 주석본. 강항이 발문(跋文)을 썼다.
15) 1583년 ~ 1657년 : 에도 시대 초기의 주자학파 유학자.

가신인 사무라이는 학문을 닦는 일이 가장 먼저인 것과는 거리가 먼 칼잽이일 뿐인 것이다.

그러나 우리의 선비적 삶이란 원래부터 벼슬길에 나가든 낙향하여 향리에 은거하든 첫째로 중시하는 일은 끊임없이 학문을 연마하고 도덕적 인격을 완성해가는 것이며 대의명분을 앞세우고 물욕을 자제하며 이 가운데서도 정신적 여유로움을 찾는 풍류적 삶을 갖는 것이다.

이것이 바로 선비정신이자 선비적 삶의 자세이니 그야말로 일본의 무사도나 서양의 기사도와는 차원이 다른 우리만의 전통적 정신 문화가 아니겠는가!

선문답(禪問答)과 차원 높은 유머

선(禪)!

선의 세계라는 이미지는 어쩐지 좀 신비스럽고 보통 사람들은 범접할 수 없는 생각 저 너머의 또 다른 경지가 연상된다.

선을 산스크리스트어(범어)로는 디야나(dhyana), 팔리어로는 쟈나(jha-na)이다. 이를 음역하여 선나(禪那)라하며 음사와 의역을 합하여 선정(禪定) 또는 줄여서 선(禪)이라고도 한다. 중국인들은 이를 번역하여 생각을 일념(一念)으로 모아서 닦는다는 의미로 사유수(思惟修)라고도 했다.

선은 마음을 가다듬고 정신을 통일하여 무아적정(無我寂靜 : 나라는 실체를 생각지 않음으로써 탐(貪)진(嗔)치(痴)가 소멸된 열반의 상태)의 경지에 도달하는 정신집중의 수행(修行) 방법이며 선즉불심(禪則佛心 : 선은 부처의 마음 즉 불심이다.)이며 선의 요체는 자신이 본래 부처라는 사실을 깨닫는 것이요, 자기의 본성을 깨닫는 길이 꼭 세속을 벗어나야 만이 이루어지는 것이 아니라는 것 또한 선의 핵심이다.

평상심시도(平常心是道 : 고요한 마음의 상태 즉 평상심 자체가 도)라는 문구가 선 철학의 요체이다. 밥 먹고 차 마시고 일하고 공부하는 일상의 모두가 도(道)가 되듯 선이 일상을 떠나 있지 않은 곧 생활선(生活禪)을 이름함이다.

이러한 선 중심의 불교 즉 선불교에 대해 일본의 후꾸나가미쯔지(福永光司 1918-2001)교수는 "선불교는 인도의 불교가 아니고 철저한 중국적 불교의 소산이며 노장사상의 변용이다"라고 했는데 매우 일리가 있는 견해이다. 중국인들은 인도의 불교를 자기들의 전통적 노장사상 개념으로 해석하여 선불교를 탄생케 했으며 이를 격의불교(格義佛敎)라 한다.

  * 若見諸相非相 卽見如來(약견제상비상 즉견여래 : 모든 상이 상이 아니라는 것을 보고나면 비로소 여래를 보는 것이요 - 금강경)....
  * 道可道非常道(도가도비상도 : 도를 도라 하는 것은 항상 그러한 도가 아니다 - 노자 도덕경 1장).....

상기 노자 도덕경 문구와 금강경의 문구의 어법이 놀랍도록 닮지 않았는가!

이렇다 할지라도 원초적인 선사상(禪思想)이 인도에서 발생한 것은 아리아인(人)이 인도에 침입하기(BC 1300년경) 이전으로 생각된다. 약 오천년 전의 유물로 추정되는 시바신상에서 요가의 기본자세인 결가부좌를 볼 수 있으니 이는 선정에 들어가 있는 요가(瑜伽) 수행자의 모습이라 할 수 있다. 따라서 아리아인의 요가사상이 이를 수용한 것으로 생각된다.

요가는 심사(深思), 묵상(默想)에 의해 마음의 통일을 구하는 방법으로서 정신과 육체의 이원론의 입장에서 육체를 괴롭힘으로써 정신의 자유를 얻으려는 고행(苦行)사상과 결부되어 특이하게 발전하였다. 이러한 요가사상은 불교 특유의 선사상으로 발전하였다고 볼 수 있다.

석가모니가 출가한 후 처음에는 두 선인(알라라칼라마와 웃따까라맛풋타)에게서 당시의 최고의 선정(禪定)을 배웠지만 선정은 육체에 고통을 주어 사후의 해탈(解脫)을 구할 뿐 현세에서의 해탈을 이룰 수 없는 것이라고 생각되어 이를 버리고 홀로 명상에 잠겨 깨달음을 얻어 12연기법에 이르렀다. 즉 선정은 신심일여(身心一如)의 입장에서 일상생활 속에 해탈의 생활을 실현시키고자 하는 것이며 원시불교 이래 매우 중요한 덕목이 되어 왔다.

명상하는 수행방법으로서의 선이 인도에서 중국에 전해진 것은 후한시대(後漢時代:23~220)로 보이지만 북위시대(北魏時代:386~534) 530년경 달마(達摩)에 의해 전해진 대승불교의 선사상은 육조 혜능에 와서 융성하게 되었으며 남종선의 시조가 되고 이때부터가 사실상 중국선의 시작이라 볼 수 있다.

석가의 불법 계통은 석가의 제1 제자 마하가섭(摩訶迦葉)을 제1조로 하여 28조 달마에 이르렀는데 이것이 중국에 전래되어 그 법통은 달마(達磨) → 혜가(慧可) → 승찬(僧璨) → 도신(道信) → 홍인(弘忍) → 혜능(慧能)으로 이어졌다. 중국의 선은 사실상 육조 혜능으로 부터 시작되었다고 보는데 혜능에 이어 남악, 마조, 백장, 남전, 은봉, 조주, 임제에 이르러 선사상의 대미를 장식했고 이때의 선문답이 선사상의 백미를 이룬다고 볼 수 있다.

중국선의 근본 종지(宗旨)을 표현한 불립문자(不立文字:언어로써 불성을 밝힐 수 없다), 교외별전(敎外別傳:부처님의 가르침 이외로 별도로 전해 내려온 것 즉 부처의 가르침을 말이나 글에 의하지 않고 바로 마음에서 마음으로 전하여 진리를 깨닫게 하는 법. 경전에 절대적 가치나 의의를 부여하지 않음), 직지인심(直指人心:자신이 본래 지니고 있는 성품, 즉 불성(佛性)을 알아보는 것), 견성성불(見性成佛:자기의 본성을 바로 보아 부처를 이룸)의 16자는 선의 개념을 가장 간결하게 표현하고 있다.

또한 선 체험을 설명하기 어려운 점에서 볼 때 중국 선종에서는 스승과 제자의 관계가 매우 중시되었다. 그리하여 조사(祖師)의 권위는 어떤 경우 여래(如來) 이상으로 중시되어 조사선(祖師禪)으로 불리기까지 하였으며 조사의 언어, 행동을 금과옥조로 하고, 그것을 수단으로 하여 좌선의 목적을 달성하려 하였다. 이것이 정형화(定型化)되어 많은 공안(公案, 또는 話頭)을 낳았는데, 이를 간화선(看話禪)이라고 한다. 선은 이와 같이 그 원류는 인도이고 인도에서 발전한 것이지만 꽃은 중국에서 피웠다.

그렇다면 선문답(禪問答)이란 무엇인가?
마치 보통 사람의 사고로는 범접할 수 없는 심오한 철학적 의미를 담고 있는 것처럼 보이나 사실은 일상대화인데 불가(佛家)에서 어느 정도 정신적인 경지 이상에 올라선 사람들의 대화라는 것이다.

쉽지도 않고 어렵지도 않은 것이 선문답이다. 삶에 있어서 대부분 문제들이 질문의 의도를 정확히 이해를 하여야 정확한 대답을 유추할 수 있듯이 이 선문답은 묻는 질문 속에 그 답이 숨어 있다고 할 수 있다.

즉 선문답은 그 묻는 의도가 어디에 있는 가를 이해한다면 그 대답은 자명한 것이다. 사람들은 대화 도중 엉뚱한 소리를 할 때에 선문답하느냐고 놀리는 경우가 있는데, 일반 사람들이 대부분 생각하는 것과는 다르게 선사와 제자가 주고받는 선문답은 전혀 엉뚱하지도 않으며 진리를 가르치고 있는 매우 정확하며 알맞은 표현으로서 곧바로 깨달음의 문을 열어주는 방편이라고 할 수 있다.

그래서 선문답 가운데 한 글귀를 공안(화두)으로 삼기도 한다.

선문답에 사용되는 언어의 소재는 다양해도 항상 명확한 주제가 있으며 그것은 깨달음을 가르치는 직지(直指)라고 할 수 있다. 학인(學人)이 진리를 물어올 때 스승은 선의 방편을 통하여 답을 하지만 여기에는 자상한 설명이나 가르침이 없다. 단지 물음에 대하여 피상적으로는 전혀 논리가 맞지 않아 보이는 아주 단순한 대답만이 있을 뿐이다.

조주(趙州, 778~897)스님이 어렸을 적 처음 남전선사(南泉禪師, 748~834)를 찾아갔을 때 일이다.

남전이 방에 비스듬이 누워 휴식을 즐기다가 "너는 어느 곳에서 왔느냐?"

조주가 답하기를 "서상원(瑞像院)에서 왔습니다." 남전 왈 "너는 서상(瑞像:상서로운 모습)을 보았는가?" 조주가 답하기를 "서상은 보지 못하고 누워있는 여래는 보았습니다."

남전이 놀라 벌떡 일어나서 "너는 주인이 있는 사미냐? 주인이 없는 사미냐?"

"주인이 있는 사미입니다." "그럼 주인은 누구인가?" "孟春猶

寒伏惟和尙尊候起居萬福(맹춘유한복유화상존후기거만복 : 이른 봄이지만 아직 춥사오니 엎드려 생각컨데 화상께서는 옥체 만강하옵소서)"남전이 원주를 불러 이르되 "이 아이를 특별히 대접토록 해라"라는 문답 내용이나, 끽다거(喫茶去), 전정백수자(前庭栢樹子) 등 조주어록(趙州語錄)에 보이는 내용과 운문록(雲門錄)에 나오는 운문선사와 학인과의 대화 "달마는 몇 개나 땄느냐" 등은 선문답의 전형이라 볼 수 있다.

"선문답이 왜 전혀 사람의 인식의 범위를 벗어나 앞뒤가 맞지 않는 답이 되는가 하는 그 이유는 간단하다. 우리가 사용하는 단어와 그 단어로써 우리가 이해하는 뜻은 모두 일대일의 대응을 이루고 있다. 예를 들면 사과, 기차, 학생, 가을, 사랑, 미움, 등등의 말은 모두 다 보통 사람의 인식의 범위 속에서 자연스럽고 쉽게 이해가 되고 있다. 그러나 업(業), 연기(緣起), 진리(眞理), 깨달음, 부처, 법(法), 도(道) 등의 형이상학적 말은 인식의 측면에서 일대일 대응이 전혀 가능하지가 않거나 막연하게 이해될 뿐이다. 이러한 내용을 설사 생각으로 이해를 한다고 해도 신비스럽고 은밀하며 신의 존재와 같은 막연한 추상적인 생각의 측면에서 이해하게 된다. 언어적으로 일대일 대응으로 설명이 되지 않는 내용에 대한 깨달음을 얻기 위한 가장 빠르고 정확한 방법은 사람들의 인식이나 사고를 넘어서야 가능하다고 할 수 있다. 이러한 과정은 보통 고행이나 참선 그리고 여러 가지 마음공부와 같은 오랜 수행을 통하여 가능하다고 보통 여기고 있으나 실제로는 대중들의 보편적인 생각과는 반대로 부지불식간 그리고 뜻하지 않은 한 순간에 이루어진다. 이를 일러 깨달음이 다가올 때는 구렁이 담 넘듯이 온다고 하는 표현을 체험자들에게 들을 수 있다. 경전에서는 이를 直指人心 見性成佛(직지인심 견성성불 : 마음을 곧장 가리켜 성품을 보고 부처를 이룬다) 또는 一超卽入如來地(일초즉입여래지 : 한 순간에 부처의 경지로 들어간다)라는 표현으로 사용하고 있다.

　이와 같이 직지 또는 일초즉입이라는 단어가 나타내듯이 곧 바로 생각의 틀을 부수고 인식을 벗어나게 만든다면 한 순간에도 깨달음의 문에 도달하는 것이 가능하며 이를 초견성(初見性-頓悟)이라고 표현한다. 이렇게 인간의 오랜 인식의 틀을 일순간에 부수는 방편으로 만들어 낸 것이 선종에서 사용하는 선문답이라고 할 수 있다." - 법성스님

　한순간에 어떻게 여래의 경지에 들어갈 수 있을까?
　깨달음을 얻은 스승들이 말하는 그 이치는 지극히 간단하다. 자기에게 일어나는 모든 현상은 자기가 만든 것임을 항상 자각하면 된다는 것이다.
　그러므로써 우리는 진정한 참 자기가 누구인지를 알게 되며 그

참 자기의 모습을 완전히 이해하게 된다. 화가 엄청났을 때라도 그렇게 화난 자기마음을 보면 그 화는 사라지게 된다. 큰 번뇌와 근심에 시달릴 때라도 그런 생각에 빠진 자기마음을 보면 그 근심은 빛을 잃는 것과 같다.

슬픔에 빠졌을 때라도 그 슬픔에 사무친 자기 마음을 보면 객관화가 된다.

무엇인가 몰라서 답답한 마음일지라도 그 생각도 자기가 만든 것임을 자각하면 바로 그 함정에서 벗어나게 된다. 이를 "알아차림"이라 명명하고 있다.

일상적으로 웃기기 위해서 하는 말장난이 아닌 해학과 재치를 곁들어 순간적으로 상대를 깨치게 하는 수준 높은 유머도 선문답의 한 형태가 아닐까?

유머(humor)란 익살스럽게 웃음을 자아내는 표현이나 요소라는 일반 사전적 풀이가 있으나 독일의 두덴 사전에서 밝히는 유머란 "인간의 불충분성 그리고 난관과 불행에 대해 유쾌한 여유로 대처하는 인간의 재능"이라 설명하고 있으니 훨씬 의미심장하다.

미국 대통령 링컨은 원숭이를 닮은 외모 때문에 못생겼다는 지적을 자주 받았다. 중요한 유세에서 상대 후보가 링컨에게 "당신은 두 얼굴을 가진 이중인격자야!"라고 하자 링컨은 "내가 정말

두 얼굴을 가졌다면 이 중요한 자리에 왜 하필 못생긴 얼굴을 가지고 나왔겠습니까?"라고 했다.

링컨은 이 유머 덕분에 그곳에 있는 모든 사람을 자기편으로 만들 수 있었다고 한다.

90세까지 장수했던 윈스턴 처칠은 말년에 한 젊은 기자가 그를 인터뷰하면서 말했다. "내년에도 건강하게 다시 뵈었으면 좋겠습니다." 그러자 처칠 왈 "내년에도 못 만날 이유가 뭐가 있는가? 자네는 아주 건강해 보이는데 내년까지는 충분히 살 것 같아 걱정 말게나."

무학대사와 이성계의 대화에 태조 이성계가 무학대사를 보고 "대사는 꼭 돼지같이 생겼구려!" 했다. 이에 무학대사는 태조 이성계에게 "전하는 근엄하고 자비로우신 부처님을 꼭 닮았습니다."라는 일화가 있다.

결국 선이란 일상생활 자체를 벗어나서 있지 않듯이 선문답 역시 일상의 대화 밖에서 존재하지 않는다. 다만 간단명료한 대화의 몇 마디가 촌철살인의 의미를 담고 깨우침의 세계로 이끌어 갈 뿐이다. 이러한 관점에서 수준 높은 유머 역시 그러하므로 격조 있는 유머와 선문답은 일맥상통하지 않는가!

공자! 그는 누구이며
존호(尊號)와 평(評)은 어떻게 해 왔는가
- 일생과 시대의 흐름에 따라 부여되는 존칭과 평가 -

 보통 우리는 한 인간으로서 그가 어떤 사람인가를 가장 짧은 시간에 판단할 수 있는 방법으로는 그 사람이 사회적으로 어떤 위치에서 어떤 호칭으로 지칭되어 왔는가를 살펴보는 일일 것이다.
 마치 우리가 사람을 만날 때 명함을 주고받으면서 그 명함에 새겨있는 경력과 직함을 보고 대략 그가 어떤 인물인가를 우선 짐작 해 보는 것과 같다.
 그러한 관점에서 인류 역사상 가장 위대한 인물 중의 한사람인 공자에 대해서도 그 사상을 연구하여 위대성을 알기란 보통인들에게는 상당히 요원하므로 그에 대한 간단한 행적과 이천여년이 넘는 장구한 세월을 거치면서 그에게 부여되어 온 존칭과 공자를 평가한 촌철살인의 문장을 알아보면 비록 깊이 있는 사상적 이해는 아닐지라도 그의 위대성을 금방 알 수 있을 것이다.

공자(BC 551년 ~ BC 479년)는 고대 중국 춘추시대의 정치가 사상가 교육자이고 주대(周代)의 노나라 문신이자 작가이면서 시인이기도 하다. 흔히 유교의 개조로 알려져 있다. 공자는 공자 이전의 고대로 부터의 유가사상을 집대성했으며, 비록 유가사상과는 대립, 발전하였다 할지라도 공자의 제자인 자하, 자궁 등으로부터 순자로 이어져 나온 한비자, 상앙, 이사 등으로 대표되는 법가사상 역시 원초적 출발점은 공자로 부터라는 것이 일반적인 견해이다.

공부자(孔夫子)라고도 불리우는 공자의 이름은 구(丘)이고 자(字)는 중니(仲尼)이다.

공자는 기원전 551년 9월 28일 춘추시대 말기에 서주의 제후국인 노나라(魯)의 무관인 공흘(孔紇, 자는 숙량)의 둘째 아들로 태어났다. 노나라 곡부(曲阜)에서 떨어진 시골인 창평향(昌平鄕) 추읍(郰邑)에서 부친 공흘이 그의 노년에 동료 무사이자 친구였던 안양(顔襄)의 셋째 딸이었던 안징재를 만났을 당시 공흘은 68세 정도였고 안징재는 13세의 소녀였다고 하니 이는 정식으로 혼인한 관계는 아니었다고 볼 수 있기 때문에 사회적으로 대접을 받지 못하는 서자 출신이라고도 한다. 이를 단적으로 알아볼 수 있는 문구가 있으니 바로 사기에 있는 野合而生(야합이생 : 야합하여 태어나다 - 史記 孔子世家)이다.

   공자의 조상은 주 무왕으로 부터 봉토를 하사 받은 송나라의 공족(소국의 왕에 해당)이었으며 공자의 3대 전에 노나라로 옮겨왔다. 그의 집안은 송나라 왕실에서 연유한 명문 가문이었으나 몰락하여 노나라에 와서 살게 되었으며, 부친 공흘은 시골 무사였다. 부친과 그의 본처 시씨(施氏) 사이에는 딸만 아홉이었고 이복형인 맹피(孟皮)는 첩의 소산이라 한다.
   공자의 자(字)가 중니(仲尼)가 된 이유는 집안의 장남인 맹피에 이은 둘째 아들이라는 뜻이었다. 흔히 소개되는 공자의 가계는 보통 그의 부친 공흘과 증조부 공방숙까지 언급되나, 후대의 곡부 공씨들은 보통 공자를 시조로 간주한다.
   사기의 공자세가에는 공자의 키가 9척6촌에 달하여 장인(長人)으로 불렸다는 기록이 남아 있다. 3살 때 아버지가 죽었고, 어머니 안징재가 궐리로 이사하여 홀로 공자를 키웠다. 이 결과 공자는 어려서부터 거칠고 천한 일에 종사하면서 곤궁하고 불우한 소년 시절을 보냈으니, 이를 잘 대변하는 문구가 吾少也賤 故多能鄙事(오소야천 고다능비사 : 나는 어려서부터 어렵게 커서 안 해 본 일이 없기에 허드레 일도 능히 할 수 있다 - 論語 子罕)이다.

공자에게는 특별한 선생은 없었다. 그는 배울 수 있는 모든 사람에게서 배웠으니 호학(好學 : 배우기를 좋아함)에는 자기를 따라갈 사람이 없다고 말하고 있다. 이러한 사정으로 만년에 공자는 "15살에 배움에 뜻을 두었고, 30살에 섰다."고 술회한다. 즉 서른 살에 학문의 기초와 삶의 토대가 섰으며, 한 인간으로서 우뚝 선 것이다. 30대가 되자 공자는 노나라에서 가장 박식한 사람이 된다. 그는 중국 나아가 인류 역사상 최초의 사설학교를 창설, 학당을 열어서 학생들을 가르쳤다. 여기에는 노나라의 유력한 대부의 자손에서 평민의 자제까지 속수(束脩 : 한 묶음 고기) 이상을 가져온 사람은 누구나 가르쳤다고 한다고 한다.

공자의 관리 생활 시작은 미관말직으로 회계 출납직(出納職)인 위리(委吏)를 거쳐 말을 관장하는 사직(司直) 등으로 시작하였으나 30세에 이르러 관리로서의 지위도 얻고, 학문적으로도 많은 진전을 보였으며 이 무렵부터 제자를 양성시키기 시작한 것으로 보인다.

36세 때인 노소공(魯昭公) 25년 노나라에 삼환(三桓)[1]의 난이 일어나 소공이 신하인 계씨에게 쫓겨나 제나라로 도망치는 일이

---

1) 춘추 시대 노나라의 세 경(卿) 즉 계손(季孫), 숙손(叔孫), 맹손(孟孫) 세 집안을 가리키는 말이다. 춘추 중,말기에 노나라의 권세를 쥐어 임금 자리도 좌지우지할 정도로 그 세력이 막강했다.

벌어졌다. 공자도 그의 뒤를 따라 피난 제(齊)나라에 갔다. 공자는 제나라에서 음악을 논하고 경공(景公)에게 정명사상(正名思想)[2]에 입각한 정치 이상을 말하였다. 공자의 박학다식함과 고매한 인품에 매료돼 그를 흠모하게 된 경공은 그를 자신의 정치적 고문으로 기용하려 했으나, 제나라 재상 안영(晏嬰)의 적극적인 반대로 좌절되었다. 이로 인해 2년여 만에 귀국한 공자는 제자들을 가르치다가 50세 무렵 중도재(中道宰)가 되었다. 52세 무렵에는 대사구(大司寇)로 지위가 올랐다.[3] 그 이듬해 노나라의 정공을 따라가 참석한 제나라와의 강화 회의에서 예전에 제나라에 빼앗긴 노나라의 땅을 돌려주도록 요구하여 이를 관철시키기도 하였다.

공자는 당시 노나라의 세력가인 삼환의 세력을 꺾으려 했으나 실패하고 54세 무렵에 노나라를 떠나 수십 명의 수행 제자들과 함께 자신의 학문적 이상을 현실 정치에서 실현시켜 줄 어질고 현명한 군주를 찾아 기약 없는 여정에 나서서 제자들과 온갖 고

---

2) 政者 正也(정자정야 : 정치는 바르게 하는 것). 군군신신부부자자(君君臣臣父父子子 : 임금(君)은 임금답고, 신하(臣)는 신하다우며, 부모(父)는 부답고, 자식(子)은 자식다워야 한다. 이것이 뒤바뀌면 기강이 무너지고, 기강이 무너지면 백성이 살 수 없게 된다.
3) 중도재는 지방관(地方官)으로 중도지방을 잘 다스렸다. 이에 노나라 정공(定公)의 신임을 얻어 지금의 법무부장관격인 대사구(大司寇) 벼슬에 오름.

초를 무릅쓰고 위, 송, 조, 정, 진 등 여러 나라를 전전하였으니 곧 14년여의 주유열국(周遊列國)이다.

공자는 당초 위정자 특히 최고 권력자인 군주에게 기대를 걸어 각국을 편력하면서 자기의 사상을 설명했다. 군주가 덕(德)으로써 백성을 다스리고 이에 따라 백성의 덕도 높아져 그 결과로서 도덕이 고루 퍼진다면 온 세상이 저절로 평화로워 진다는 것이 공자의 정치사상이었다. 그러나 이 사고방식은 난세(亂世) 아래의 제후들에게 받아들여지지 않았다.

공자의 도덕정치는 어느 나라에서도 외면당했다. 당시의 제후들은 더디더라도 올바른 길을 택하기보다 손쉽게 국력을 팽창시켜 천하를 제패할 부국강병의 방법만을 원하고 있었기 때문이었다. 공자는 마침내 자신의 학문적 이상이 당시의 정치 상황에서는 결코 실현될 수 없음을 깨닫고 제후와 군주들을 설득하는 일을 단념하였다. 결국 그는 후학 양성에만 전념하기로 결심하고 68세 무렵 고국 노나라로 돌아왔다. 이로써 공자의 정치적 삶은 마감되었고 말년에 고향으로 돌아온 그는 중국의 오래된 전통적 경전들을 제자들에게 가르치며 후학 양성에 힘을 기울였다. 또 노나라에 전해 내려오던 역사서를 다시금 새로 엮어 춘추(春秋)를 편찬하고 시(詩)를 정리하는 등 교육자의 길과 저술 활동을 주로 하는 삶을 살았다.

공자가 지향하는 인간상은 군자(君子)로서, 군자교육의 핵심사상을 한글자로 표현하면 바로 인(仁)의 사상이다. 인은 하나의 문장으로서 명백히 개념이 규정되지는 않았으나, 대체로 박애, 도(道), 덕, 선 등의 뜻을 지니고 있는 심오한 휴머니즘이라 할 수 있다. 인(仁)은 공자가 생각하는 인간의 지고한 덕(德)이었다. 덕이란 인간에게서 기대되는 개개인의 훌륭한 자질이며, 동시에 그것은 영향력 내지는 숭고한 인격적 힘으로서 남에게 감화를 미치는 것이다.

이러한 덕은 중국인의 정치사상에서 근간을 이루는 덕치주의(德治主義) 내지 정치에서의 도덕중심주의의 근거라고 하겠으며, 공자의 정치사상 근저에도 이 같은 기대가 있었다.

또 사회생활에 있어서는 자기의 도리를 다하고 남을 부축하며 내가 싫은 것은 남에게 강요하지 않는다는 것을 비롯한 여러 가지 덕으로 나타난다. 이러한 인을 지향하고 예에 정진하는 사람이 군자요, 그렇지 못한 사람은 소인으로 규정했다. 군자가 덕을 생각할 때 소인은 이익만을 생각하며, 군자가 보편적임에 비하여 소인은 상대적이라고 역설하였다.

공자는 만년에 이르러 가장 가까운 사람들을 잇달아 잃었다. 아들인 리(鯉)가 50세의 나이로 죽었으며 아끼던 제자 안연과 자로마저 연이어 죽었다. 특히 가장 아끼던 제자 안연이 젊은 나이에 일찍 죽자 天喪我(천상아 : 하늘이 나를 버렸다)며 비통해하고 울부짖었다. 이에 제자들이 체신 머리 없이 운다고 말하자 공자는 도리어 "그가 아니면, 대체 누구를 위하여 울겠느냐"고 더욱 슬피 울었다. 참으로 인간적인 공자의 면모를 또 한 번 볼 수 있는 대목이 아닐 수 없다.

공자의 문하(門下)에서는 걸출한 대학자가 무수히 배출되었는데, 그 중에서도 특히 학식이나 덕망, 재능이 출중하여 역사에 길이 이름을 남긴 열 사람의 제자를 가리켜 공문십철(孔門十哲)이라고 한다. 나아가 제자 중 육경(六經)에 통달한 이만 해도 무려 72명에 이르렀다고 하니 이들을 가리켜 칠십이현(七十二賢)라고 한다. 또한 공자의 가르침을 따르는 무리가 삼천이 넘는다고 하니 이를 삼천문도(三千門徒)라 한다.

이들 중 공자의 학통을 이은 증자와 증자의 제자이자 친손자인 자사(子思)의 문인들 그리고 자하(子夏) 자장(子張) 등에 이어서 나온 맹자의 학파와 이후 순자의 학파가 크게 융성하였다. 유학의 사상은 인간의 본성은 선하므로 교육을 통해 선한 본성을 보존하는 데 힘을 쏟아야 한다는 맹자의 성선설과, 인간의 본성은 악하므로 예로써 악한 본성을 억제하여야 한다는 순자의 성악설로 나뉘어 발전하여 법가의 출현으로 이어졌으니 결과적으로 공자의 학통을 후대에 전한 인물은 증자와 자하라고 할 수 있다.

　공자는 73세가 된 해인 기원전 479년에 제자들이 지켜보는 가운데 죽었다. 공자 사후 노성북쪽(魯城北 曲阜 洙上, 현재의 산동성 곡부현 북쪽)에서 장례가 치러졌다. 공자의 제자들은 대게 3년상을 마친 뒤 각자 고향에 돌아가 후학을 양성하였으나 자공(子貢)만은 3년을 더하여 6년 상을 마쳤다. 공자가 세상을 떠난 후 제자들은 스승이 남긴 말씀들을 모아서 논어라는 책을 저술하였다. 그리하여 공자의 가르침은 그의 사후에도 수천 년 동안이나 이어지며 중국을 비롯하여 이른바 중화(中華)의 국제 질서에 속한 동아시아 대부분 국가에서 정치, 경제, 사회, 문화의 종범(宗範)이 되었다. 이로써 공자는 세계 4대 성인 중 한 사람으로 오늘날까지도 동서양을 막론한 세계 각국에서 인류의 영원한 스승으로 추앙되고 있다.

　공자는 생존 시 큰 스승의 역할에서부터 시대의 흐름에 따라 끊임없이 존칭이 격상되어 갔다.
　통상 공자 또는 공부자로 불리우며 공자(孔子)의 호칭에서 자(子)는 성인(聖人)을 높여 부르는 존칭으로 스승 또는 선생의 의미이다.
　애공(哀公-공자 말년 노나라 군주)으로 부터 니부(尼父)로 불리운 이후 그 뒤 여러 번 추증되었다. 한(漢)대에는 포성공니공(褒成公尼公), 492년 북위 효문제 때는 문성니부(文聖尼父), 그리고 738년 당나라 현종은 공자를 왕으로 추봉하여 문선왕(文宣王)의 시호를 내렸다. 1008년 송나라 진종은 시호 지성(至聖)을 추시하여 지성문선왕(至聖文宣王)이 되었다. 1310년경 원(元)나라 무종(武宗)에 와서는 대성지성문선왕(大成至聖文宣王)이 되었으니 이 칭호가 오늘날 가장 널리 알려진 극존칭이다. 명나라 건국 이후에는 지성선사(至聖先師)라는 다른 별칭도 수여되었다. 이후 1645년에 대성지성문선선사(大成至聖文宣先師)의 칭호가 수여되었다.

한편 시대의 흐름 속에서 공자를 평가한 어구들을 보면 더욱 그의 위대한 면모를 짐작해 볼 수 있다

먼저 공자 사망 당시 당대(當代) 노나라 군주였던 애공은 嗚乎哀哉! 尼父!無自律(명호애재! 니보무자율 : 울면서 슬프도다 니보(尼父)시여! 내가 스스로 법도로 삼을 이 없어졌구나)[4] 즉 군주인 애공이 스스로 공자를 아버지 삼아 정사를 해 왔는데 더 이상 기댈 곳이 없다는 말이다.

공자 사상의 적통으로 일컬어지는 맹자는 공자를 성지시자야(聖之時者也) 집대성자(集大成者)라 했다. 즉 공자는 때를 아는

---

4) 禮記壇弓, 左傳 ＊父는 甫로 子와 같은 의미.

성인이며 모든 학문을 모아 크게 이루었다는 말이니 오늘날 문묘의 대성전(大成殿)이 이로 인함이다.

또한 사마천은 사기 공자세가에서 自天子王侯中國言六藝者折中于夫子可謂至聖(자천자왕후중국언육예자절중우부자가위지성 : 천자왕후에서 부터 나라 안 육예를 말하는 자는 모두 공자를 판단 기준으로 삼았으니 가이 지극한 성인이라 하겠다). 맹자가 언급한 집대성과 사마천이 말한 지성이 합하여져 대성지성(大成至聖)이 된 것이다.

예로부터 중국에는 수많은 명산이 있으나 그 중 고대에서부터 정신 문명사적으로 태산(泰山)을 최고로 쳤음은 주지의 사실이다.

이러한 태산을 공자와 견주어 인구회자 되고 있는 명구가 있으니

泰山嶽中之孔子(태산악중지공자 : 태산은 산 중의 공자요), 孔子聖中之泰山(공자성중지태산 : 공자는 성인 중의 태산이다)라고 읊고 있다.

그러나 공자를 평한 단연 압권의 문장은 동양 사상사에 완전한 획을 그은 주자의 말이 아닐까! 天不生仲尼萬 高長如夜(천부생중니만고장여여 : 하늘이 공자를 낳지 않았으면 인간사는 만고의 어둠속에 있을 것이다. - 朱子語類).

역시 공자를 가장 높이 존숭한 증거로 공자의 무덤을 공림(孔林 : 林은 임금의 무덤인 능(陵)보다 격이 높은 성인의 무덤 - 중국에는 오직 공림과 관림(關林)[5]이 있을 뿐이다)이라 칭하는 것도 공자의 위상을 가이 짐작할 수 있는 증거라 하겠다.

근현대에 와서 중국 대륙이 공산화된 후 중화인민공화국의 문화대혁명이 시작되면서 공자와 그의 사상은 중국 공산당에 의해 악의 표상으로 규정되었고, 이에 따라 공자묘와 비석 등이 파괴되었다. 유학서 및 다량의 공자 관련 유물 등도 무더기로 불에 타 사라지는 참화를 겪었다. 그러나 현대의 중국은 공자의 사상이 완전히 부활하였다.

인류역사상 가장 위대한 사상가이자 교육자인 공자는 동양인들에게 상징적으로 가장 높고 위대한 산인 태산과 같은 동일 개념을 인식되어 옴은 너무나 당연한 일인 것이다.

---

[5] 삼국시대 촉한의 명장이자 후대에 군신(軍神) 및 재신(財神)으로 추앙받는 관우를 장사지낸 곳.

맹자(孟子)! 혁명의 정당성을 말하다

　인류의 역사 발전에 있어서 권력과 정권의 교체에 따른 대소 변혁기에는 반드시 그 바탕에 민중의 힘이 자리하고 있었다는 사실은 부인할 수 없다. 이를 기반으로 여기에 합당한 지도력을 지닌 사람이 영웅이라는 이름으로 민중을 이끌었을 뿐이다.
　동서를 막론하고 고대사로부터 근현대사에 이르기까지 우리는 이러한 예를 무수히 볼 수 있다. 유럽에 있어서 영국의 시민혁명과 프랑스 대혁명 그리고 미국의 독립혁명 위시한 모든 혁명, 가깝게는 우리나라의 동학 농민 혁명과 4·19혁명, 나아가 동서양에 있어서 모든 왕조의 교체 등도 대부분 그 바탕에는 결집된 민중(백성)들의 목소리가 있었기 때문이다.

　이러한 변혁의 시대적 상황에는 이를 바르게 이끌어 주는 올바른 리더가 나타난다면 그 사회는 성공적인 변화를 가져오지만 그렇지 않은 경우에는 잠깐의 변화는 가져올 수 있을지언정 장기적 차원에서는 역사 발전의 퇴보만을 초래하게 되는 단초를 제공하는 또 다른 불씨가 될 뿐이다.

현재 우리 사회에서 소위 지도자라 일컬어지는 정치인들의 행태는 억장(億丈)이 무너질 뿐이란 표현 외엔 달리 할 말이 없다. 그래서 공자께서는 정치란 바름(정자정야 政者正也)라고 하였다.

季康子問政於孔子 孔子對曰 政者正也 子帥以正 孰敢不正?(계강자문정어공자. 공자대왈 정자정야 자솔이정 숙감부정?" : 계강자가 공자에게 정치에 대해 묻자, 공자께서 대답하셨다. "정치란 바로잡는다는 뜻이니, 그대가 솔선해서 바르게 한다면 누가 감히 바르지 않게 하겠는가?" - 안연(顔淵)편).

그렇다 정(政)은 정(正)인 것이니 정치란 바르게 하는 것이다. 공자 당시 노나라의 최고 실권자인 대부 계강자가 공자에게 정치에 대해 묻자 한마디로 "당신부터 잘 하시오"라고 일갈하였다.

정치를 할 때 지도자 스스로가 굽은 것을 곧게 펴 공명정대한 길을 가면서 부패한 인사를 몰아내며, 올바르고 능력 있는 사람을 등용하여 사회질서를 바로잡으면 어느 누가 감히 부정한 짓을 할 수 있겠는가.

고대로부터 세계 역사상 맨 먼저 가장 확실하고 정확하게 백성

중심의 민본사상을 근거로 민중의 혁명을 설파한 사람은 맹자일 것이다.

맹자의 이름은 가(軻)로 이천사백여년 전 전국시대(戰國時代) 사람이다. 그가 태어난 노나라 추읍(鄒邑)은 공자의 고향인 곡부와 인접한 곳이다. 맹자는 불행히도 3세 때 부친을 여의고 편모슬하에서 어렵게 자랐다.

맹자의 모친은 자식에 대한 교육에 헌신한 것으로 유명하며 아들의 교육을 위해 세 번 이사한 이야기는 지금까지도 널리 인구에 회자(膾炙)되고 있는데 이를 맹모삼천지교(孟母三遷之敎)라 한다.

맹자는 어려운 환경 속에서도 각고의 노력 끝에 공자의 손자인 자사(子思)의 문인인 사람으로부터 배워 공자의 학문을 이었고, 전국시대 유가학파 중 가장 대표적인 학자로 평가받았다. 그는 인(仁)과 의(義)를 주장해 일찍이 양(梁), 노(魯), 제(齊) 등 여러 나라를 다니며 자신의 인의에 의한 정치 도덕사상을 주장했지만 공자와 마찬가지로 모두 받아들여지지 않아 결국은 자신의 조국으로 돌아와 후진양성과 저술에 전념한다.

맹자에게는 많은 제자들이 있었으며 논어와 마찬가지로 『孟子(맹자)』라는 책의 저술도 만장(萬章)과 공손추(公孫丑) 등 제자들이 스승의 언행을 정리해 엮은 것이다. 맹자의 중심적인 사상은 사람의 본성은 선(善)하며 이를 널리 확장시키면 어진정치(仁政)에 도달할 수 있다는 것이다.

바로 이처럼 사람 본연의 선한 마음을 확장해 가족과 사회, 국가에 적용하면 부모 자식 간의 효도와 자애, 형제간의 우애, 임금과 신하 간의 충성 등 가족윤리와 사회윤리가 자연스레 따라 나오게 된다. 맹자는 통치자가 백성들을 자신의 몸이나 가족처럼 사랑하고 아끼는 것이 바로 어진 정치이며 반대로 걸(桀)이나 주(紂)[1]처럼 인의에 어긋난 폭군은 혁명(革命)으로 몰아낼 수도 있다고 보았다.

이렇듯 통치자가 백성을 근본으로 통치한다는 민본사상(民本思想)은 백성이 국가 구성의 기반이요 목적이며 본질임을 말한다. 또한 백성이 가장 귀하고 그 다음이 사직(社稷)[2]이며 군(君)은 경(輕)한 것이다.

이러한 맹자의 민귀군경설(民貴君輕說)은 민본사상을 단적으로 표현한 말이다. 민본사상의 특성을 한마디로 말하면 백성이 있고 사직이 존재하며 나라가 있으므로 군주(君主)가 있다. 따라서 국가의 근본은 백성(국민)이며 국가는 그 다음이고 군주의 존

---

1) 중국 고대 하夏나라 왕 걸(桀)과 은(殷)나라 왕 주(紂)로서 폭군의 대명사.
2) 사(社)는 토지신(土地神), 직(稷)은 곡신(穀神)을 상징으로 나라나 조정, 왕조를 비유적으로 이르는 말.

재는 가볍다고 했다. 나아가 백성들의 마음을 얻어야 천자가 되며 사직을 위태롭게 하면 제후를 바꿔버리고 하늘에 제사를 지내도 가뭄과 홍수가 끊이지 않으면 사직 즉 나라도 바꿔야 한다고 했으니 이 얼마나 엄청난 발언인가![3]

기실 민본이란 말은 서경(書經-尙書) 하서(夏書)의 민유방본본고방녕(民惟邦本本固邦寧)이란 말에서 유래한다. 즉 백성은 나라의 근본인데 그 근본이 굳건하면 나라가 편안하다는 의미이다. 이는 우(禹)왕[4]의 훈계로써 나라를 잃고 떠도는 자손들이 한탄하며 부른 노래 속에 담겨있다.

상서(尙書)에 주나라를 세운 무왕(武王)이 상나라를 정벌하기 위해 군사를 이끌고 황하 이북에 있는 하삭이라는 곳에서 한 연설에서 "하늘(天)은 백성이 보는 대로 보고(백성의 눈을 거쳐서

---

3) 孟子曰 民爲貴, 社稷次之, 君爲輕是 故得乎丘民而爲天子,…… 諸侯危社稷, 則變置 犧牲旣成, 粢盛旣潔, 祭祀以時, 然而旱乾水溢, 則變置社稷.(민위귀,사직차지,군위경 시고득호구만이위천자…… 제후위사직,즉변치 희생기성,자성기결 제사이시,연이한건수일,즉변치사직 : 맹자 이르기를 백성이 귀중하고, 사직은 그 다음이며, 임금은 가장 가벼운 존재이다. 그렇기 때문에 밭일하는 백성의 마음(丘民)을 얻으면 天子가 되고………, 諸候가 사직을 위태롭게 한다면 그 諸候를 바꾸어 세우며, 제사에 쓸 짐승을 살진 것으로 마련하고 제사의 곡식을 깨끗한 것으로 마련해서 제사를 제때에 지내고 있는데도 가뭄과 홍수가 있게 되면 사직을 바꾸어 설치한다. - 맹자진심장하).
4)중국 최초의 왕조라 일컬어지는 하(夏 B.C 2070년경 ~ B.C1600년경)나라의 시조.

군주가 하는 일을 보고) 하늘은 백성이 듣는 대로 듣는다(백성의 귀를 통해 군주가 하는 것을 듣고 있다)."하였으니 이른바 天視自我民視 天聽自我民聽(천시자아민시 천청자아민청)라는 구절이다.

간단하게 말하면 백성의 시각이 곧 하늘의 시각이고, 백성의 판단이 곧 하늘의 판단이라는 것이다. 상고대에도 이와 같이 백성의 판단은 하늘의 판단으로 인식돼 왔다. 이런 원리는 오늘날에도 그대로 유지되는 것으로 보인다. 오늘날의 정치인이 하늘의 뜻을 알고자 한다면 가장 먼저 국민의 뜻을 살펴볼 일이다.

즉 하늘의 뜻도 민의(民意)에 기초한다는 생각이며 민의가 떠나면 군주도 그 지위를 보존할 수 없게 된다.

고대 중국 역사상 첫 번째 왕조인 하(夏)의 걸왕(桀王)과 두 번째 왕조인 상(商)의 주왕(紂王)이 천하를 잃은 것은 포학하여 민심을 잃었기 때문이다,라고 맹자는 백성에 의한 혁명사상을 말하였다. 즉 그릇된 군주는 축출되어 다른 사람으로 바꿔야 한다는 혁명 정당론이다.

이것이 상서(尙書)에서 말하는 왕조를 이어가는 방법 즉 선양(禪讓)과 방벌(放伐)인 것이다. 원래 양도한다는 의미를 갖는 선양은 중국 전설상의 오제(五帝) 중 한 사람인 제요(帝堯)가 덕이 부족한 자신의 아들 단주(丹朱)에게 제위를 물려주지 않고, 민간에서 효행으로 유명했던 제순(帝舜)을 등용하여 그에게 제위를 물려준 것에서 유래한다.

제순 역시 자신의 아들인 상균(商均)이 아닌, 치수사업을 통해 수년간 대홍수를 극복하는 데 큰 공을 세운 우(禹)에게 제위를 물려주었다. 즉 선양은 제왕의 지위를 부자간 또는 형제간 상속을 통해 하나의 가문이 독점하는 것이 아니라 덕(德)이나 실제 능력을 가진 자에게 양도하는 이상적인 행위를 가리키는 용어이다.

방벌은 쫓아내고 찔러 죽인다는 의미로 은(상)나라를 세운 탕(湯)임금이 포악무도한 하나라의 마지막 걸(桀)임금을 물리침과 역시 주나라를 세운 무왕(武王)이 은나라의 마지막 주(紂)임금을 쳐내어 새로운 나라를 세웠던 것은 이들이 포악무도하여 세상을 타락케하고 이로써 민심이 크게 이반되었던 것이므로 이는 역성혁명의 정당성을 부여하는 말이다.

춘추전국시대에 齊(제)의 선왕(宣王)이 맹자에게 옛날 주(周)의 무왕(武王)이 주왕(紂王)을 토벌한데 대해 "신하가 군주를 시해도 좋은가"라고 질문했을 때 맹자는 다음과 같이 답했다.

曰 賊仁者謂之賊, 賊義者謂之殘, 殘賊之人謂之一夫 聞誅一夫紂矣, 未聞弑君也(왈 적인자위지적 적의자위지잔 잔적지인위지일부 문주일부주의 미문시군야 : 인(仁)을 해친 자를 적(賊도적)이라 하고 의(義)를 해친 자를 잔(殘흉악한 자)이라 한다. 이러한

잔적은 시정잡배의 일개 필부(匹夫)다. 이러한 필부는 이미 군주가 아니기 때문에 무왕이 한 사람의 필부를 없앴다는 말을 들었으나 군주를 죽였다는 말은 들은 바가 없다)라고 하였다.

이렇듯 맹자는 양혜왕(梁惠王)편에서 인의를 해친 사람은 이미 왕이 아니고 한낱 범부(凡夫)일 따름이라고 임금의 면전에서 직언을 했으니 맹자의 의기가 놀라울 뿐이다. 지금도 우리가 도둑의 무리를 잔적(殘賊), 잔당(殘黨)이라 부르는 것도 여기서 유래한다.

고대 중국에는 맹자시대 보다 훨씬 전부터 천명(天命)에 의해 덕(德)이 있는 자가 천자가 되고 천명에 반하는 자는 천하를 잃는다는 역성혁명(易姓革命)사상이 있어 왔던 바, 천명은 바로 백성들이 보고 내는 소리이니, 맹자는 이 사상을 당연한 것으로 긍정한 것이다.

맹자의 민본사상은 백성에 의한 혁명론의 근간인 것이었으나 이로 인해 오히려 전국시대 당대뿐만 아니라 이후 역대왕조에서는 맹자의 이러한 민본 혁명사상을 위험시하고 경계하는 경향이 있었다. 우리 역사에서도 신라 말 고려의 건국과 조선의 건국 그리고 수많은 민중 봉기도 모두 여기에서 기인했다고 볼 수 있다.

동양 고대의 민본주의는 또 다른 차원에서 살펴보면, 정부의 독재적 통제를 배격하고 국민의 의사를 존중하는 정치 즉 오늘날의 민주주의와 어느 정도는 다를 바 없다. 그러나 맹자의 민본주의는 굳이 근현대적 개념에서 본다면 주권은 민(國民)에 있다는 주권재민(主權在民)사상이 없는 민본정치의 이념이라 하겠다.

맹자는 민본사상을 강조하면서 다음과 같은 구절을 남겼다. "군주는 즐거움을 독점해서는 안된다. 백성과 함께 즐겨야 한다. 그렇게 함으로써 만이 군주도 즐길 수 있다. 그 유명한 여민락(與民樂)이란 구절이다.

맹자의 민본사상은 오늘의 민주정치에 한발 차로 다가선 근대적 정치이념이라 할 수 있다.

당시 이삼천년 전의 전제 군주제하에서는 근현대적 민주라는 발상은 상상도 못했을 것이다. 그러나 맹자 이전에도 "천하는 한 사람의 천하가 아니고 천하 모든 사람들의 천하이다(天下非一人之天下 天下之天下)"라고 말한 사람이 있었으니 이가 바로 은 말기 무왕 주공과 더불어 폭군 주왕을 징벌한 강태공이다. 아마 삼천여 년 전의 강태공은 이미 민주제도 정치이념을 가진 사상가였을지 모른다. 모든 사회 계층의 지도자라는 사람들 특히 (최)고위 정치 지도자라 자칭하는 사람들은 가슴깊이 새겨봐야 할 것이다.

인문학은 밥이 될 수 있을까?

사람도 다른 동물과 마찬가지로 숨 쉬고 먹으면 생명을 유지할 수 있다.

이는 사람으로서 인간답다라는 의미를 전혀 배제한 단순히 동물적 관점에서 만 이야기 될 수 있는 경우임에 틀림없다.

밥은 사람의 외형인 육신을 지탱하게 할 수 있지만 인문학은 사람의 정신세계를 바로 설 수 있게 해주는 발판이다.

冉有僕 子曰 庶矣哉 冉有曰 旣庶矣 又何加焉 曰 富之 曰 旣富矣 又何加焉 曰 敎之 (염유복 자왈 서의재 염유왈 기서의 우하가언 왈 부지 왈 기부의 우하가언 왈 교지 : 공자께서 위나라에 가실 때 제자 염유가 수레를 몰았다. 공자 왈 사람이 많기도 하구나. 염유가 말했다. 사람이 많아졌다면 무엇을 더 보태야 할까요. 공자 왈 생활을 넉넉하게 해주어야 할 것이다. 염유가 말했다. 생활이 넉넉하게 되었다면 무엇을 더 보태야 할까요. 공자 왈 교육하는 것이다.)

이 글귀는 논어 자로(子路)편에 나오는 내용으로 논어의 흐름으로 볼 때 부를 이루는 일이 교육보다 더 중요하단 의미보다는 오히려 교육의 중요성을 강조한 말씀이라고 봐도 별반 다르지 않다.

교학상장(敎學相長 가르치고 배우며 함께 성장한다 - 禮記)이나 효학반(斅學半 가르침과 배움은 반반이다- 書經)이라 했으니 가르침은 곧 배움이다.

그렇다 단순히 생존이란 관점에서만 보면 먹고사는 일이 그 무엇보다도 우선임에 틀림없다. 먹고사는 문제가 최소한 어느 정도는 해결이 되고 나서 사회의 지속적인 발전을 위해 어떻게 해야 할 것인가를 말 할 수 있는 것이다. 이천오백여 년 전 공자는 이미 인간 사회의 발전적 유지에 무엇보다도 교육이 가장 필요하다고 하는 것을 알고 있었다는 사실을 알 수 있다.

공자의 교육은 육예(六藝: 예禮·악樂·사射·어御·서書·수數 - 周禮)였다고 하는데 이것이야말로 전인적 인간이 될 수 있는 모든 교육 과정이며 모든 학문 분야를 포함하는 광의적 의미에서 인문학의 제반 사항이라 할 수 있다.

마찬가지로 고대 로마 그리스 시대에도 7개의 교양과목(liberal arts)[1]은 문법, 변증법, 수사학, 산술, 음악, 기하학, 천문이었다고 하니, 동서의 교류가 없었던 당시를 감안 한다면 인간답게 해주는 학문의 항목이 놀랍도록 비슷하지 않는가! 흔히 우리는 인문학 하면 문학, 역사, 철학 소위 문사철을 거론하는데 인간 정신의 자유로운 발전을 위해 배우는 학문이란 측면에서 인문학은 사회과학 기초과학 모두를 포함하는 폭넓은 학문이다.

통상 서양에서 인문학의 출발은 로마의 키케로(BC106~BC43)로부터 시작되었다고 한다. 이천백여년 전 당대에 유명한 시인이

---

1) liberal arts의 어원은 고대 라틴어 artes liberales 즉 "자유시민이 갖춰야 할 기본 교양을 쌓는 학문"이란 의미.

었던 아르키아를 위해 법정 변론을 해준 대목에서 그가 인문학에 대해 얼마나 쉽고 이해할 수 있게 정의 했는지 아래 변론 내용을 보면 확연히 알 수 있다.

"아르키아 같은 인물들은 탁월한 덕행을 습득하고 훈련하기 위해 인문학의 도움을 받았습니다. 인문학을 배우고 익힘은 젊은 사람들의 마음을 올바르게 지켜주고, 나이 든 사람들의 마음을 행복하게 해 줍니다. 또한 풍요로운 삶을 가져다줄 뿐만 아니라, 우리가 역경 속에 처해 있을 때 마음의 안식과 평화를 줍니다."

그리스인 아르키아의 로마 시민권에 문제가 있어 그를 추방하려고 할 때 키케로가 그의 변론을 맡아서 한 말이라고 한다.

키케로는 여기서 인문학(Humanitas)라는 말을 처음 등장시켰다.

불운한 철학자 키케로(옥타비아누스와 브루투스 사이를 오가며 공화주의 정치가로서 자신이 평생 쌓아놓았던 명성을 단번에 잃었다. 그리고 안토니우스에 의해 손과 목이 잘리는 비참하게 생을 마감했다.)는 로마 공화정을 대표하는 정치가이자 시민적 자유를 위해 목숨을 걸었던 행동하는 철학자였다. 그는 인문학을 행동으로 실천한 대가이자 인간을 사랑한 사람이다.

당시 로마는 폭발적인 인구 증가로 강도, 살인, 환경오염, 도덕성의 결여 등등…… 많은 사회문제를 낳게 되자 키케로는 이러한 문제점을 해결할 방법은 오직 인문학의 교육 밖에 없다고 판단하여 인문학을 가르치기 시작했다.

인문학의 사전적 의미는 인문학(人文學, 영어: humanities)은 인간과 인간의 근원문제, 인간의 사상과 문화에 관해 탐구하는 학문이며 언어, 문학, 역사, 철학 따위를 연구하는 학문이다, 라고 정의하고 있다.
영어의 휴매니타스는 인간(본)성, 인간의 속성, 사람의 됨됨이라고 번역되어지는데 결국 인문학이란 인간과 세상에 대한 이해가 깊고 도덕적으로 인간의 정신적 성장을 이루도록 하는 학문이다.

이렇듯 서양에서 인문학의 출발이 로마의 키케로로부터였다면 동양에서의 인문(학)의 시작은 그 연원이 더욱 깊다.

우선 인문(人文)이란 말은 주역(周易)의 22번째인 산화비괘(山火比卦)의 단사(彖辭)에 처음 등장한다.
주역은 우리가 현재 사용하고 있는 언어와 사유체계의 보고일 뿐만 아니라 정치, 윤리, 종교, 문화, 예술, 경제, 군사, 전통, 천문학, 수학, 역법, 음률, 의학, 농학, 화학, 물리학 등의 모든 분야에 두루 영향을 끼친 것으로 평가된다.

주역(역경)에 녹아 있는 만물에 대한 통찰력 및 이성적 사유와 삶에 대한 경험, 위기의식이 담긴 인생의 지혜 등은 동양 철학 사상과 문화의 근본이 되었다고 해도 과언이 아니다.

象曰 賁亨 柔來而文剛 故亨 分剛上而文柔 故小利有攸往 天文也 文明以止 人文也 觀乎天文 以察時變 觀乎人文 以化成天下.(단왈 비형 유래이문강 고형 분강상이문유 고소리유유왕 천문야 문명이지 인문야 관호천문 이찰시변 관호인문 이화성천하 : 단에 이르기를 비(賁)는 형통한다 함으로 유(柔:坤卦)가 내려와서 강(剛:乾卦)를 장식하는 까닭에 통하고, 강을 나누어 위로 올라가서 유를 장식하는 까닭에 조금 나아가는 것이 이롭다 하니 천이 장식 하는 것이요, 문명으로써 분수에 맞게 머무르니 사람이 꾸미는 것이다. 천문을 살펴보아 그로써 때 사시(四時)의 변화를 살피고, 인문을 살펴보아 그로써 천하를 교화하게 되는 것이다.)

천기(天氣), 천시(天時) 세상의 변화는 하늘의 무늬 즉 천문에서 살피고, 인간사회의 이끌어 나감은 사람의 무늬 즉 인문을 살펴야 세상을 조화시키고 교화시킬 수 있다는 의미이다. 간단히 되짚어보면 천문 현상을 관찰하여 시간의 변화를 알 수 있고 인문 현상을 관찰하면 천하의 백성들을 교화시킬 수 있다는 것이다.

이에 정자(程子)가 주를 붙이기를 인문은 인리(人理)의 질서인데 이를 잘 살펴 천하를 교화하고 예속을 이루는 것이라 하였다. 인문은 곧 인리이며 인리는 인간의 도리이다. 이로써 사회를 원만히 한다는 뜻이다.

서양에서 이르는 인문이란 말도 동양의 인문과 괘를 같이한다. 후마니타스(humanitas)라는 말을 문자 그대로 해석하면 '인간다움'이라는 뜻이니 인간의 도리와 인간다움은 상통하고 어우러진다.

우리는 문(文)을 통상 글(글월 문)으로 알고 있으나 주역에서 말하는 문(文:사람이 옷을 입고 있는 모양)은 문(紋)으로 무늬, 꾸밈을 말한다. 천문은 하늘의 무늬요 인문은 즉 인간의 무늬인 것이다.

우리는 사람을 말할 때 인간(人間)이라 한다. 그러나 엄밀히 말하면 사람은 개인을 의미하고 인간은 사람과 사람의 관계성에서만 성립되는 것이다. 이렇게 보면 인문학은 아주 쉽게 정의된다. 사람과 사람 사이에 사람다움으로 성장해 가도록 해주는 학문이 된다.

좁은 의미로 현대적 관점에서 보면 인문학과 대척점에 있는 과학(자연과학)이 인간 외적인 자연현상을 탐구하여 보편적 진리를 찾는 것이라면 인문학은 인간 자체에 대한 탐구이며 이에 적용되는 학문이다.

liberal arts에서 이미 언급했듯이 넓은 의미로 보면 인간을 알고자 하는 모든 학문이 인문학이다.

루소는 <인간 불평등 기원론>에서 "인간의 모든 지식 가운데서 가장 유용하면서도 가장 뒤떨어진 것이 바로 인간에 관한 지식이다"라고 했다.

이는 지금 세대에도 적용되는 문구일 것이다. 요즘의 현실은 취업과 경쟁에 밀려 인문정신은 점차 실종되고 공공의 이익과 상호 배려 문화 역시 사라지고 있다. 그나마 각 기업체와 지자체들이 인문학의 뿌리 찾기 등의 시도를 하고 있지만 정작 학문의 장(場)인 학교 현장에서는 인문학의 중요성이 반감돼 가는 추세여서 안타깝다.

역사, 철학, 문학 등의 학문 분야를 떠올리면 인문학은 참으로 어려운 학문 분야라 생각되어 지는데 삶을 어떻게 느끼고 즐기며 삶에서 어떤 가치를 추구할 수 있는가를 생각한다면 인문학은 전혀 어려운 학문이 아니다.

결론적으로 인문학은 올바른 인간을 기르는 바른 교육을 통해서 사람을 사람답게 해주는 학문이다. 나아가서 인문 교양을 두루 갖춰 바른 덕성과 이에 어울리는 교양을 몸에 지니므로써 실천적 행동을 몸소 행할 수 있도록 하여 인간의 삶과 인간이 포함된 사회 전체를 올바른 상태로 이끌어 주는 학문이 인문학인 것이다.

　사람은 어떤 면에서 먹고 사는 일보다도 인간적인 대접을 받는 것을 더욱 중시한다. 일상에서의 크고 작은 개인과 개인, 개인과 조직 사이의 대부분의 다툼도 상대로부터 인간적인 대접을 받지 못했다 또는 무시당했다고 생각할 때 분노를 참지 못한다. 인문학으로 무장된 사람은 남을 무시하지도 않을 뿐만 아니라 무시당하지도 않는다. 편한 마음으로 일상에서 밥 먹듯이 다양한 분야의 인문학을 접해볼 일이다.

부부지도(夫婦之道), 어떻게 말하는가

　부부(夫婦)란 가장 간단한 사전적 표현으로는 결혼한 한 쌍의 남녀를 의미한다. 그러나 이는 단순한 생물학적 결합의 의미일 뿐 가장 지고지순한 인간관계인 부부관계를 표현하기는 너무도 부족하다.

　전혀 서로 다른 남녀가 합하여 이룬 부부관계는 반드시 도리가 있어야 함이니 이를 부부지도(夫婦之道)라 한다. 여기서 부부의 도리를 지키며 사는 것은 모든 인간의 삶에 있어서 가장 중요한 가치이며 만복의 근원이 된다는 의미를 내포하고 있다. 그러나 또한 이는 가장 지키기 어려운 도리이기도 하기 때문에 부부가 함께 평생 노력하지 않으면 이루기 어려운 길이다.

　모든 인간은 잠시라면 몰라도 홀로 살아갈 수 없다. 서로서로 관계를 맺어가며 생존해 가는 것인데 이름하여 인간관계인 것이다. 우리 동양사상에서는 이러한 인간관계를 가장 기본적으로 다섯 가지로 규정짓고 있는데 이를 오륜(五倫)이라 이르며 맹자가 구체적으로 처음 언급했다.

이는 부자(父子), 군신(君臣), 부부(夫婦), 장유(長幼), 붕우(朋友)이며 사람과 사람 사이 즉 인간관계는 이것 이외는 없다.[1)]

오륜은 유교의 다섯 가지 윤리 덕목이지만 보다 더 근본적으로는 모든 인간 존재의 필연적 관계의 총체인 것이다. (여기서 군신의 관계는 현대적 개념으로 국가와 나 또는 공사 모든 조직에 있어서 상(사장)하(직원)의 관계로 확대해서 보면 쉽게 이해가 될 것이다.)

특히 이 오륜의 관계에서도 가장 본질적인 관계는 부부이다. 부부의 관계는 지극히 이질적이면서도 창조적이기 때문에 모든 인간관계의 생물학적 기본 바탕이며 인간이 존속될 수 있는 근원인 것이다. 부부관계가 형성되지 않고 또한 이로써 생명이 탄생되지 않으면 어찌 군신, 부자, 장유, 붕우의 관계가 형성 되겠는가!

그래서 사서(四書) 중 가장 철학적 내용을 깊이 있게 담고 있

---

1) 중용(中庸)에서는 오달도(五達道 :君臣也, 父子也,夫 婦也, 昆弟也, 朋友之交也,五者 군신야,부자야,부부야,곤제야,붕우지교야,오자)라 하여 오륜의 장유 대신 곤제(형제)로 언급되고 있다.

는 중용에서는 부부의 도를 성인(聖人)의 경지 이상까지 끌어 올리고 있다. 중용에서 자사(子思)는 가장 어리석은 부부의 도라 할지라도 그것이 지극한 경지에 이르면 성인도 지향해야 할 지고한 도라는 것이며, 공자의 이상적 인간상인 군자의 도도 부부로 부터서 발단이 된다고 했다.

君子之道 費而隱 夫婦之愚 可以與知焉 及其至也 雖聖人 亦有所不知焉 夫婦之不肖 可以能行焉 及其至也 雖聖人 亦有所不能焉…….君子之道 造端乎夫婦 及其至也 察乎天地(군자지도 비이은 부부지우 가이여지언 급기지야 수성인 역유소부지언 부부지불초 가이능행언 급기지야 수성인 역유소불능언…….군자지도 조단호부부 급기지야 찰호천지 : 군자의 길은 명백하면서도 또한 가물가물 숨겨져 있다. 이는 필부필부(匹夫匹婦)의 우매(愚昧)함으로써도 함께 알 수 있는 것이지만, 그 지극(至極)한 데에 이르러선 비록 성인(聖人)이라 하더라도 역시 알지 못할 바가 있다. 필부필부의 불초(不肖-못나고 우둔함)로써도 능히 행할 수 있는 것이지만, 그 지극한 데에 이르러선 비록 성인(聖人)이라 하더라도 또한 능히 해내지 못할 바가 있다..... 군자의 도(道)는 필부필부에게서부터 발단(發端)되지만, 그 시초는 평범한 부부에서 시작되고 그 지극함에 이르면 천지를 드러내는 것이다.)

여기서 부부(夫婦)는 필부필부(匹夫匹婦) 즉 평범한 남녀이거나 실제 남녀의 결합체인 부부를 지칭한다고 봐도 무방하다.

여하튼 이 장은 군자지도(중용의 도/천지의 도)를 언급하면서 공자 사상에 있어서 가장 이상적 인간상으로 제시하는 군자의 도의 실천적 주체로서 지극히 평범한 부부를 설정했다는 것은 중용철학이 범용한 가운데서 심오함을 드러낸 것이라 할 수 있다.

동양사상의 기본 중 하나인 음양의 법칙에 있어서도 대등한 위치에서 음양을 논하고 있다. 주역에서 일음일양(一陰一陽)을 일러 도(道)라 하고 이 도를 이어가는 것이 선(善)이며 이 도를 이룬 것이 성(性-本性)이라 했다.

음양은 단지 서로 상대적인 개념일 뿐이지 음이 양보다 못하다거나 나아가 음인 여(女)가 양인 남(男)보다 못하다는 것은 근본 동양사상 즉 선진유학(先秦儒學)에서는 찾아볼 수 없다. 서양은 여(女)를 존중하는데 동양은 여를 비하해 왔다는 생각은 전혀 착오이다. 물론 다양한 해석이 있을 수 있겠지만 오히려 서양은 기독교 창세기 역사에서부터 여성을 남자의 종속물로만 그 존재성을 가져왔다고 볼 수 있다.

"지아비에게서 나왔으니 지어미라 부르라(창세기 23)" 또는 "각 남자의 머리는 그리스도요 여자의 머리는 남자요……남자가 여자를 위하여 지음 받지 아니하고, 여자가 남자를 위하여 지음 받은 것이니….(고린도전11)" 등이다. 이러한 성경의 구절에는 또 다른 이면이 있겠지만 적어도 표현만은 이러하다.

나아가 중세시대라는 특수성이기도 하지만 일부 여성을 마녀로 내몰아 마녀사냥이라는 비극적인 경우가 있었다. 또한 여성의 참정권이 생각보다는 늦은 20세기 초 중반에 와서야 인정되었다는 사실이다.(여성의 선거 참여 : 미국은 1920년, 영국은 1928년, 프랑스는 1946년 우리나라는 1948년)

　우리나라에서 우리가 흔히 알고 있는 남존여비(男尊女卑)사상은 남성의 권리나 지위를 여성보다 높이 두고 여성을 업신여기던 사회 풍조임에는 틀림없으나 이는 동서고금을 막론하고 보편적으로 나타난 문화적 관행이라 할 수 있다. 특히 우리의 경우 조선시대 유교가 국가의 기본이념으로 확립되면서 사회적, 도덕적으로 강화되었던 것으로 부권 중심의 가족제도가 확립되면서 보다 더 심화되었던 것이다.

　그러나 이 또한 최근에 이루어진 친족 및 상속 분야의 연구 결과에 의하면, 우리나라에서 부계 친족제도가 강화되고 남존여비 사상이 깊게 뿌리를 내린 것은, 임진왜란 병자호란 등으로 기존 사회질서가 무너져 버림으로써 이를 바로 세우기 위해 일부 변질된 주자학적 사상을 바탕으로 나타난 17세기 중반 이후 현상이다. 고려시대와 조선시대 초기만 해도 딸은 상속에서 차별 대우를 받지 않았을 뿐 아니라 결혼 후에도 부모의 제사를 지내기도 하였다. 현재까지도 그렇지만 이 밖에 딸은 이름을 갖는 등 조선

시대 후기의 철저한 남존여비 관습과는 다른 양태를 보였다.

여하튼 이러한 부부관계는 인간의 본원적 감정인 희로애락(喜怒愛樂)이 가장 잘 얽히는 말썽 많은 관계이다. 그래서 부부관계는 일상 중에서 끊임없이 노력을 기울려 원만하도록 만들어 가야 하는 도(道:길)이기에 수신의 제일 조건이며 과제이다. 부부지도를 잘 이뤄야 모든 인간관계가 원활하게 된다. 이러한 것이 유교가 지향하는 신념인 것이다.

동양사상에서 유교와 대척점에 있다고 볼 수 있는 대표적인 사상이 노장사상인데 여기에서는 더욱 극명하게 음(陰)의 중요성을 강조하고 있다.

谷神不死 是謂玄牝 玄牝之門 是謂天地根(곡신불사 시위현빈 현빈지문 시위천지근 : 골짜기의 신은 죽지 않는다. 이런 현상을 까마득하고 오묘한 암컷이라 한다. 그것은 현묘한 암컷의 문이다. 이것을 일러 하늘과 땅의 뿌리라 한다.)

도덕경 6장에 나오는 문구로 곡(谷)과 빈(牝)은 도(道)를 상징한 글자이다. 음양오행(陰陽五行)으로 볼 때 곡이나 빈은 아래, 여성, 음(陰), 고요, 땅(地) 등을 상징한다.

이 시점에서 우리는 어떻게 부부의 관계를 설정하고 이끌어 가야하는가? 고전을 통하여 그 답을 얻고자 한다.

첫째로 부부는 화이부동(和而不同)의 관계로 인식함이다.

화이부동 즉 조화롭되 같지 않다. 남들과 사이좋게 지내기는 하나 무작정 의미 없이 한 데 어울리지 않는다는 것이다. 모름지기 부부관계에서도 화이부동은 부부가 서로 다른 성향에 따른 개성, 뜻, 취미 등을 인정하고 존중해 주며 그 가운데 조화를 이루는 것이다.

다시 말해 부부 각자의 개성, 뜻, 취미 등을 어느 한사람에게 맞추거나 통일시키라는 것이 아니다. 태어나서부터 수십년 동안 서로 다른 환경여건에서 성장하여 형성된 습관 성향을 부부가 서로 일치되게 한다는 것은 불가능한 일일 것이다. 서로의 다른 점, 나와 맞지 않는 점을 이해하고 존중하라는 것이다. 오히려 이 다른 점을 잘 조화시켜서 부부화합을 이루는 것이다.

바다를 좋아하는 남편을 아내가 이해하고 존중해 주며, 산을 좋아하는 아내를 남편이 이해하고 존중해 주어 바다나 강에 나가 낚시도 함께하고 산도 함께 오르면 이것이 바로 화이부동한 부부의 도가 이뤄진 것이며 배려인 것이다.

둘째로 상경여빈(相敬如賓)[2] 고사에 답이 있다. 상경여빈(相敬如賓)의 뜻은 부부는 가장 가까운 사이이지만 서로 공경하되 늘 손님 대하듯 한다는 말이다. 아내가 밭에서 김매는 남편에게 새

---

2) 춘추좌전(春秋左傳) 등.

참을 갖다 주는데, 아내는 남편에게 깍듯이 인사를 하고서 가지고 온 새참을 두 손으로 공손히 받들어 올리니 남편 또한 예를 갖추어 그 새참을 받는 것으로부터 유래된 후한서 극결(郤缺)부부의 이야기로부터 비롯되었다. 이처럼 부부가 서로 공경하며 예의를 갖추는 것이 상경여빈의 부부지도인 것이다. 이렇듯 부부지도는 높고 먼 곳에 있는 것이 아니라 분별과 예의를 잃지 않는 평소의 말과 행동 그리고 청결하고 흐트러짐이 없는 몸가짐에서부터 서로에 대한 존경과 신뢰의 감정이 말없이 싹트는 것이다.

　부부가 서로 상대방의 인격과 역할을 존중해야 함을 강조한 것이니, 유사한 사자성어로는 부부유별이 있다. 유교의 오륜(五倫) 중 하나인 부부유별 역시 부부 간에는 역할의 구별이 있으며 서로의 역할을 존중해야 한다는 의미이다.

　이렇듯 동양고전은 현대인들의 오해와는 달리 부부의 관계에 있어서 남녀평등을 말하고 있다.

　뜻밖에 요즘 황혼 이혼이 젊은 부부들의 이혼율을 넘는다고 하니 이는 전통적으로 존중되고 있는 부부 상호간에 지키고 존중되어야 할 부부의 도리가 땅에 떨어졌음이다. 이제 지고(至高)한 부부지도를 지키며 살 수 있는 지혜를 진정으로 다시 생각해 볼 시점이 아닐 수 없다.

기세규 박사의 손에 잡히는 인문학
인간의 길, 고전에서 묻다

2024년 8월 10일 인쇄
2024년 8월 20일 발행

지은이 기세규

펴낸이 강경호 편집 강나루 디자인 정찬애
펴낸곳 도서출판 시와사람
등록 1994년 6월 10일 제 05-01-0155호
주소 광주시 동구 양림로119번길 21-1(학동)
전화 (062)224-5319   E-mail jcapoet@hanmail.net

ISBN 978-89-5665-729-5   03810

공급처 ■ 한국출판협동조합
경기도 파주시 탄현면 오금로 30
주문전화 (02)716- 5616, 070- 7119- 1740

· 잘못된 책은 구입하신 서점에서 바꾸어 드립니다.
· 이 책은 광주문화재단 지원사업에서 제작비를 지원받았습니다.
· 값은 표지에 있습니다.

이 도서의 국립중앙도서관 출판예정도서목록(CIP)은
서지정보유통지원시스템 홈페이지(http://seoji.nl.go.kr)와
국가자료종합목록 구축시스템(http://kolis-net.nl.go.kr)에서
이용하실 수 있습니다.